成果研究支持基地

广州市人文社会科学重点研究基地：新媒体与文化创意产业研究中心

广东省高校人文社会科学重点研究基地：信息传播与文化创意产业研究中心

网络虚拟社会治理

张学波　罗　昕　刘　兢　编著

中国出版集团
世界图书出版公司
广州·上海·西安·北京

图书在版编目（C I P）数据

网络虚拟社会治理 / 张学波，罗昕，刘兢编著. --广州 ：世界图书出版广东有限公司，2015.12（2025.1重印）

ISBN 978-7-5192-0616-1

Ⅰ. ①网… Ⅱ. ①张… ②罗… ③刘… Ⅲ. ①计算机网络-应用-社会管理-研究-中国 Ⅳ. ①D63-39

中国版本图书馆 CIP 数据核字(2015)第 321754 号

网络虚拟社会治理

策划编辑　杨力军
责任编辑　钟加萍
封面设计　高艳秋
投稿邮箱　stxscb@163.com
出版发行　世界图书出版广东有限公司
地　　址　广州市新港西路大江冲25号
电　　话　020-84459702
印　　刷　悦读天下（山东）印务有限公司
规　　格　787mm × 1092mm　1/16
印　　张　19.75
字　　数　400 千
版　　次　2015 年 12 月第 1 版　　2025 年 1 月第 2 次印刷
ISBN　978-7-5192-0616-1/G·2011
定　　价　88.00 元

前　言

根据中国互联网络信息中心(CNNIC)发布的第35次《中国互联网络发展状况统计报告》，截至2014年12月，我国网民规模达6.49亿，互联网普及率为47.9%[①]。毫无疑问在全世界范围内，中国网民的数量是最多的，我国网民数量甚至多于欧洲很多国家网民总数之和。网络的发展为我们创造了生活的新时空，同时也拓展了国家治理新的空间、新的领域、新的视野。然而，随着我国网民数量的迅速增长和互联网的蓬勃发展，网络俨然已成为我国当今社会问题、社会矛盾最为集中、最为汹涌的聚集地，再加上当前我国正处于社会转型和矛盾凸显时期，社会发展过程中长期积累的现实矛盾，在网络这个平台中开始集中显现。互联网社会的复杂、多变和敏感等特征，更使得很难对互联网像现实社会一样进行行之有效的管理……这些因素无疑给我国的网络虚拟社会治理工作带来严峻考验。网络虚拟社会问题解决的好坏，直接关系到我国互联网是否能够保持良好的发展态势，同时还关系着现实社会的发展以及更高层面的社会和谐稳定、国家长治久安，网络虚拟社会的有效治理现已成为关系到国家稳定和社会发展的全局性问题。

在此情况下，党中央、国务院高瞻远瞩、审时度势，高度重视互联网的发展和治理工作。中共中央总书记、国家主席、中央军委主席、中央网络安全和信息化领导小组组长习近平在中央网络安全和信息化

① 第35次中国互联网络发展状况统计报告[R]. 中国互联网络信息中心(CNNIC)http://www.cnnic.net.cn/gywm/xwzx/rdxw/2015/201502/t20150203_51631.htm

领导小组第一次会议提出的“没有网络安全就没有国家安全，没有信息化就没有现代化”“建设网络强国的战略部署要与‘两个一百年’奋斗目标同步推进”等重要论断，在科学把握当前我国互联网发展规律的基础上，深刻阐释了党中央关于加强网络安全工作的指导思想和方针路线。同时，广东省政府也高度重视互联网管理工作，在政府工作报告中明确指出要加大对互联网的依法管理力度，维护网络安全，以推进平安广东建设。

在党中央、国务院、广东省从战略层面对网络安全、网络治理、网络文化高度重视的政策指引下，在当前我国网络虚拟社会快速发展的大背景下，以及在网络虚拟社会治理研究工作的现实需求下，我们应该清醒地认识到面对如此基数庞大的网民群体，以及日益高涨的网民政治参与呼声，网络虚拟社会治理已成为加强和创新社会管理工作中最值得研究和认真对待的课题；应该清醒地认识到，在互联网时代，社会管理工作早已不再是单纯的现实社会问题的治理，虚拟社会的治理工作同样不容忽视；同时还应该清醒地认识到，对网络虚拟社会特征、规律以及治理策略的有关研究工作非常必要而紧迫。

本书内容建立在紧紧把握当前网络虚拟社会发展现状和特点的基础之上，出发点和落脚点时刻围绕当前虚拟社会的发展现状：当前网络的普及和迅速发展，使得网络虚拟社会越来越渗透到现实社会中，并对现实社会产生越来越深远的影响；网络虚拟社会具有即时性、交互性、开放性等特点，带给人们众多便利的同时，其自由性、复杂性、多变性和敏感性也带来了许多问题，例如网络社会安全问题严重、网络侵害个人隐私、侵犯知识产权、网络犯罪、网络公共突发事件、网络水军泛滥等；网络虚拟社会发展过程中客观存在的这些问题已经给社会管理带来的诸多挑战。本书立足当前网络虚拟社会快速发展的现状，从网络虚拟社会自身的特点出发，从网络虚拟社会中的网络安全、网络问政、网络舆情、网络文化等四大方面，对网络虚拟社会的现状、问题和治理策略做了初步探讨，内容涵盖网络安全、个人隐私和信息安全、网络社会安全、网络问政、网络舆情、风险社会、网络印象管理、网络文化、网络暴力、虚拟社群、人际互动等多个方面。

本书运用科学合理的研究方法，并通过大量的理论和实证研究，从国际环境、国家治理、社会参与、个人隐私等多个维度，全面深入地探讨了网络虚拟社会治理过程中的问题、方法和策略。本书理论和实践相结合，将既有理论与自身的科学研究以及社会实际相结合，对网络虚拟社会发展现状、特征和规律的准确把握使得本书在理论研究和实证研究过程中，不断完善自己的方法、理论，增强了内容的科学性、实用性，使其能真正为网络虚拟社会的治理提供切实可行的有益参考，为网络强国战略、国家大数据战略、"互联网+"行动计划的推行和实施提供有益参考。

本书内容和研究成果有助于解决网络虚拟社会中存在的网络安全问题，进一步净化虚拟社会运营环境，促进信息高速、便捷、安全的传递，遏制虚拟社会中的违纪违法行为；有助于提高网民的信息认知、理解和辨别能力，使网民正确运用网络平台发表意见、行使公民权利，自觉维护良好的网络运行环境、净化网络社区平台，便于促进网络虚拟社会良性发展；有助于政府提高对网络突发事件的应对能力，更好地运用网络平台，当前政府迫切需要建立起以电子政务为基础的网络问政平台，良好的媒介素养理念可以使政府深化认识网络舆情，建立良好的预警机制，有效应对突发公共事件，提高政府执政能力，改善政府公共形象；有利于丰富政府网络虚拟社会治理手段和策略，提高政府网络虚拟社会的治理水平，提升管理成效，进而有利于国家的长治久安和社会的和谐稳定。希望本书能为学者理论研究及政府网络虚拟社会治理提供参考和有效建议。

目　录

第一篇　虚拟社会中的网络安全

第二篇　虚拟社会中的网络问政

第三篇　虚拟社会中的网络舆情

第四篇　网络虚拟社会中的网络文化

第一篇

虚拟社会中的网络安全

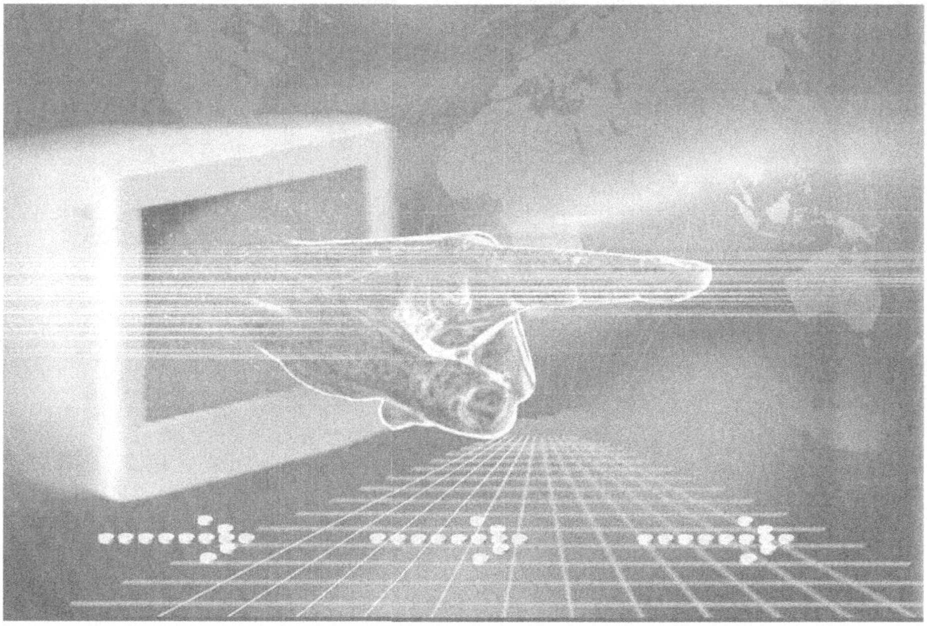

第一章

虚拟社会面临的网络安全问题

第一节　虚拟社会中网络安全概述

一、网络安全的相关概念

21 世纪，我们正处在网络时代。随着以 Internet 网为主体的信息网络在全世界范围的普及与应用，世界各国对信息网络的依赖程度与日俱增，网络安全问题亦纷至沓来。由于信息网络国际政治属性的愈益凸显与国家安全利益的需求，对于网络安全问题的分析和控制已经成为了人们关注的焦点和学者研究的重点。

(一)网络安全与信息安全

所谓信息安全，指保障国家、机构、个人的信息空间、信息载体和信息资源不受来自内外各种形式的危险、威胁、侵害和误导的外在状态和方式及内在主体感受。[①] 国际信息系统安全认证组织将信息安全划分为十大领域，包括物理安全、商务连续和灾害重建计划、安全结构和模式、应用和系统开发、通信和网络安全、访问控制领域、密码学领域、安全管理实践、操作安全、法律侦察和道德规划。[②]

实际上，“网络安全”从其本质上来讲就是网络上的信息安全，主要是指由电信网络、计算机网络和有线电视网络等网络形式构建的信息网络的安全与

---

① 上海社会科学院信息研究所. 信息安全辞典[M]. 上海：上海辞书出版社，2013.
② 卢新德. 构建信息安全保障新体系[M]. 北京：中国经济出版社，2007：15-21.

稳定状态，具体来说，就是网络系统中的硬件、软件以及系统中的数据受到保护，不因偶然的或者恶意的原因而遭受到泄露、更改、破坏，系统能够连续正常地运行，网络服务不中断。

(二)网络威胁

网络威胁是指利用网络安全缺陷，从而导致信息泄密、资源耗尽、未授权访问、资源被盗、资源被破坏等。网络安全所面临的威胁来自很多方面，其主要类型有如下几类。(1)窃听：在广播式网络系统中，每个节点都可以读取网上传播的数据，主要方式有搭线窃听、安装通信监视器和读取网上的信息等，然而网上的数据或非授权的访问不易发现。(2)假冒：一个实体假扮成另一个实体进行网络活动。(3)重放：为了产生一个授权的效果，重复一份报文或报文的一部分。(4)流量分析：观察网上的信息流从而分析推断出其中传输的有用信息，例如有无传输、传输的方向、数量和频率等。(5)数据完整性破坏：有意或无意地修改或破坏信息系统，或者在非授权和不能监视的情况下对数据进行修改。(6)拒绝服务：即授权的实体不能获得对网络资源的访问或者紧急操作被延迟时，就发生了拒绝服务。(7)资源的非授权使用：即与规定的安全使用不一致的使用方式。(8)陷阱和特洛伊木马：替换系统内部的合法程序，或在合法程序里插入恶意的代码，以实现非授权进程。(9)病毒：在计算机程序中插入能自我复制的一组计算机指令或者程序代码，破坏计算机功能。(10)诽谤：在网络信息系统散布错误的消息，诋毁某个对象的形象和知名度。

(三)网络安全法

习近平总书记在中央网络安全和信息化领导小组第一次会议上指出，“没有网络安全就没有国家安全，没有信息化就没有现代化。”国家安全也迫切需要网络安全立法。庞大的网民数量已经使得网络安全问题成为一个公共问题、社会问题。尤其是“互联网 +”概念提出后，网络安全立法显得尤为重要。2015 年 6 月，《中华人民共和国网络安全法(草案)》公布。《草案》赋予有关主管部门处置违法信息、阻断违法信息传播的权力。

在国际上，已有至少 40 多个国家颁布了网络空间国家安全战略。如美国在白宫设立“网络办公室”，并任命首席网络官，直接对总统负责；在 2015 年 6 月美国联邦人事管理办公室遭遇严重的数据泄露事件后，美国又准备发布《联邦民用网络安全战略》；2013 年 6 月 10 日，日本正式发布《日本网络安全战略》，提出了创建“领先世界的强大而有活力的网络空间”，实现“网络安全立国”的目标。

二、网络安全问题的特征

保证网络安全，最根本的就是保证信息安全的基本特征发挥作用。而网络安全主要有以下几种基本特征。

（一）完整性

指信息在传输、交换、处理和存储的过程中保持信息原样性，即信息不被修改、不被破坏和不被丢失，能正确生成、存储、传输信息，这是最基本的安全特征。

（二）保密性

指非授权的个人、实体或进程不能接受或利用信息，即数据只能被授权对象使用。主要分为网络传输保密性和数据存储保密性两个方面。

（三）可用性

指授权实体能够正确访问和按要求正常使用网络信息，并且在非正常的情况下也能够迅速恢复使用的特征。即在网络信息系统运行时能正常存取所需信息，而当网络系统遭到攻击和破坏时，能够迅速恢复并再次投入使用。

（四）不可否认性

也称为不可抵赖性，即网络信息系统的所有参与者都不能否认和抵赖曾经完成的操作和承诺。

（五）可控性

指信息在网络信息系统中的传播途径、范围和内容能够实现有效控制。对于网络信息的控制除了采用传播站点和传播内容监控的形式外，最典型的是密码的托管政策。

三、国内外网络安全问题研究现状

网络安全问题一直都是网络研究领域的核心课题之一，国内外专家学者对网络安全问题从不同层面、不同视角，并采用了不同的方法开展研究，而其中的研究方向主要有以下几类。

(一)对网络安全的认识

对于网络安全的认识，国内外学者经过多年的研究，形成了各自的看法。从国内而言，对于网络安全的定义比较权威的解释是由中科院计算机网络与安全研究所所长李涛提出的。他认为网络安全是指网络系统的硬件、软件及其系统中的数据受到保护，不受偶然的或者恶意的原因而遭到破坏、更改、泄漏，系统连续可靠正常地运行，网络服务不被中断。[①] 他将网络安全的内容具体分为网络实体安全、软件安全、数据安全、安全管理等方面。我国学者逄玉台也指出网络安全从其本质上来讲就是网络上的信息安全。[②] 广义上来说，只要涉及网络信息的完整性、保密性、真实性、可用性和可控性的相关技术和理论都是网络安全的研究领域。

而美国网络安全问题专家 Harole F.Tipton 和 Micki Krause 则认为网络安全主要指以下问题：未授权访问、越权访问、盗窃知识产权、信息滥用、儿童色情、服务的窃取、伪造、盗窃财产、侵犯隐私、服务的否认、计算机欺诈、病毒、破坏财产、敲诈勒索、挪用公款、间谍活动等。[③]

综合比较来说，现今对网络安全的认识主要包括两个方面：一是软、硬件系统的安全；二是网络中存储、传输的信息安全。

(二)网络安全的防护

网络安全研究领域另一个重要的方向就是网络安全的防护研究。李涛等

---

① 李涛. 网络安全概论[M]. 北京：电子工业出版社，2004：3—250.

② 逄玉台. 网络信息安全综述[J]. 现代通信，2003(10)：16—19.

③ Harole F. Tipton，Mici Krause. *Information Security Management Handbook* [M]. FourthEdition. US：CRC Press LLC，2004：15—350.

专家根据他们对网络安全的分类,提出了相应的解决方案。他将网络安全分为网络应用安全、网络系统安全和网络安全(这里的网络安全主要指网络传输安全),又把网络应用安全细分为电子邮件安全、IP 安全和 WEB 安全,把网络系统安全细分为网络操作系统安全和网络数据库安全，并提出了相应的安全防护措施,列举如下表 1-1。[①] 而孙延衡则从宏观的角度出发,提出了解决网络安全问题的三大对策:法律措施、长远的战略措施和技术措施。[②]

表 1-1　网络安全分类防护技术

李涛的网络安全分类防护技术		
安全对象分类	安全对象细分	安全防护措施
网络应用安全	电子邮件安全	安全电子邮件系统（PEM、PGP、S/MIME、MOSS）
	IP安全	Ipsec技术、安全关联（SA）技术、因特网密钥交换协议（IKE）、H、虚拟专用网技术、IPV6
	WEB安全	SSL技术、TLS技术、安全电子交易（SET）、OPENSSL技术
网络系统安全	网络操作系统安全	操作系统安全机制、操作系统安全设计、操作系统常见安全漏洞及对策
	网络数据库安全	存取控制结束、数据库审计、数据库加密、DBMS的隐通道审计
网络安全	网络传输和存储安全	防火墙技术、入侵检测技术、计算机取证、数据备份及恢复

美国网络安全专家 Harole F.Tipton 和 Micki Krause 提出网络安全防护主要包括网络安全技术、网络安全管理和网络安全规章三个层面:(1)网络安全技术,包括访问控制系统和方法、应用与系统开发安全、电信与网络安全、安全结构与模型、密码学、操作安全和物理安全;(2)网络安全管理,涉及安全管理以及业务连续性计划和灾难恢复计划两个内容;(3)网络安全规章,主要侧重于网络安全法律及道德规范的建设。[③]

四、大数据背景下的网络安全问题

近几年,随着互联网技术的飞速发展,当今社会进入大数据时代,大数据

---

① 李涛. 网络安全概论[M]. 北京:电子工业出版社,2004:3 — 250.

② 孙延衡. 网络信息安全隐患及其防御[J]. 情报杂志,2002(7):58 — 59.

③ Harole F. Tipton,Mici Krause. *Information Security Management Handbook* [M]. FourthEdition. US:CRC Press LLC,2004:15 — 350.

问题(Big Data Problem)成为信息技术学术界和产业界所关注的焦点,并成为信息科学技术领域的重要前沿课题之一。在大数据环境下,大量敏感信息在互联网上持续不断地产生,网络安全问题逐渐成为人们关注的焦点。

(一)大数据相关知识的基本概述

所谓大数据(Big Data)是指无法在一定时间内用常规机器和软硬件工具对其进行感知、获取、管理、处理和服务的数据集合。① 大数据,即海量数据,具有信息量大、信息主体多元、更新速度快和价值密度低等特点。②

大数据在数据量的大小上已经超越了传统意义上的尺度, 但是大数据不仅有巨大的数据量,同时也有着多样的数据类型和较快的处理速度。在现代互联网络中,拥有海量用户和敏感信息的大数据,极易成为攻击对象,而数据的泄露和丢失都将造成难以估量的经济损失, 所以在大数据环境下保证网络安全是一个不容忽视的问题。

(二)大数据时代网络安全出现的问题

大数据环境下的网络安全问题,主要有信息访问权限混乱、数据集群泄露以及智能终端危险化三个方面。

1. 信息访问权限混乱

访问权限, 是指在各种预定义的组中通过对用户的身份标识及其成员的身份标识来限制某些信息项或某些控制的机制。在互联网中通常是由系统管理员控制外来人员对本区域网络资源的访问,只有管理员授予了权限,外来人员才能够访问此网站。但是,随着技术的发展,海量信息大量汇集,信息访问权限逐渐弱化,出现了混乱不堪的局面,致使网络出现了一些不安全的因素。

2. 数据集群泄露

随着数据的大量汇集和集中存储,对数据进行安全防护变得更加困难,互联网中信息泄露风险的来源途径非常多, 不可避免地增加了用户数据泄露的风险。现今,黑客攻击的对象已经不是个别私人,他们的目标开始指向银行、证

---

① 李国杰、程学旗. 大数据研究:未来科技及经济社会发展的重大战略领域——大数据的研究现状与科学思考[J]. 中国科学院院刊,2012. 27(6):647-657.

② 孟小峰,慈祥. 大数据管理:概念、技术与挑战[J]. 计算机研究与发展,2013,(1).

券、大型公司等数据集群机构,这些数据集群机构不仅能够给他们带来巨额的财富,而且这些机构在数据的储存和处理上远远跟不上数据量的增长速度,这也是数据集群机构更容易遭到病毒入侵的原因之一。

3. 智能终端危险化

智能终端是利用移动和联通遍布全国的GSM网络,通过短信方式进行数据传输。目前智能终端被广泛应用于各个领域,并且具有良好的发展前景,比如许多企业都将企业信息包括员工信息存储在智能终端中,以便于集中管理。然而,这种做法存在着很大的安全隐患,因为智能终端很容易成为黑客攻击的重点目标。

(三)大数据环境下的网络安全措施

对于大数据环境下的网络安全问题主要是从以下几个方面进行防范:

1. 访问控制

访问控制是网络安全防护的主要渠道,能有效地提升网络系统的安全性,开展访问控制能合理的控制与认证用户的访问权限,阻止非法的访问与使用。访问控制常用的手段有身份认证、口令加密、设置文件权限、控制网络设备权限等等。访问控制建立在用户身份认证的基础上, 所以要有效规范与控制用户的行为必须先做好身份认证,才能实现保护网络信息与提升系统安全的最终目标。

2. 网络隔离

网络隔离是指把两个或两个以上可路由的网络(如:TCP/IP)通过不可路由的协议进行数据交换而达到隔离目的。主要有防火墙、多重安全网关、网闸、交换网络等隔离方式。通过网络隔离可以实现对网络的限制访问与隔离,同时,网络隔离也可以防止渗透,提升系统运行的安全性与稳定性。

3. 数据加密

数据加密是提升网络数据安全的重要渠道, 指使通过加密算法与加密密钥将数据转为密文,从而提升信息数据传输以及储存的安全性。不同的数据可以通过不同的算法,实施相应的加密控制方式,防止信息的窃取与泄露。

4. 入侵检测

入侵检测是指通过采集主机与网络关键信息来分析并判断入侵与资源滥用行为,这是一种主动式防御措施,不仅能够监测到误操作、外部攻击与内部攻击,还能与其他产品有机结合,可以有效应对网络攻击,保障信息的完整性。

5. 病毒防治

常见的病毒预防措施主要有病毒预防、病毒检测与病毒清除。一般来说,对于病毒的预防,要先在系统中安装防毒软件,定期升级,下载安全补丁,对下载的数据,需要先扫描再安装,并定期对数据进行备份。

第二节 虚拟社会中网络安全问题的类型

一、网络虚拟社会中的国家战略安全

据国家互联网应急中心(CNCERT)发布的《2014 年中国互联网网络安全态势报告》显示,中国的网络安全不容乐观。近年来,我国互联网市场规模和用户已经实现跨越式的增长,增长的背后也带来了网络安全威胁等伴生性问题,如基础网络存在较多漏洞风险、云服务成网络攻击的重点目标、域名解析篡改、网络攻击向工业互联网领域渗透等。2014 年 CNCERT 抽样检测发现境外 4.2 万个控制服务器控制了我国境内 1081 万余个主机,同比增长了 45.3%。境外木马或僵尸程序控制服务器 IP 按国家和地区分布来看,美国占比达到了 21.8%,中国香港为 18.9%。此外,针对金融、电信行业的仿冒事件也大幅增长,2014 年检测发现我国境内的仿冒页面近 10 万个,涉及 IP 地址 6833 个,其中有 89.4%位于境外。境外黑客针对我国政府部门和重要行业单位网站的攻击频率、程度及复杂度加剧。2014 年我国有 1763 个政府网站被篡改,1529 个政府网站被植入后门。[①] 国内有人形容我国网络安全为"裸奔",称存在三大缺陷。第一,网络关键设备没有自主,政府部门及多数领域的主机装备中近半都是采用的国外品牌,金融电信业甚至 99%都是外国货;第二,网络产品审核制度不够缜密,国内许多采购案关键

① CNCERT. 2014 年中国互联网网络安全态势报告[DB/OL]. http://www.cert.org.cn/publish/main/12/2015/20150430151528629942561/20150430151528629942561_.html.

设备都优先采用国外的,“这等同于把自己的秘密置于别人的眼皮底下。”;第三,监督系统不完善,表现在电信运营商已初步建立恶意程序检测,日志保存等技术手段,但都是事后处置,不能及时溯源。

网络安全的挑战不仅关乎个人,它已经成为国家安全战略的重要部分。2014 年政府工作报告首次出现“维护网络安全”的表述,这意味着网络安全已经上升到国家战略的位置,维护网络安全是维护国家安全利益的首要任务之一。

二、网络虚拟社会中的个人行为失范

(一)网络行为失范的概念

网络行为失范是指网络行为主体违背了一定的社会规范和道德准则要求,在网络虚拟社会里出现行为偏差的情况,做出违法、违纪、失德、失责等一系列行为,从而导致现有网络秩序混乱、无序的状态。

(二)网络虚拟社会中的个人行为失范的形态表现

网络虚拟社会中的个人行为失范,指的是以个体为行为主体做出的网络失范行为。主要包括以下几种:

第一,不当信息的传播和获取行为。不当信息的传播和获取是个体对互联网上的信息的不当使用,这些信息包括虚假信息、谣言、虚假广告服务信息、虚假新闻信息,甚至是暴力信息、色情信息等。不当信息的传播和获取是自媒体时代的常见问题。

第二,探知、侵入和破坏行为。探知和侵入行为是指对他人不愿公开的信息,进行主动刺探的情形。区别在于探知行为可能是无意间发生的,不需要高超的技术手段,而侵入行为一定具备相当的主观恶性,必须借助高超的技术手段。而网络破坏行为是指如篡改网页、攻击网站、破坏网络数据、制造并传播病毒等利用技术手段阻碍和破坏网络正常运行的行为,是网络权益的不安定因素之一。

第三,网络社会交往中的失范行为。互联网拓展了人们的社会交往空间,同时,在互联网中互动各方的身份信息都尽可能隐去,主体具有了完全的自控权,摆脱了外部因素的束缚,在交往中缺乏必要的自我的约束,由此而导致网络社会交往中的失范行为。

第四,网络运用不当。主要有两种情况:一是指借助网络从事非法或者不正当的行为活动;二是指合法及正当的使用互联网络的过程中出现的偏差,最主要表现为"人—网"关系失调,如"网络沉溺"。

(三)网络失范行为的社会危害

网络失范行为类型各异,带来的危害程度也不同。网络失范行为的社会危害主要表现为以下四个方面:

1. 不良信息传播的社会危害

互联网络既是巨大的信息资源库又是便捷的信息传播平台,便于人们获取和传播信息,但同时它承载和传播的不良信息甚至是有害信息,可能助长和诱导人们的网络失范行为,甚至可能成为网络行为失范的直接诱因。

2. 不同类型和不同程度的权益侵害

网络失范行为所造成的社会危害,还表现在其所引发的各类显性的或隐性的权益侵害上面。目前的网络犯罪形式主要包括制造和传播计算机病毒、盗窃、诈骗、"色情营销"、侵害隐私权、人身攻击、侵犯知识产权、政治谩骂、危害国家安全、网上赌博以及从事其他非法经营活动等。

3. 个人的自我脱序危害身心健康

"自我脱序型"的网络失范行为是网络失范行为的一种特殊类型,主要指面对互联网络给予的自由,网络行为主体没有把持住自己网络行为的理性边界,丧失了网络行为主体的自主性,呈现出一种"脱序状态"。比如我们常说的"网络异化""网络沉溺"和"网络成瘾"问题。

4. "网络社会"的正常运行受到干扰和阻碍

网络失范行为是"网络社会"正常运行的一种"扰序因素",它一方面会导致"网络社会"的混乱无序,另一方面,这种网络社会的无序状态,也会误导人们的思想认识,造成网络主体在网络文化价值观念的确立和网络行为规范的认知上的误差,甚至污染"互联网社会"的文化环境。

三、网络虚拟社会中的媒体功能缺失

（一）大众传播媒介的功能

拉斯韦尔提出了大众媒介的三个基本功能：环境监视功能、社会协调功能和社会遗产继承功能，赖特在此基础上又补充了第四种功能——娱乐，而美国学者施拉姆又加了第五种功能——经济功能。大众传媒的主要功能有：传播信息，实现信息共享；监测社会环境和实行舆论监督，推动社会进步和改革；传承社会文明，普及文化教育；提供休闲娱乐，满足受众精神需求。

（二）网络虚拟社会中的媒体功能缺失

近几年来，由于网络传播的特殊性，随着媒体市场化改革的推进，在互联网上传媒领域的“三俗”之风不断蔓延，有偿新闻、虚假信息和诚信危机等问题出现得越来越频繁，在网络虚拟社会中出现了媒体功能缺失的现象，主要有以下几种表现：

虚假新闻泛滥。在互联网络中，追求点击率，有些媒体直接将网络中的谣言当作新闻线索，而不再求证其真实性，通过网络加工，形成虚假新闻。甚至为了吸引受众，有的媒体不惜编造虚假新闻，增加耸人听闻的资讯量。

“三俗”内容的传播。由于互联网的开放和自由，媒体对于传播内容的把关相对宽松，导致传播内容的低俗化、庸俗化和媚俗化。媒体没有起到监测社会、传承文明的功能，甚至危害了网络虚拟社会的秩序稳定。

侵权行为猖獗。近几年来，互联网上媒体侵权行为屡禁不止。比如说2010年百度“文库书店”作品未经授权传播，侵犯了作家的知识产权。网络侵权行为不仅会阻碍社会经济发展，而且会抑制社会知识和技术创新。

四、网络安全与虚拟社会管理秩序

（一）虚拟社会的基本特征

虚拟社会（Virtual Society），又称赛博社会（Cyber Society），是指不同网民

之间经由计算机、远程通讯终端等技术设备相互连接起来以进行信息的共享、互动与交流，并在其中进行社会交往、社会活动而形成的一种亚社会性质的网络虚拟空间。[①] 虚拟社会在一定意义上是现实社会的别样表达和延伸，但同时，它也有其独特的社会属性。

第一，时空的无形化。虚拟社会打破了现实社会交流和交往中的时空界限，拓展延伸了社会交往的空间。第二，主体的多元化。虚拟社会的主体性是开放的、多元的，人们不必遵循既定约束，无论年龄、性别、社会阶层、文化背景，都可以畅所欲言。第三，虚拟社会是一个高度隐蔽的社会，网络主体面对的是一个符号化的世界，互动各方的身份信息都尽可能隐去。第四，行为的自主性。在虚拟社会里，主体具有了完全的自控权，摆脱了外部因素的束缚，自由表达、自主地进行网络社会交往与其他活动。第五，交往的互动性。互动是虚拟社会形成与发展的重要特性。在虚拟社会中，群体之间的互动是多向的、共时的、非线性的，很大程度上满足了人们对交流和沟通的心理需求。

（二）网络安全与虚拟社会管理

虚拟社会的实时性、互动性和开放性给人们的生活带来了便利，促进了科技的发展，提高了社会管理运行速度，但同时，如果虚拟社会管理不当，也将引发一系列的网络安全问题。

一是网络犯罪增多，网络病毒危害严重。网络公关公司兴起，"网络水军"肆虐，恶意攻击对手，试图掌控网络舆论，破坏网络秩序；钓鱼网站、骗子网站层出不穷，欺骗消费者；黄、赌、毒等违法网站屡见不鲜，打击不尽，危害青少年身心健康；计算机病毒也严重地威胁着网络虚拟社会的正常秩序，甚至给网民造成了难以弥补的损失。

二是为了争夺利益导致网络事件增多。"谷歌退出中国事件""360 和腾讯大战事件"从根本上来看，都是互联网公司为了争夺利益而造成的网络典型事件，同时也暴露了网络虚拟社会管理的无序性。

三是网络信息污染问题。虚拟社会的自主性、开放性给了不怀好意者可乘之机。某些强权国家利用其在互联网上的主导地位，宣扬本国的价值观念和意

① 金吾伦. 信息高速公路与文化发展[J]. 中国社会科学，1997，(1).

识形态，对我国的思想、观念、政治、伦理道德等产生冲击；某些组织也通过互联网传播淫秽色情、暴力、赌博、邪教等不良信息和西方资本主义的意识形态，威胁着网络虚拟社会的稳定。

五、技术生态下的网络安全

随着网络技术的飞速发展，网络安全产业正发展成为一个复杂、多元化的生态环境，诸多的网络安全问题也随之而来，网络安全问题已经影响到了经济社会的健康发展，构建网络安全生态体系迫在眉睫。

（一）美国提出的“网络生态系统”

“网络生态系统”（Cyber Ecosystem）这一新概念是美国2011年在网络安全发展战略的演进过程中提出来的，这一概念也逐渐清晰和成熟，成为了美国网络安全发展的重点领域之一。

“网络生态系统”概念的提出受到生物体免疫系统以及社会公共健康领域的疾病控制的启发，设想建立一套与生物体免疫系统相类似的网络安全防御体系，利用网络设备中内置的安全功能，通过自动化、标准化程序及协调一致的行动，使网络空间中的各要素形成一个集体行动、自动防护、自我愈合的健康、安全和抗压的网络生态系统。①

（二）网络安全技术与网络生态

美国为了确保在网络和信息技术的世界领先地位，制定了网络与信息技术研发计划（NITRD），旨在通过对网络、计算系统、软件和相关信息技术进行基础和长期的研究，确保美国网络安全发展的战略优势。实际上，美国提出“网络生态系统”的概念，目的就是要形成网络空间领域统一的安全理念和指导思想，实现政府对网络关键技术的引领。

构建网络安全生态环境最主要的是加强网络安全技术研发力度。首先需要设计便于使用、便于管理并且能快速定制的可信技术，建设多层次、全方位

---

① 中国网信网. 我国网络生态系统建设思考[DB/OL]. http://www.cac.gov.cn/2015-06/04/c_1115506086.htm

的安全的可信系统，确保技术能够感知、反应和交流网络安全性及其环境的变化，确保互联网及其信息在检索、创建、传输、存储过程中的可信度，以及网络系统的可信度。其次是在网络设备层面研发人机交互技术，更好地拓展人机协作新模式。最后是提高网络安全程序的自动化水平，使网络主体能根据需求自动选择安全行动，改动配置，从而加强抵御入侵的能力。

第三节　虚拟社会中网络安全问题及危害

一、网络安全问题案例解析

"斯诺登事件"给网络安全带来的思考。提到网络安全，不得不说的一个人就是美国国家安全局商雇员、前中央情报局技术助理爱德华·斯诺登。有人说他是英雄，也有人认为他是叛徒。说他是英雄是因为他撕开了一道口子，说出了世界各国出于国家安全的需要以各自的方式进行网络监管，而美国却超越了道德能允许、公众能接受的底线；说他是叛徒，因其对美国而言是一个耻辱，制造了"美国40年来最大的丑闻"。"斯诺登事件"的发生给世界各国上了一堂活生生的网络安全课。

"斯诺登事件"的发生令世界陷入恐慌。作为被监视的国家，网络安全项目形同虚设；对监视国美国而言，网络安全政策也面临严峻挑战。而对"斯诺登事件"也不应该只停留在道德讨论上面，更应该成为各国改进网络安全和推动全球网络空间治理的契机。就斯诺登本人而言，是英雄还是叛徒自有历史定论。

二、常见的网络安全类型特征和成因分析

（一）网络安全分类

网络安全事故根据事故原因可以分为自然安全事故和人为安全事故。自然安全事故是指受不可控力的影响而产生的安全事故，如受地震、火灾等影响

而产生的网络安全事故。人为安全事故是指由人的行为引发的网络安全事故，包括人的主观故意行为或人因失误行为而导致的网络安全事故(图1-1)。人的主观故意行为可以分为故意破坏者、不遵守规则者和刺探秘密者。

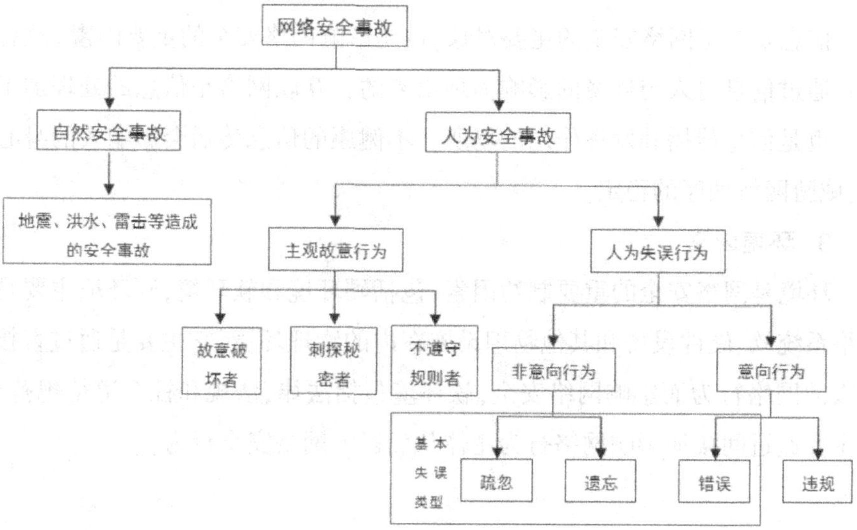

图1-1 网络安全事件的分类

网络安全人因失误行为是指人的行为在没有外力干预下偏离了安全的成功执行路径，或执行了错误的行为序列，从而导致网络安全事故或事件。它又可以分为意向行为和非意向行为，其中意向行为包括错误和违规，非意向行为包括疏忽和遗忘。①

(二)网络安全产生的因素

网络安全系统中的各个因素相互联系，又相互制约，都将对网络安全产生影响，具体包括：

1. 人的因素

人是网络安全的根本因素，所有网络安全问题都是由人造成的，而产生的结果也由人来承担。人对网络安全的影响因素包括人的生理因素、心理因素、认知功能因素等。人在网络安全中产生的作用主要有以下两个方面的表现：第

① Reason J. *Human Error*. UK[M]. Cambridge：Cambridge University Press，1990：156.

一,人是网络安全的保障者,包括网络安全设计、网络安全维护等工作都是由人来承担的;第二,人是网络安全破坏者,这种破坏包括主观故意破坏和人因失误而造成的破坏。

2. 信息因素

信息安全是网络安全的主要对象,也是影响网络安全的重要因素。这种影响是通过信息对人与环境的影响体现出来的，互联网络是信息的处理加工工具，也是信息传播和发挥作用的场所，不健康的信息传播会影响人的身心健康,威胁网络秩序的稳定。

3. 环境因素

环境是网络安全的重要制约因素,包括硬环境和软环境,硬环境主要是指网络系统软、硬件设备和其他物理设施在内的物理环境,它主要是通过直接制约人的网络行为而影响网络安全,软环境包括法律、法规和社会道德规范等,它主要通过间接地影响网络行为主体从而影响网络安全行为。

三、网络安全事件的传播模式

(一)网络攻击的步骤

网络攻击是产生安全事件的起因与源泉。网络攻击是指网络用户未经授权的访问尝试或者使用尝试,网络攻击的目标主要是破坏网络信息的保密性、完整性、非否认(抗抵赖)性、网络服务的可用性和网络运行的可控性。网络攻击拥有众多的方法,但典型的网络攻击一般都包括寻找目标、目标信息收集、弱点挖掘、模拟攻击、实战攻击、攻击痕迹清除等几个阶段。①

(二)安全事件的发生过程和传播态势模型

从网络攻击的步骤、特点出发进行分析,可以得到网络安全事件发生的传播态势模型。分析得出网络安全事件的传播一般都要经过安全事件的产生、安全事件的传播和安全事件的消除等过程。

---

① 卿斯汉,蒋建春. 网络攻防技术原理与实战[M]. 北京:科学出版社,2004.

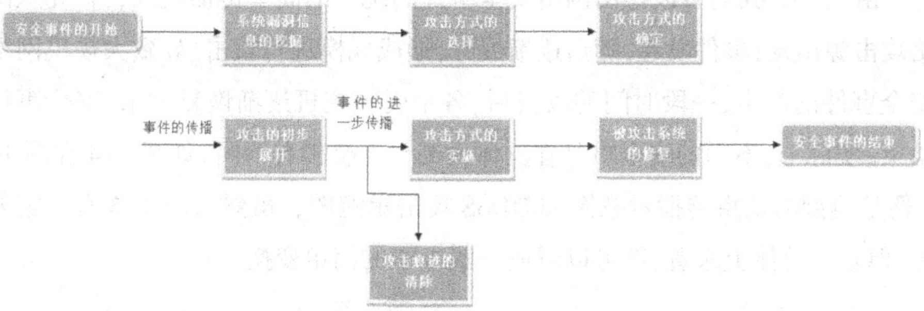

图 1-2　安全事件的发生过程

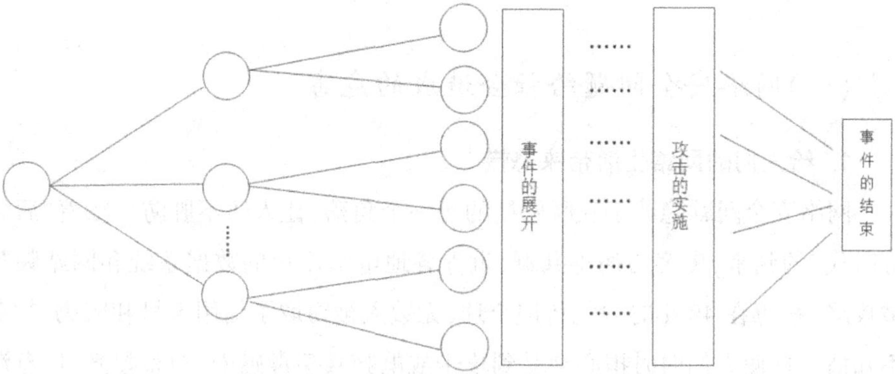

图 1-3　网络安全事件传播台式简易模型

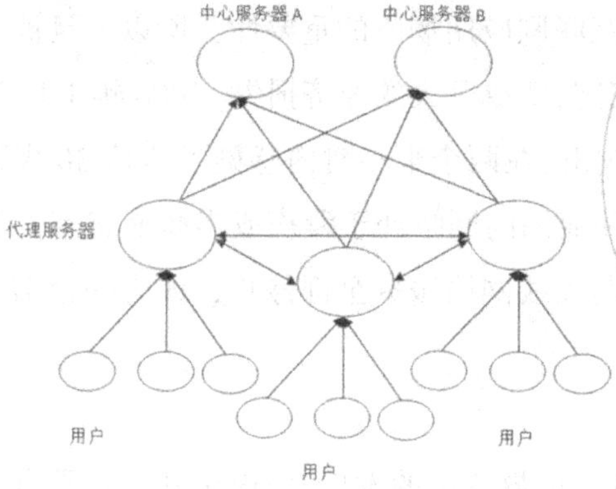

图 1-4　蠕虫传播示意图

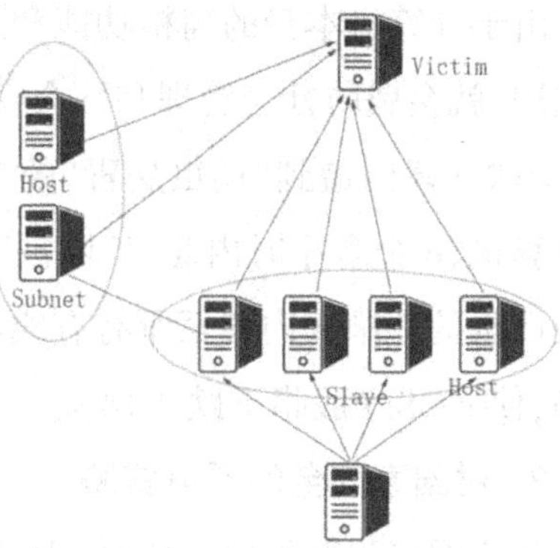

图 1-5　DDoS 攻击示意图

用网络节点图来表示安全事件的发生过程流程，就可以得到一个简单的网络安全事件传播态势模型,如图 1-3 所示。

由图 1–2 我们可以得出网络安全事件的统一的简单传播模式，首先从网络攻击源出发，事件发起，随后逐渐展开，形成规模进行攻击，导致大规模网络安全事件的产生，一段时间的攻击后，各个受害主机逐渐恢复过来，安全事件结束。实际上，不同的安全事件在具体的细节上会稍有不同。如图 1–4 和图 1–5 便是典型的蠕虫传播示意图和 DDoS 攻击示意图，虽然与图 1–3 有一定差异，但是从总体上来看，都可以看成是图 1–3 的简单变换。

四、网络安全问题危害分析

(一)网络安全问题给社会造成的危害

1. 给人们的网络生活带来恐慌

网络安全问题隐藏于互联网络的每一个角落，让人防不胜防。随着“后病毒时代”的到来，黑客与病毒共舞，世界各地电脑用户的数据系统和网站频频被攻陷。病毒在 48 小时内能传遍全球，无数人被窃取了信用卡号和密码，却毫不知情。这使人们时时担心会受到攻击或电脑被病毒感染，隐私曝光，信息泄露，给人们的网络生活带来了极大的恐慌。

2. 给社会经济带来巨大损失

由于计算机本身的高精功能和互联网应用场所的重要性，所以一旦被非法利用，就会威胁社会管理和社会安定，造成巨大的经济损失。2008 年 1 月 25 日，全球互联网遭到“蠕虫病毒”的攻击，在两个半小时内感染了全球 30 多万台计算机，6 个多小时内北美、欧洲和亚洲的网络处于瘫痪或半瘫痪状态。受灾最严重的韩国国内甚至所有有线与无线网络服务全部停止，成为一个信息孤岛，使 KOSPI 股指下跌 3.14%。

3. 对国家安全的严重威胁

互联网作为新的独立变量，促进了世界各国的发展，但由于其本身具有一些无法克服的技术漏洞以及人为的破坏，造成互联网存在较为严重的安全隐患，威胁着整个国家的经济、政治以及军事的安全。而国家政治、经济、军事等各方面的信息化，也使得网络安全处于国家安全的重要地位。

(二)对文化的负面影响

1. 文化入侵

对于发展中国家的文化受众而言,其民族文化已经面临着“殖民文化”的冲击。当前,在互联网上英语内容约占 90%,法语占 5%,其他世界上众多的不同语系只占 5%。全球互联网业务中有 90%在美国发起、终结或通过。全球互联网管理中所有的重大决定仍由美国主导做出。负责全球域名管理的 13 个根服务器,有 10 个在美国。这意味着相对落后的发展中国家只能成为被迫接受信息的群体,只能无奈地面对发达国家的文化控制。

2. 不利于社会文明形式的过渡

随着科技的发展,伦理道德也随之进步,但每一个时期的道德观念是由相应的社会经济基础决定的,处于不同地位的阶级、阶层的人,总是自觉或不自觉地从他们进行生产和交换的经济关系中吸取自己的道德观念。但由于互联网的开放性、平等性、自由性,网络行为主体往往不顾社会发展的现实情况,偏执地去寻求社会公正,过分强调个人权利,从而威胁到网络秩序,甚至造成网络犯罪。目前美国揭露的“头号因特网诈骗案”就是这种类型。

五、网络安全之信息内容安全

(一)信息内容安全介绍

网络信息内容安全是指保障网络上的信息内容不被滥用, 包括内容的分级、过滤、智能归类等,网络内容安全通常包括反垃圾邮件、防病毒、内容过滤、网页过滤、内容监控预警、信息隐私保护等功能。①

网络信息内容安全最初是从家庭个人计算机的“绿坝花季护航”和国家网络安全监控系统两级开始发展的,发展到现在也逐渐渗透到了校园、网吧、企业、小区等中小型网络。互联网上信息安全问题的产生主要有两个原因:一是由于在互联网发展过程中相关的法律规范和管理措施未能同步发展; 另一方

---

① 陈红松. 网络安全与管理[M]. 北京:清华大学出版社,2010:198-204.

面是互联网的开放性、便捷性、交互性，使得多元思想不断碰撞，从而出现了一些新奇、另类、不易理解或不符合规范的行为。

(二)信息内容安全威胁

在互联网信息共享环境中，信息内容安全同样面临着传统计算机安全面临的泄露、欺骗、破坏和篡改的威胁。[①] 这些威胁主要有以下几类：

1. 信息泄露

在互联网中存在着大量公开的信息，如姓名、地址、电话号码等。这些信息容易被获取，可能会被整合甚至是滥用，例如有些公司会将这些数据整合后出售，可能会妨碍相关人员或组织的正常生活或运行。

2. 信息欺骗

由于互联网的开放性和自主性，多元的主体都可以产生并分享信息，互联网中不能保证信息的完整性，这同时也带来了许多欺骗性的威胁。例如，互联网中的地址和内容都可能被伪造。

3. 信息被非法传播

在互联网中，很多具有知识产权的音乐和电影在未取得权利主体允许的情况下被广泛传播，从而侵犯了他人的知识产权。

4. 信息被篡改

篡改信息一般有两个目的：一是为了消除信息的来源，使他人无法跟踪；另一个是为了伪造信息的内容，影响信息交流。通常，信息被篡改的同时会被植入木马等病毒，不仅会破坏所在的信息载体，还会危害到计算机软硬件系统的安全。

(三)网络信息内容安全监测的关键技术

网络信息内容安全监测的关键技术主要有数据获取技术、协议分析技术、应用数据还原技术、内容分析与过滤技术等。

1. 数据获取技术

数据获取技术包括网络环境下的数据获取方法和用户级数据包捕获机

---

① 李建华，李翔等. 信息内容安全管理及应用[M]. 北京：机械工业出版社，2010：1-5.

制。网络信息的获取有主动获取和被动获取两种，主动获取是根据 HTTP 协议从 Web 站点上采集或下载信息。被动获取通常是将监听设备的网卡工作于混杂模式，然后直接连接到网络的特定部位进行获取。用户级数据包捕获机制就是在数据链路层额外增加一个旁路处理，过滤、缓冲流经它的数据包，最后送到应用程序进行分析。

2. 协议分析技术

协议分析技术，就是利用互联网上协议的高度规范性，将捕获到的网络数据包进行逐层协议解析和分析，并将分析结果保存及显示的技术。[①] 目前，常用的数据包分析技术有两种，即：无状态分析技术和有状态分析技术。

3. 应用数据还原技术

应用数据还原技术，是协议分析技术的升级，主要对应用层的协议进行分析，并且主要针对由某些数据包组成的应用层会话，将整个会话过程以一种比较清晰的方式显示出。

4. 内容分析与过滤技术

内容分析与过滤技术主要有文本内容分析和图像内容分析。在网络信息监测系统中使用最广泛的内容分析与过滤技术就是关键词匹配技术。

六、网络虚拟社会中的泄密现象

2010 年，“维基泄密”网站公布了长达 20 万页的美国军方机密报告，引起了全球的关注，这个事件也被称之为美国外交史上的“9·11”事件，也使得世界各国认识到了防范网络泄密的重要性。

（一）网络泄密的特点

网络泄密主要是指以网络为载体和渠道，使秘密被非授权主体知悉的行为。由于网络信息具有复杂性、丰富性、易复制性、易传播性、强大的交互性等特点，使得网络泄密具有传播效率高、渠道隐蔽、频率高的特点。[②]

网络泄密的传播效率高。随着全球“信息高速公路”的建设，互联网的超时

① 蔡敏，叶震，徐吉斌. 协议分析技术在入侵检测中的应用[J]. 计算机技术与发展，2007.17(2).239-241.
② 哈密地区国家保密局[DB/OL]. http://hmbmj.hami.gov.cn/info/1006/1026.htm.2015-8-17.

空性和便捷性在为网络信息的全球化传播创造了条件的同时，也为网络泄密的快速扩散提供了现实基础。

网络泄密的渠道隐蔽。网络的安全程度取决于网络攻防技术的发展,但事实上网络防御技术的发展往往落后于网络攻击技术的发展，这在一定程度上增强了网络泄密渠道的隐蔽性。

网络泄密的频率高。据全国人大内务司法委员会的一项调研报告显示,目前计算机网络泄密事件已占泄密总数的70%以上,并呈逐渐增长趋势,基于网络在信息处理上的及时性、高效性、广泛性,网络已经成为泄密的主要方式和渠道。

(二)网络泄密的主要方式

1. 网络窃密

网络窃密是网络泄密的最主要的方式之一,随着网络技术的发展,网络窃密的手段也不断更新换代。常见的窃密方法主要有以下几种：

第一,暴力破解。黑客利用程序自动地产生不同的字符组合,不停地去尝试破解密码,直到成功为止。第二,木马技术。木马是目前最流行的窃密手段,木马的窃密技术经历了击键记录、屏幕快照、远程控制、摆渡技术四个演变过程。第三,网络钓鱼。是通过大量发送声称来自于银行或其他知名机构的欺骗性垃圾邮件,意图引诱收信人给出敏感信息(如用户名、口令、账号ID等)的一种攻击方式。

2. 网络收集

互联网上存在海量的信息，由于互联网管理上的漏洞和网络主体保密意识不强,所以通过搜索、收集和分析,完全有可能得到有价值的情报。

第二章

个人信息安全与隐私关注

第一节　个人信息安全探析

一、移动社交媒体个人信息安全探析

随着智能手机的普及,移动社交软件成为当今最热门的社交媒体之一,移动社交媒体最大的特点之一是以智能手机为依托，其中以微信、陌陌等为代表。以微信为例,微信支持跨通信运营商、跨操作系统平台通过网络快速发送免费语音短信、视频、图片和文字。但与一般移动通信软件最大的不同是,微信有功能让用户随机找到新朋友,或是将心情抒发给未知的对象,拓展交友圈。用户可以使用通过共享流媒体内容的资料和基于位置的社交插件“摇一摇”“扫一扫”“漂流瓶”“朋友圈”等服务插件。随着微信等移动社交媒体的兴起与发展,其对人们个人信息安全保护的问题也日渐浮出水面。

(一)微信个人信息泄露风险分析

结合微信该社交媒体平台的功能和特点，并结合近年来发生的个人信息安全事件,分析微信收集个人信息的方式以及个人信息暴露的途径,对微信个人信息泄露风险进行分类、总结和分析。

1. 用户基本信息的泄露风险

微信注册时需要提供个体的一些基本信息，例如注册的第一步需要填写个人的国家或地区以及输入手机号。微信在登录时可以选用手机号、QQ 号或者微信号进行登录,如果绑定了手机号或者 QQ 号的用户,如果在隐私设置中没有取消“通过手机号或者 QQ 号码找到我”,微信则会通过手机通讯录以及

QQ 好友名单自动将用户的微信账号进行推荐。另外还有头像与昵称,[1] 这两项虽然并不需要提供真实的消息, 但很多人为了与朋友联系方便会用真实头像以及真实姓名。另外在个人账号信息中还需要提供性别,所在地区等信息。

微信"摇一摇"是微信推出的一个随机交友应用,通过摇手机或点击按钮模拟摇一摇,可以匹配到同一时段触发该功能的微信用户,从而增加用户间的互动和微信粘度。但这个功能则可能会匹配到陌生人,个人的基本信息会一部分暴露的同时,如果没有对方的身份,容易造成进一步的信息泄露。

2. 位置信息的泄露风险

微信具有"附近的人"的功能,另外在朋友圈中发表状态时也可显示个人所在城市。早前有传言称微信上通过"附近的人"功能可以用"三点定位法"查找到目标微信用户的位置,这个说法也引起网友对个人安全问题的关注,网络用户的信息安全隐患还是普遍存在的。另外,在使用"附近的人"功能后,如果不清除个人的位置信息,那么个人的位置信息也会继续可见一段时间,进一步威胁了个人信息的安全。[2]

3. 个人实时动态信息的泄露风险

除了用基本的聊天通讯功能与亲人朋友分享信息,微信用户还可在"朋友圈"分享讯息及图片,这也成为个人信息有暴露风险的一个区域。人们不仅可以在朋友圈中了解一个人的个人动态和照片等信息, 在朋友圈中还有一项设置为"允许陌生人查看十张照片",微信默认的设置为"允许",因此有很多用户在朋友圈中分享的个人或者家人朋友的照片很容易暴露在陌生人的面前。该设置也让不法分子有了可乘之机。

4. 聊天记录的泄露风险

微信可以发送语音信息以及文字信息,由于语音信息的便捷性,多数用户在可以语音的情况下会选择发送语音信息。相比于文字信息,语音信息可能包含着更多的私密信息,信息的准确性也会更高。此外,微信的聊天记录可以由用户自行上传并保存在云端服务器。

---

① 钱朱建:《社交媒体小实验:头像"男换女"半月百个男性搭讪》,资料来源于东方网:http://sh.eastday.com/m/20131014/u1a7712088.html,访问时间:2014 年 4 月 4 日.

② 姚雪青,吕绍刚,张洋:微信"三点定位"不可能,资料来源于人民网:http://legal.people.com.cn/n/2013/1208/c42510-23777034.html,访问时间:2014 年 2 月 11 日.

5. 通讯录信息的泄露风险

微信有通讯录安全助手功能，用户可将自己的手机通讯录上载至云端服务器，为用户的通讯录备份。另外如果微信与 QQ 账号等绑定，那么 QQ 的好友信息也将会被微信读取并根据好友通讯录进行微信好友推荐。

6. 财务信息的泄露风险

目前已出现了社交媒体与电子商务合作的模式，以打造一种创新型社交支付工具，致力于为用户提供的一个快捷、安全、新颖的社会化支付方式，让用户在轻松地社交环境下完成一体化支付，一旦信息遭到泄露，用户的财产和人身安全都将遭到威胁。

(二)移动社交媒体易泄露的个人信息分类

从以上对微信使用中个人信息泄露风险的分析，下面将对移动社交软件中易泄露的个人信息进行分类归纳，如下表所示：

表 2-1 移动社交媒体易泄露的个人信息分类表

个人信息类别	信息内容	收集方式
个人基本信息	头像、昵称、性别、所在城市/地区、年龄等	软件注册时需提供
电话号码及其他社交媒体账号	手机号码、其他社交媒体平台(QQ/微博等)账号	硬性绑定或可由用户选择提供
通讯录信息	手机通讯录、其他社交媒体好友通讯录	软件后台读取或者用户自行选择提供
财务信息	银行卡(信用卡)账号、支付宝(或其他支付平台)账号	用户自行选择提供
地理位置信息	所在地理位置	用户自行选择提供
聊天记录	用户聊天时的具体信息	软件后台读取或者用户自行选择提供
个人实时动态	个人行踪、心情、做过的事情、计划、照片等	用户自行选择提供

二、即时通讯媒体个人信息安全探析

即时通讯(Instant Messaging，简称 IM)是一个即时通讯系统，允许两人或多人使用网络实时的传递文字讯息、档案、语音与视讯交流。在国内，即时通讯软件主要有传统的QQ。以QQ为代表,腾讯QQ支持在线聊天、视频电话、点对点断点续传文件、共享文件、网络硬盘、自定义面板、QQ邮箱等多种功能,并可与移动通讯终端等多种通讯方式相连。①

(一)QQ个人信息泄露风险分析

虽然作为我国使用最为广泛的即时通讯工具，但其在个人信息保护方面仍令人担忧。2013年11月,有报道称腾讯QQ群数据遭泄露,用户姓名年龄等个人隐私信息均可轻而易举查到，此次数据泄露涉及7000多万个QQ群、12亿个部分重复的QQ号。②

1. 个人基本信息的泄露风险

在注册腾讯QQ账号或者登录时需要提供一定的个人基本信息，如年龄、性别、出生年月、教育程度信息、所处城市等。虽然注册时不一定需要真实的个人信息,但大多数用户为了满足交友和聊天的需要,会选择填写真实的个人信息,信息的准确度并不低,也增加了个人信息暴露的风险。腾讯QQ具有个人空间、朋友网等附加功能,并且可以绑定腾讯微博,更加大了个人信息的曝光度。

2. 地理位置信息的泄露风险

使用QQ时,软件会记录用户上网的时间以及根据用户登录的IP地址获取用户的地理位置。根据用户常用的IP登录地址,可分析出用户的住所或者工作学习的住址。在移动设备(如智能手机终端)中,有"对附近的人可见"以及"对做相同事情的人可见"的功能,用户的地理位置信息和个人信息存在曝光的危险。

3. 聊天记录的泄露风险

QQ会保存用户的聊天记录,如果用户为QQ会员,将享受聊天记录漫游的服务。聊天记录中记录着大量个人隐私信息。如果聊天记录被监视或者被窃取,大量的个人信息将被泄露。

(二)即时通讯软件易泄露个人信息分类

目前即时通讯软件使用中个人信息泄露的案例已经多不胜数，在某种意

---

① 招俏春. 基于XMPP协议的即时通讯系统的研究[D]. 华南师范大学,硕士学位论文,2008.

② 南婷,林苗苗:腾讯QQ群数据库泄露事件追踪,资料来源于新华网:http://news.xinhuanet.com/legal/2013-11/21/c_125741520.htm,访问时间:2014年2月11日.

义上已经是个人信息泄露的渠道之一。

表 2-2 即时通讯媒体易泄露的个人信息分类表

个人信息类别	信息内容	收集方式
个人基本信息	昵称、头像、年龄、性别、出生年月、毕业院校、教育程度、所处城市等	软件注册时需提供或由用户个人选择完善
通讯录信息	手机通讯录、其他社交媒体好友通讯录	移动设备终端中由用户个人选择提供
财务信息	银行卡账号、财付通等支付平台账号等	用户自行选择提供
地理位置信息	所在地理位置	QQ后台获取及用户自行选择提供
聊天记录	用户聊天时的具体信息	软件后台读取或者用户自行选择提供
社交关系网	用户的社交圈	软件后台读取
个人实时动态	个人空间中提及的个人行踪、心情、所过的事情、计划、相册等	用户自行选择提供

三、微博等个人信息安全探析——以新浪微博为例

(一)新浪微博个人信息泄露风险分析

微电影《微绑架》讲述的是一个绑架集团和微博调查公司合作,利用微博将目标锁定了在一个区域,很快就绑架到了目标人物,由此可见微博对个人隐私安全的巨大威胁。

1. 个人基本信息的泄露风险

目前注册新浪微博账号有两种方式。一种是没有新浪邮箱账号的情况下,注册新浪微博需要填写注册邮箱、密码、昵称、性别、所在地、姓名、身份证号码等相关信息,其中学校信息可由用户自行选择是否填写,但是姓名和身份证号为新浪微博实名制的强制要求。用户需要填写昵称、性别、所在地、手机号等相关个人信息,其中手机号是用来获取注册验证码的。新浪微博账号注册成功之后用户需设置头像。头像照片可由用户自行选择是否为真实的个人照片。

2. 地理位置信息的泄露风险

新浪微博手机版在发布消息中有选项为“插入位置”，用户可以通过选择该项对自己的位置进行定位，进而与好友分享自己的所在位置。新浪微博的地理位置信息较为精确，甚至可以精确到所在街道或者建筑物。通过发布有位置信息的微博内容，新浪微博会记录下所有的位置信息和签到的次数，并形成用户的“足迹”，用户可在“足迹”页面中进行查看。如果用户长时间在新浪微博中“签到”，会更容易让人把握该用户的行踪。

图 2-1　新浪微博“足迹”功能示意图

如用户使用第三方的基于地理位置的社交应用如陌陌，并通过微博授权通过这类应用，用户的微博信息便会暴露在该社交平台上，在附近位置使用该应用的人都可以通过该应用查看到用户的新浪微博。暴露个人地理位置信息次数越多、时间越长，暴露的信息也就越多。

3. 财务信息的泄露风险

与其他社交媒体一样，新浪微博同样拥有“支付”功能。微博支付同样通过与银行卡和淘宝、支付宝进行绑定，更方便用户对微博中广告的商品进行购买与付款。

图 2-2　微博支付

4. 社交关系的泄露风险

新浪微博会帮助用户用多种方式添加关注，其中有选项为“按 QQ 和邮箱查找好友”，通过导入和邮箱的联系人来查看对方是否有新浪微博账号或者邀请未开通的好友加入。在手机客户端，也有“查看通讯录好友”选项，通过导入手机通讯录来添加好友关注。以上设置虽然方便用户查找身边的人的微博账号，但是同时也增加了个人信息暴露的危险。

5. 个人动态信息的泄露风险

新浪微博是一个基于用户关系信息分享、传播以及获取的平台。那么除了用户在注册或者设置过程中向平台提供的个人信息之外，用户在发布微博消息时也会隐含大量的个人信息，这些个人信息是隐性的，用户在平时可能并不会注意到。比如说用户的心情、当天做过的事、自拍照、计划等等，如果浏览用户一段时间内的微博，在一定程度上就可以掌握该用户的性格、职业、样貌等信息。

四、SNS 社交网站个人信息安全探析——以人人网为例

社交网站(SNS，全称 Social Networking Site)，专指旨在帮助人们建立社会性网络的互联网应用服务。SNS 社交网站中最具代表性的为 Facebook，在国内社交网站主要有人人网、QQ 空间、百度贴吧等。

(一)人人网个人信息泄露风险分析

由于人人网是真实的社交网络，用户只要填写好基本的个人信息，就能够在这个平台上找到老同学、老朋友。前期的校内网以学生用户作为主要用户群体，更改为人人网后，其已改变完全偏重于学生群体的策略，更多地试图将用户群扩展至校外社会。人人网上存在泄露风险的个人信息主要有：

1. 个人基本信息的泄露风险

注册人人网账号有两种方式：一是手机账号，通过填写手机号码、真实姓名和性别进行简单的注册；另一种是邮箱账号，通过填写邮箱地址、真实姓名和性别来进行简单注册。注册成功以后，用户需要完善自己的个人信息，并通过完善自己的个人信息来快速找到相识的人。由于是实名制的并强调与他人建立关系的社交网站，其需要完善的个人信息选项更加丰富与详细。

2. 相片资料的泄露风险

由于人人网的真实性，大多用户会上传含有自己以及朋友和家人的照片。如果用户上传含有自己、朋友或者家人的照片，则可以在照片中圈出好友或家人(对方也需拥有人人网账号)，任何人在浏览照片时都可以看到照片中的人名字。如果用户没有进行隐私设置，任何人在浏览照片时都可以看到照片中被

圈的人的名字。

3. 个人动态的泄露风险

用户可以发表240字的个人状态，与好友分享个人动态与心情等。与以上其他社交媒体的发表状态的情况一样，个人状态发表时也会隐含大量的个人信息。发表状态中有“和谁一起”的选项，通过该选项选择好友来表明该状态中的活动是与好友一起进行的，增加了与好友的互动性，但也因此透露了用户的社交关系。

4. 地理位置的泄露风险

人人网的移动客户端具备定位功能。用户在发表状态时可以选择显示地理位置信息来与好友分享。用户也可以通过共享地理位置，来发现身边的朋友或者附近的群组以及查看周边的商家优惠信息等。如前所述，共享地理位置对用户的人身安全存在很大的风险。

5. 社交关系的泄露风险

人人网中用户的社交关系是显而易见的。每个用户的个人主页有访客信息，只要访问该用户的主页就可以知道谁在什么时间看过该主页，并且每个用户的好友列表也是可以被查看的，因此很容易可以掌握用户的好友信息。同样，人人网的移动客户端拥有通过上传手机通讯录来寻找好友的功能，因此用户在真实生活中的社交关系也存在泄露的危险。

(二)社交网站易泄露个人信息分类

表 2-3　社交网站易泄露个人信息分类表

个人信息类别	信息内容	收集方式
个人基本信息	真实姓名、性别、年龄、出生年月日、手机号码、电子邮箱、感情状态、爱好兴趣、学校信息、工作信息等	软件注册时需提供（实名制要求）或由用户个人选择完善
地理位置信息	所在地理位置	用户自行选择
照片资料	用户上传的照片	用户自行选择
社交关系网	手机通讯录、其他社交媒体好友通讯录、社交网络中的好友	软件后台读取绑定信息、用户发布的消息
个人动态	个人空间中提及的个人行踪、心情、所过的事情、计划、相册等	用户自行选择

第二节 社交媒体用户隐私关注影响因素

一、社交媒体用户隐私关注访谈

(一)访谈提纲设计

针对目前热门的社交媒体中的个人隐私泄露的情况，在前期对少数个体进行了访谈，欲了解个体在社交媒体使用过程中的隐私关注情况以及影响他们隐私关注的因素。接受采访的对象为华南师范大学、华南理工大学等大学的平常使用社交媒体的本科生、研究生以及已参加工作的青年共 15 名。

(二)前置访谈结果分析

1. 社交媒体使用情况

在访谈的对象中,基本上所有人都在使用微信与 QQ。QQ 因为多年来在即时通讯中的霸主地位,基本上成为了每个青年工作和学习中与人联系、沟通和进行业务往来等事务的中介媒体。微信则是以目前最热门的移动社交媒体的身份占据着用户们日常生活中重要的一部分。此外,微博也是在访谈过程中被提及的社交媒体之一,但在访谈中发现,虽然其功能和特点不同,人们开始在微信中投入的时间和热情已经更胜于微博,问其原因,多数受访者表示因为相比与微博的开放性,微信的圈子更小,朋友圈里基本上都是认识的人,因此在发布消息时觉得更安全以及更关心朋友的动态,由此可见,以强关系为主的微信更能获取用户的信任。

2. 社交媒体用户隐私关注情况

和预想一样,受访者的隐私关注情况并不容乐观,多数受访者平时没有过多留心自己在社交媒体上暴露的个人信息。而且在访谈中出现的较多的情况是,对于个人隐私的界定,几乎每个人都有不一样的看法。个人信息或者隐私信息,是一个偏向主观的概念,对于这个概念,不同的人有不同的看法与界定。

对隐私信息的界定的不同可能也是影响隐私关注的一个原因。因此,有必要对目前社交媒体用户对该概念的看法和界定进行调查与研究。

二、隐私关注影响因素研究描述

(一)研究变量与假设

变量的抽象程度低的变量包括人口统计变量中的“性别”“年龄”“教育程度”“用户的个性倾向”“隐私设置的便捷性”等,这些变量是较为具象且容易被观测的,但“文化”“政策”“安全保护感知”等变量则更为抽象,在测量上存在一定的难度。变量分为两个部分:一是社交媒体用户隐私关注的影响因素,二是隐私关注的维度(隐私关注的维度包含收集、控制和认知三个方面),三是人口统计变量。

1. 社交媒体的开放度

不同的社交媒体因为其功能和特点的不同,其开放性也不一样。有网友就微博和微信的不同提出这样的一种观点:“微信好友是已经认识了的人,而微博好友则是想要认识的人。”可见,微博和微信平台中的开放程度是不一样的。在访谈研究中发现,相比与之前热门的微博,人们如今更倾向于在微信朋友圈中分享个人动态。假设1:社交媒体的开放度对隐私关注有显著的正向影响。即社交媒体的开放度越大,社交媒体用户的隐私关注程度越高。

2. 隐私设置的便捷性

隐私设置指的是在社交媒体中用户能够对个人信息保护进行设置的功能选项。隐私设置应该是每个社交媒体在设计时必须考虑的一项。如果社交媒体重视隐私设置的设计,那么可能也能在很大程度上能够提醒用户注重自身的个人信息安全。但目前很多社交媒体在隐私设置的设计上仍然有所缺失。假设2:社交媒体隐私设置的便捷性对用户的隐私关注有显著的正向影响。

3. 社交媒体对隐私保护的口碑

将对社交媒体在隐私保护上的口碑是否能够影响到用户对个人信息保护关注进行探讨。社交媒体对隐私保护的口碑主要是指社交媒体在个人信息保护中的声誉,社交媒体在隐私保护上的口碑通常会通过新闻报道以及人们对此的使用经验分享等体现出来。前期访谈研究发现人们一旦听到某社交媒体在个人信息保护上的负面消息，则会提升对该社交媒体中个人信息的关注程度，甚至会影响该用户对该社交媒体的继续正常使用。例如在2014年春节阶段，随着微信红包的大热，其所引发的问题也随之引起关注。假设3：社交媒体对隐私保护的口碑对隐私关注有显著影响，用户越关注社交媒体在隐私保护上的口碑，其隐私关注程度越高。

4. 文化因素

在隐私问题的研究中，文化因素导致中西方隐私观念的差异一直是学者们致力研究的内容之一。网络中的社交也是基于现实的社交习惯的，现实中的隐私观念可能也会投射到网络中。那么，中国文化因素是否会反应在社交媒体中人们的隐私关注中呢？假设4：文化因素对社交媒体用户的隐私关注产生显著影响。

5. 教育水平

教育是培养一个人的意识形成的重要手段。在我国的传统教育中，关于个人信息保护方面的教育也许并没有得到很好的重视，而在网络时代下，对人们的媒体素养的培养也是近年来才起步，发展还并不成熟。以自身的经验和观察来说，从小接受教育的过程中，对于个人隐私保护方面的教育基本上缺失的。假设5：教育因素对社交媒体用户的隐私关注产生显著影响。

6. 政策舆论环境

前期访谈研究中，有受访者就表示由于自己职业的原因，如公务员等，由于其职业的敏感性，他们在网络上的言论特别是在社交媒体中的发布的内容会受到单位或者有关部门的监视。另外，有一些受访者表示，在国内的舆论政策环境并不是非常自由的情况下，自己也会担心在社交媒体中过多的暴露自己的个人隐私，以免招来不必要的麻烦。假设6：政策舆论环境对社交媒体用户隐私关注产生显著影响。

7. 同侪压力

同侪压力指的是同辈朋友施加的一种影响力，它可以鼓励一个人为了遵守团体社会规范或者怕被同伴排挤而改变其态度、价值观、行为。[①] 使用某一

① 胡莹，张明唯，张婧红．“同侪压力”对中学生影响的研究报告[BD/OL].(2011—6—29).http://www.tryz.net/bbs/viewthread.php.

社交媒体可能会受到朋辈压力的影响。看到朋辈大多使用微博与微信,用户自身也会因为朋友圈子里都使用该媒体的压力而使用该媒体,看到朋辈在微博、微信朋友圈或者人人网中分享自己的个人动态,为了融入朋友的圈子也会在社交媒体中分享更多的个人动态。假设7:同侪压力对社交媒体用户的隐私关注产生显著影响,同侪压力越大,对隐私关注越呈负面影响。

8. 社会资本

根据社会交换理论,同侪压力是用户使用社交媒体的"动机"之一,而"成本"之一则是个人信息泄露的风险,从而用户可以从中得到与朋友关系得以维系或者扩展社交关系的"报酬",也就是社会资本。因此可能会有人因为通过个人信息的揭露以获取更多的社交资本,而忽略了个人信息遭到暴露的风险。由此预测社会资本也是社交媒体用户的隐私关注影响因素之一。假设8:社会资本对社交媒体用户的隐私关注产生显著影响。

9. 个人信息的敏感性

个人信息的敏感性指社交媒体用户对个人信息的重视程度。[①] 判定个人信息对自己是否是重要,要看如果信息泄露是否会对用户个人造成影响甚至是损失。有的人对自己的任何个人信息都较为敏感,有的人却比较不敏感。假设9:个人信息的敏感性对用户的隐私关注产生显著的正向影响,即对个人信息的敏感度越高,隐私关注程度越高。

10. 个性倾向

用户的个性倾向也是可能左右用户隐私关注的影响因素之一,研究以心理学中的大五人格理论中的外向性和情绪稳定性这两种人格因素为借鉴,结合社交媒体的特点,来作为考察的参考。

低调内向的个性倾向:外向性是大五人格理论中的一种人格因素,外向性的显著标志是个体对外部世界的积极投入,而内向者往往安静、抑制、谨慎。低调内向的人可能不会非常热衷于在社交媒体平台上表现得过于活跃,因为其低调谨慎的性格,可能会对个人隐私更为看重。因此提出以下假设,H10a:低调内向的个性倾向对社交媒体用户隐私关注有显著的正向影响。

喜好尝新的个性倾向:好奇心,冒险,喜好尝新是大五人格中外向性的其

① 刁塑. 新兴电子商务消费者隐私关注与采纳行为研究[D]. 北京邮电大学,博士学位论文,2010.

中一个衡量指标。这种性格的人愿意尝试新的事物，因这种性格充满冒险精神，因此可能对个人信息在社交媒体上揭露所面临的风险的包容性更强，也就是说，越喜欢冒险尝新，隐私关注的程度可能就越低。提出以下假设，H10b：喜好尝新的个性倾向对社交媒体用户隐私关注有显著的负向影响。

多疑的个性倾向：根据大五人格理论中的情绪稳定性人格因素，这种人格特征的人更容易体验到诸如愤怒、焦虑、抑郁等消极情绪。因此在使用社交媒体的过程中，对自己的个人信息安全更加敏感。由此，隐私关注的程度可能会更高。因此提出以下假设，H10c：多疑个性倾向对社交媒体用户隐私关注有显著正向影响。

11. 个人经历

如果用户个人经历过个人信息泄露的事件，其在今后社交媒体的使用中则会因为先前的经验教训而对自己的个人信息安全提高警惕。家人朋友的经历也应该会有同样的效果。当用户个人或者家人朋友遭受过个人信息泄露的经历，用户对个人信息的泄露风险的警觉性应该会更高。假设 11：个人或他人经历对社交媒体用户隐私关注呈显著正影响。

12. 隐私安全保护感知

目前，安全保护感知在很多影响消费者隐私、风险和信任的研究中都有所涉及，是影响消费者隐私关注的重要维度之一。借鉴学者对“隐私安全保护感知”与隐私关注关系看法。假设 12：隐私安全保护感知对社交媒体用户隐私关注有显著的正向影响。

13. 人口统计变量

针对人口统计变量对人们隐私关注的问题学者们也进行了大量的实证研究。由于性别、年龄、教育程度以及使用社交媒体的经验、时间频率等因素不同，人们对待个人隐私问题的观念和态度上也会有很多不同。假设，H13a：性别对社交媒体用户的隐私关注产生显著影响。H13b：年龄会对社交媒体用户的隐私关注产生显著影响，年龄越大，隐私关注程度越高。H13c：教育程度会对社交媒体用户的隐私关注产生显著影响，教育程度越高，隐私关注程度越高。

14. 社交媒体使用情况

社交媒体使用因素与隐私关注的关系也是关注的问题之一。社交媒体使用经验的丰富与否是否影响到用户的隐私关注情况？用户在社交媒体上每天的使用时长是否会影响到用户的隐私关注？H14a：社交媒体使用经验对社交媒体用户的隐私关注产生显著影响。H14b：社交媒体每日使用时长对社交媒体用户的隐私关注产生显著影响。

(二)问卷设计与数据分析

1. 问卷设计

根据以上假设以及对广州市青年群体社交媒体用户隐私保护现状的了解的需要，为下一步实证研究进行问卷设计。

表 2-4 题项设计

因素	题项		题型
社交媒体的开放度	1	相比于开放性更大的社交媒体(如微博)，我更愿意在小圈子的社交媒体(如微信)中分享我的个人信息	李克特五分量表
隐私设置的便捷性	2	我认为所使用的社交媒体的“隐私设置”操作简易方便	
	3	我所使用的社交媒体的“隐私设置”中的表述清楚明白	
社交媒体隐私保护的口碑	4	在同类型的社交媒体中，我会倾向于选择隐私保护口碑较好的社交媒体平台	
	5	若看到我所使用的社交媒体在隐私保护方面的负面消息，会影响我对该社交媒体的继续使用	
文化	6	我认为我国的文化习俗(如对他人生活的关切被视为互相关心、关系亲密的表现等)在一定程度上影响了我的隐私观念	
教育	7	自小关于隐私的教育在一定程度上影响了我现在的隐私观念	
政策舆论环境	8	我认为我在社交媒体上的信息在一定程度上会被有关部门或单位监视，因此我不会暴露过多个人信息	
	9	因为职业原因(如公务员等)或别的原因，我不方便在社交媒体上过多分享个人信息	
同侪压力	10	周围的朋友都在社交媒体上分享个人信息，因此我分享个人信息也不会有什么问题	
个人信息的敏感性	11	在社交媒体注册时，我对需要填写的隐私信息有所顾虑	
	12	在社交媒体中向别人分享信息时，我觉得我的个人信息非常重要	

续表

因素	题项		题型
社会资本	13	如果要在社交媒体上获得更多的人际关系就需要多分享我的个人信息	李克特五分量表
个性倾向	14	遇到新兴的社交媒体我十分愿意尝试,使用时不介意会暴露我的个人隐私,一般不会过多考虑后果	
	15	相比较于在社交媒体上分享,我更喜欢写日记或者与朋友私底下交流	
	16	我认为社交媒体所属企业都是受经济利益驱使的,并不值得信任	
经历	17	如果自己或家人朋友曾经有个人信息泄露的经历,我会更加关注隐私信息	
隐私安全保护感知	18	我很关注是否有关于隐私保护的法律体系来保护我的个人信息	
	19	我很关注是否有技术手段来有效保护我的个人信息	
	20	我很关注社交媒体是否有相应措施来保障我的个人信息的安全	

第一部分是对广州市青年群体中的社交媒体用户在使用社交媒体过程中的隐私保护观念和行为基本情况调查。第二部分是社交媒体用户隐私关注的影响因素调查。第三部分是对个人隐私信息的重要程度进行调查。第四部分为人口统计以及受访者的社交媒体使用情况部分,对样本的基本特征进行调查。包括性别、年龄、教育水平、社交媒体使用经验、社交媒体每日使用时长等基本信息。

2. 问卷的发放与回收

在 2014 年 1 月 14 日起采取分层抽样的方式分别在广州各高校（华南师范大学、华南理工大学、广州美术学院、中山大学、广东城建学院等)以及社会在职青年群体中以纸质问卷和网络问卷两种方式派发调查问卷，共发放纸质问卷 200 份,回收 180 份,有效问卷为 172 份,有效率为 95.6%,网络问卷共收集到 118 份,有效率为 100%。最终有效问卷为 290 份。

第三节 虚拟社会中隐私关注实证研究
——以广州市青年群体为例

一、社交媒体用户个人信息保护现状分析

(一)个人隐私信息重要程度

一些涉及用户财产安全以及代表个人身份的基本信息是目前社交媒体用户认为的隐私重要程度最高的个人信息，其中以涉及财产安全的银行账号等最受到重视,因为该信息一旦遭到泄露,用户将会直接遭受严重的损失。其次,用户的个人以及朋友家人的个人行踪,照片等被普遍认为是一般重要的信息,地理位置信息的重要程度也处于中游，这些信息所隐含的风险并不如银行账号、身份证号码所隐含的风险那么明显,因此其风险感知并不会那么强烈。最后,个人兴趣、爱好等信息是受访者认为重要程度最低的个人信息。

(二)社交媒体中个人信息的真实情况

1. 用户注册资料真实性较高

用户社交媒体进行注册时,多数用户会提供完整和真实的个人信息,这样的结果反映了社交媒体中的个人信息安全隐患令人担忧,一旦信息被泄露,由于信息的可信度高,用户将可能遭受巨大损失。

2. 仍有大部分用户使用真实照片作为头像

基本上在所有类型的社交媒体中，头像都是用户必须进行设置的一个选项，也是被别人所看见的第一个资料之一，在社交媒体中占有非常重要的地位。拥有一个好的头像不仅能够体现用户的个性,还能扩展在社交媒体中的关系圈,因此很多用户会选择使用自己的真实照片来作为头像。

3. 大多数用户对个人信息倾向采用隐晦表述

使用社交媒体时,如果个人信息可以用隐晦的词语来代替,是一种较好的隐私保护方式,例如在设置用户名时用昵称,又或者在分享个人动态时的表述

方面,在开放性较大的平台中分享个人动态时,如果分享的内容中含有真实的个人信息,为了避免个人信息的暴露,可采取隐晦的词语或者字母简称来代替这些信息。目前仍有大部分的广州市青年群体社交媒体用户倾向于在社交媒体中提供真实的个人信息。虽然在社交媒体中提供真实的个人信息无可厚非,但是从另一方面来看,社交媒体中个人信息暴露行为是成为网络个人信息安全隐患的重要原因。

(三)个人信息揭露行为的风险意识

一般来说,用户在首次使用社交媒体,进行新用户注册过程中社交媒体会提供该社交媒体的隐私条款给用户进行参考,如果用户同意并接受该社交媒体的隐私政策才能够成功进行注册。但据调查显示,过半数的受访者表示不会认真阅读隐私条款。由以上调查结果可见,目前社交媒体中的青年用户对个人信息揭露行为的风险的警惕意识并不算高。

(四)隐私设置情况

通过分析还发现,社交媒体通过绑定用户的手机号码来为用户推荐好友以及进行实名制验证等,但同时也存在一定的安全风险。一旦手机号码被泄露,用户的社交圈等大量重要的个人信息都会被泄露。特别是近期移动支付功能的盛行,一旦手机号码泄露,用户的财务安全将受到严重的威胁。因为社交媒体账户和手机号码一旦相关联,任何一个号码遭泄露,都会造成较大的损失

与绑定手机号码相似,目前多个社交媒体还提供第三方账号登录的选择,以减少用户注册该社交媒体平台的麻烦。这种登录方式看似给用户带来了不少的便捷,为用户减少了注册所花费的时间和精力,但这背后同样隐藏着个人信息泄露的危险。一旦同意用第三方账号登录,则可能表示用户同意将个人信息在这两个媒体中共享,两方可获取你的资料。

(五)个人动态中的隐私揭露情况

在社交媒体中,个人动态一直隐含着大量的个人信息,而这些个人信息也是很容易被用户所忽略的,例如照片、地理位置、行踪等。

地理位置信息方面，地理位置信息是大多数社交媒体中易泄露的个人信息之一。根据笔者的观察，在微博和微信中，很多人常常喜欢分享自己的地理位置信息，但在本次调查中，多数受访者表示不会随便分享自己的地理位置信息。由此可见，多数社交媒体用户还是意识到地理位置信息有安全风险的，但另一方面，人们虽有这样的意识，但可能由于社交媒体的“社交性”，人们仍愿意分享自己的地理位置信息，以此来跟社交媒体中的好友形成互动的关系。

可见目前广州市青年群体社交媒体用户的隐私保护现状在很多方面仍不理想。

二、社交媒体用户隐私关注现状

(一)广州市青年群体社交媒体用户隐私关注现状

在对广州市青年群体社交媒体用户的隐私关注的调查中，根据 IUIPC 隐私关注量表设置了隐私关注控制、收集和认知维度的量表，根据对调查结果的加总评定，可以了解目前广州市青年群体中的社交媒体用户的隐私关注现状。量表的最高分为 5 分，最低分为 1 分，总体平均分越高，表示隐私关注程度的情况越高。

目前广州市青年群体中的社交媒体用户的隐私关注控制维度的得分为 3.88，收集维度平均得分为 4.22，认知维度平均得分为 3.99，属于中等偏高水平，隐私关注总体平均得分为 4.03，表明目前广州市青年群体中的社交媒体用户的隐私关注水平整体良好，表明随着隐私在人们网络生活中的日趋重要，人们对隐私保护的态度也开始得到很大的重视和提升。那么，是什么因素影响了社交媒体用户的隐私关注程度呢？在访谈中受访者提及的原因是否与隐私关注相关？

(二)社交媒体用户隐私关注影响因素假设验证

1. 预测变量与隐私关注关系的假设验证

对广州市青年群体社交媒体用户隐私关注各影响因素变量与隐私关注关

系的检验，采用相关分析以及多元线性回归分析进行。从标准化回归系数来看，“勇于尝新的个性倾向”该预测变量的回归系数为负数，表示该预测变量对“隐私关注”的影响为负向。其余预测变量的 β 值均为正数，即对“隐私关注”的影响为正向，因此假设 3、4、9、10b、11、12 成立。

2. 人口统计因素与隐私关注的关系验证

人口统计因素中包含五个子因素，包括性别、年龄、教育程度、社交媒体使用经验以及社交媒体每日使用时长，人口统计中的各子因素为自变量(分类变量需转化为虚拟变量)、隐私关注为因变量(连续变量)，因此采用多元回归分析对它们的关系进行检验。经检验，男女都会对个人信息安全产生同样的关注，但不同性别对隐私关注还是产生了一定的影响，因此研究假设 13a 成立；年龄对隐私关注产生显著的影响，年长的社交媒体用户比年轻的社交媒体用户的隐私关注更高，假设 13b 成立；学历水平与隐私关注之间没有显著差异存在，由此假设 13c 不成立。

3. 社交媒体使用情况与隐私关注的关系验证

主要包括：(1)社交媒体使用经验与隐私关注的关系验证；(2)社交媒体每日使用时长与隐私关注的关系验证。社交媒体使用经验与隐私关注之间没有显著差异存在，假设 14a 不成立；社交媒体每日使用时长与隐私关注之间没有显著差异存在，假设 14b 不成立。

第四节　社交媒体个人信息安全保护研究启示

青年群体社交媒体用户的隐私保护现状仍不理想，多数用户对于对个人隐私信息的认识仍停留在较为传统的认识。隐私安全保护感知、社交媒体隐私保护口碑、对个人信息的敏感性、个人或者他人隐私泄露的经历对社交媒体用户隐私关注产生显著正向影响；勇于尝新的个性倾向对隐私关注产生显著负向影响；文化对隐私关注产生显著影响；女性、年长者社交媒体用户表现出更高的隐私关注程度。

一、建立我国网络个人信息安全保护策略的启示

(一)加强网络个人信息安全法制建设

对于网络个人信息安全的维护,最有力的手段应当是法律手段。目前网络个人信息安全事件频发,我国在这方面的法律保护等机制短缺是其中一个重要的原因。纵观各国,大多数都是通过加强立法和监管来促进网络信息保护的。例如美国通过联邦专门立法和行业自律相结合的方式来保护个人信息;欧盟主要采取统一立法的方式来保护个人信息。目前中国并没有专门针对个人信息的保护的法律法规,主要是在多部法律法规中涉及了个人信息保护的事宜。

(二)加强社交媒体行业的规范和监管

目前社交媒体随着计算机技术和移动技术的发展,种类越来越多,形式越来越多样化新颖化的同时,也为该行业的监管造成了很大的挑战。因此,从政府层面来说,应当通过制定行业规范等规章制度来加强对社交媒体行业乃至整个互联网行业对个人信息的收集、储存以及使用行为的规范和监管。另外,政府及有关部分还应该对社交媒体等涉及个人信息的产品以及服务加强检测和认证,维护该行业的秩序。

(三)推进网络个人信息保护纳入媒体素养教育

"媒体素养教育"是对媒体本身进行分析研究并将其应用于教学,培养人们对媒体的深刻认识:一方面理解媒体是如何运作的;另一方面则是理解媒体时如何传递信息和娱乐。目的是帮助人们提高对媒体的理解和辨识能力,培养人们高效运用媒体传播思想的技能。政府及相关部门应当推进将网络个人信息安全保护等内容纳入到教育尤其是媒体素养教育当中,包括个人信息安全保护的意识、尊重他人的个人隐私的意识以及保护个人信息的技能的培养。[①]

① 张学波. 国际媒体素养教育的课程发展[M]. 广州:暨南大学出版社,2009.

媒体素养教育不仅仅要在青少年层面展开，还应当在全民中普及网络隐私安全问题。

（四）加强社会舆论监督

对于目前网络个人信息安全问题，还需要社会、媒体的舆论监督。适当的媒体报道能够给用户提供“打预防针”的效果，对提高人们的个人信息保护意识能够起到良好的效果。政府及有关部门应当健全信息安全举报机制，鼓励公众、媒体对个人信息的不法窃取和使用进行曝光和举报。

二、对社交媒体行业及媒体从业者的启示

（一）行业自律，形成良好口碑

网络个人信息的保护，不仅需要政府等宏观层面提供有力的法律政策支持，还需要行业自律，为网络个人信息安全提供第二层保障。社交媒体在进行用户个人信息收集时，应当给用户提供清晰完整的说明，制定清晰明确以及便于用户理解的隐私条款，让用户明白自己的个人信息是如何被收集，将使用在什么地方。社交媒体也应当恪守社会责任，不应当因为利益而窃取或倒卖用户的个人信息。口碑是其中一个重要的影响因素，在隐私保护上有好的口碑，能够取得用户的信任，一旦在隐私保护上有负面的消息，则会影响到用户对该社交媒体的继续使用。因此，社交媒体应当重视在个人信息保护上树立良好的口碑。

（二）研发有力技术手段保护网络个人信息

应当鼓励社交媒体等相关企业加强研发有力的技术手段，为社交媒体在个人信息保护上为用户提供更有力的保障。例如加强技术防护防止用户的个人信息遭到不法分子的恶意窃取；开发针对社交媒体信息保护的安全软件；或在社交媒体中提供多种手段如密码保护、提醒、账号验证等。另外，在硬件方面，相关企业也应当加强信息安全技术的研发，研发高安全性的业务和产品。

(三)完善社交媒体的“隐私设置”

社交媒体应当加强完善用户体验,其中“隐私设置”是用户体验的重要组成部分。目前大多社交媒体的“隐私设置”并不完善,位置较隐蔽,操作也比较复杂,在表述上也不够简单清晰,因此导致许多用户不了解甚至不知道有这个功能,对于在使用上不熟练的用户,也存在一定的操作难度。

三、对社交媒体用户个人信息安全保护的启示

(一)培养个人信息保护意识

对于社交媒体用户来说,应当了解在社交媒体使用中,个人信息面临着巨大的泄露风险。调查中发现,文化因素也是显著影响社交媒体用户隐私关注程度的一个因素。鉴于我国的文化传统,在传统上对隐私的理解以及对个人信息的保护在现代网络世界上会有一定的冲击。另外,由于网络个人信息的保护,也常涉及技术等问题,这就更容易让普通的网民不理解。在使用社交媒体的过程中,需要对该媒体的隐私政策(条款)进行了解,同时在信息的披露上要有所拿捏与保留,积极进行“隐私设置”,在分享个人信息时应当“三思而后行”,主动运用多种方法来保护自己的个人信息。

(二)维护隐私权,树立法律意识

隐私权是一种基本的人格权利,但因为文化原因,我国大多数人对隐私权的重视程度远远不及西方国家,特别是网络中的隐私权。当个人信息遭到侵害时,用户要敢于维护自己的正当权利,树立一定的法律意识,争取自己的合法权益,但这也需要我国在个人信息保护的法制建设上有所保障。

第三章

网络社会安全的维护和调控策略

第一节　提高网络安全防范、应对、危机处理能力

一、国家层面的监管与立法

目前,我国网络安全形势日益严峻,积极地着手研究和制定提高网络安全防范、应对能力的法律刻不容缓。从目前我国网络安全立法状况来看,虽然已在积极推进,但立法的层级较低,尚未形成体系性,实际成效也远未达到预期目标。借鉴国外先进国家的经验,针对我国当前的立法现状,可以从以下几个方面来加强国家层面的监管、实施立法:

(一)加强顶层设计,以立法的形式贯彻执行网络安全国家战略

从国家层面来讲,应该加强领导能力建设,加强顶层制度设计,设立专职部门来负责网络安全领导,构建从中央到地方一贯而下——中央统一决策、各部门分工配合的领导体制,并整合工信部、国家保密局、新闻出版署、公安部、国务院新闻办、国家信息化领导小组和国家网络与信息安全协调小组等分散的网络安全职能部门的力量,统一服务于网络完全建设。

顶层制度设计完善之后,即网络安全国家战略框架成熟之后,应当通过立法来确认和贯彻网络安全国家战略。第一,坚持依法治国,将核心战略构想以立法的形式确立下来,赋予其法律强制力,可以使这些战略构想得以贯彻落实,也有利于促进全民网络安全意识的形成;第二,为防止战略误判,避免因误解造成冲突,可以通过立法来保证我国网络安全战略公开、透明,这也有利于公众了解我国网络安全的政策举措;第三,通过促进我国关于网络空间安全规则的完善制

定，引起国际上各国的支持，来促进网络安全国际法律规范的完成。

(二)研究制定专门性法律，多层次规范相互配合完成立法规划

从20世纪90年代开始至今，虽然我国已经制定了《计算机信息网络国际联网管理暂行规定》《全国人民代表大会常务委员会关于维护互联网安全的决定》《信息安全等级保护管理办法》《全国人大常委会关于加强网络信息保护的决定》等法规规章，但立法的层级性较低，尚未制定推出一部关于网络安全的综合性立法。一部专门性法律的制定，需要各部门多层次的相互规范，需要广泛调研，在研究现有问题的基础上，将实际需求转化成需要立法来解决的问题。然后，将这些问题与现有的法律问题发在一起讨论，判断与既有的部门法、专门法之间的关系，进而合理地分配立法资源，将不同的法律问题纳入不同层级和不同类别的立法之中予以解决。立法规划进行中，在整合修改既有法律的基础上，应该适时制定有关网络信息安全的专门性、综合性立法，多层次地制定规范，相互配合完成专门立法。

(三)在确保网络安全信息共享的前提下，制定专门法律

确保网络安全信息共享，应该通过立法来激励关键基础设施的运营者自愿分享有关安全威胁信息，坚持实行网络安全等级保护制度，对关系人民生活的重要信息系统，尤其是涉及国家安全、社会稳定和经济命脉的信息系统，以及维持国民生活需要的“三网”(电信网、广播电视网、互联网)等基础信息系统，则必须加强国家层面的涉密立法来保障信息技术服务的信息安全。同时，对于这些信息中可能隐含的个人隐私和商业秘密，也要保证其不违背我国《政府信息公开条例》中对披露义务和保证权利方面的限制，以平衡和维护国家网络安全和隐私保护之间的利益关系。最后，在对信息的共享方面，也要严格实行分级授权的方式，根据涉密信息的重要性制定信息共享分级制度，针对不同的人群进行分级传播。

二、群体观念层面的高度重视

维护网络社会安全稳定，要首先保证网络使用群体的安定，提高网络使用

者的群体观念,缓解网络群体的紧张情绪;注重心理引导,提高社会个体的心理承受能力,始终在群体观念层面给予高度重视,主要从以下方面入手:

(一)从舆论传播入手,缓解网络群体紧张情绪

利用网络媒体进行线上传播,因其传播的广泛性和迅速性,可以同时将大量的信息快速传递给庞大的网络受众,也正是这个原因,我们一定要对网络信息进行良好的“把关”。假若因为没有对网络信息进行“过滤”,导致虚假不实的信息大面积在线上得到扩散,势必会引起网络受众的紧张情绪;再加上政府或者权威机构(即“意见领袖”)由于各种原因不能及时将准确的信息传达出去,人们就会更加相信这些传言,最后演变成“谣言成真”的局面,使紧张的情绪在网络受众中恣意扩散。因此,作为网络管理者的网络编辑,必须保证所传播的信息必须是真实客观有效的,从而帮助公民树立传播信任机制,同时,也要从人民的立场出发要求政府,必须坚持以民为本,取信于民。“信任传播”所呈现的并不仅仅是一种心态,更是特定人群在经历了各种突发性事件和灾难之后所沉淀出的深沉反思,它在形成具有正能量的社会舆论的过程中发挥着至关重要的作用。

(二)报道“全面”才有“正面”效果

突发性事件具有不可预知性和紧急性的特点,会因为报道的不全面而导致公众对事情真相认识的偏颇,从而在群体之间产生某种不良情绪,当这种或愤怒或焦躁的情绪在群体之间不停发酵,可能会导致社会秩序的不稳定。其实,这种突发的群体性事件在以往的也有很多极端的例子出现,比如“抢盐风波”“宁波PX事件”等,这些事件大都跟以往的宣传政策有关,出现了危机事件之后,官方并不是把相关情况告知公众,而是采取传统的压制信息、尽量不报到所谓“负面”新闻的方式,才使不明真相的公众情绪更加激动,事情随之走向极端。因此,作为传播者,我们要保证我们所传递的信息不仅真实,还要全面,公众对事情的判断都有自己的标准,如果单单传递我们所认为“积极、正面”的事件,而对那些“消极、负面”的消息进行打压,实际并不能让公众全面深刻的了解事情脉络,也很少会形成正确的判断。按照传播规律和心理规律办事,就应积极使用各类媒体以宣泄民怨,避免群体性事件的发生。尽管版面看

似“不好看”却有效地承担了及时发现社会问题和社会“减压阀”的作用。

(三)从“动之以情”到“晓之以情”

移动互联网传递的快捷性和获取信息的便利性,使得很多情况下,我们仅成为信息的传递者,而忽视了对群体心理需求的关注。群体心理情绪作为群体心理要求的重要部分,是人类在进化过程中作为优秀基因代代传递下来的,这种基因因其具有潜移默化影响我们的作用,从而促使我们做出有利的、合理的反应,来确保心情的舒畅。同样,引导社会舆论,促进社会安定和谐,要注意打“心理战”,注重对受众心理需求的安慰。首先,要加强政府文化亲和力形象的塑造,满足大众对文化的需求,但不能一味去迎合网民对“逸闻趣事”的心理,而是要促使其向“良性健康”发展;其次,传媒组织在组织策划内容时,要注意变“动之以情”为“晓之以情”,避免直接宣扬某种观点和做法,而是通过一些情境的设置来让大众自己去体悟、感受。

三、科学技术层面的强力支持

为保证我国网络常态环境健康有序发展, 我国也在科学技术层面进行了强有力的部署,主要在防火墙技术、数据加密技术、访问控制技术、入侵检测技术(IDS)、审计跟踪技术、病毒防范技术、扫描评估技术、备份恢复技术等八种技术层面来提供强力支持,具体是:

(一)防火墙技术

防火墙技术作为重要的科技手段,又称入侵防护系统,其核心思想是在不安全网络环境中构建出一个相对安全的子网环境。其基本原理是设置安全策略,控制(允许、拒绝、检测)出入网络的数据包,它可以实现的安全功能是:限制未经授权的用户进入内部网络,过滤掉不安全的数据包;防止非法用户接近本系统的防御设施;限制内部网络用户访问特殊站点;为监视 Internet 安全提供方便。①

① 单杰. 网络安全的防御体系研究[J]. 华南金融电脑. 2008(08):58-60

(二)数据加密技术

数据加密技术类似于密码学,其不仅仅局限于对各种数据的加密处理,同时也意味着通过复杂的加密和密钥管理将所有的信息可以安全保存起来。

(三)访问控制技术

该技术主要是通过访问控制的方法,将不合系统规定非授权的用户限制在外,从而达到实时控制,即通过控制,来确保网络资源不被非法使用,从而维护网络系统安全。

(四)入侵检测技术(IDS)

该技术主要是根据实际情况,建立动态的网络资源库,收集各类网络安全威胁指标,并根据实际问题实时更新检测库,保证网络资源安全。

(五)审计跟踪技术

该技术主要是借助各种技术系统,如操作系统、数据库管理系统、网络管理系统等对各种信息系统的使用情况进行统计,并建立工作日志,以便实时地监控、报警或进行事后分析、统计、报告,通过事后查询来保证系统安全的技术手段。

(六)病毒防范技术

可以通过购买专杀病毒的工具软件或建立网络杀病毒服务器,自动升级最新版本,并能控制网络中所有安装该软件的终端强制性的检测和清除系统驻留的病毒提高网络中客户端和服务器病毒防范能力。[①]

(七)扫描评估技术

扫描评估技术是一种主动检测的技术,是对以防护为主的安全技术体系的重要补充,又称漏洞评估,它是一项采用模拟黑客攻击的形式对目标系统可能存在的安全漏洞进行逐项检查的技术。[②] 通过各种扫描工具,对目标进行检

---

① 许晓光,高静. 高校校园网络安全建设分析[J]. 才智. 2008(07):213

② 刘元. SY 集团公司资金管理系统的信息安全研究[D]. 电子科技大学,硕士学位论文,2010.

测，并根据扫描检测的结果提供分析报告，指出相应问题，提出各种补救措施和建议，为提高网络安全整体水平提供重要依据。

(八)备份恢复技术

即灾难恢复技术，也称为业务连续性技术，是当遇到自然的(地震、洪水)或人为的(停电、机器故障)等意外时，可以重新对重要的计算机系统内容进行保护。

四、伦理道德层面的积极促进

在网络时代，许多严重的网络安全事件都是由于参与者网络伦理道德较为低下，没有形成一个完整的网络道德观，所以保护网络社会安全，维护网络社会安定，要积极帮助公众树立健康的伦理道德观。

(一)确立网络伦理建构的指导思想

建构网络伦理，维护网络公义，要在马克思主义思想的指导下，坚持以社会主义道德观为基础，马克思主义是我们从事社会主义建设的基础，是我们进行道德建设工作的根本立足点，因此网络伦理道德建设更是如此。在当前的政治经济环境下，坚持社会主义道德观，就是坚持为人民服务的宗旨。实践证明，以集体主义为原则的道德体系是正确的道德观，坚持并贯彻正确的道德观于社会建设的各领域之中，是对我们的基本道德要求。同时，在坚持立足国情的前提下，还要汲取世界各国的先进经验。互联网所连接的世界是无国界的、超地域的，因此，在建立我国网络伦理建构的指导思想时，不仅要坚持立足我国现实国情，也要坚持批判和吸收的原则，努力汲取别国的先进经验。

(二)强化社会舆论的道德评价

社会舆论是一定社会中占主导地位的群体对某评判对象的倾向性议论，它肯定符合特定道德原则的要求和行为，否定违背特定道德的行为和品质，抑恶扬善、激浊扬清。[①] 而道德评价就是人们在社会道德活动中，通过传统习惯、

---

① 尹学才. 网络道德问题与网络伦理建构[D]. 河南大学，硕士学位论文，2009.

社会舆论和个人信念，依据一定的道德标准，对社会成员的行为进行善恶判断,从而达到对社会成员的行为发生导向的目的。①

社会舆论作为强有力地进行道德评价的方法,在网络道德伦理构建方面,主要是通过道德舆论的善恶论去评价。为了推动社会关系的健康发展,进而促使人们自觉地去追求高尚的道德目标,就必须完善网络道德舆论,运用社会舆论的道德评价,将外在的道德规范内化为自我道德意识和道德行为,从而帮助他们形成道德良知。为此,我们应努力做到以下两点:第一,在社会上树立正反两方面的典型。利用现代化的传播手段,以现有的道德规范为评价依据,对社会上的道德行为进行褒贬的评价,积极宣传好的道德典型,努力弘扬善行的崇高价值。第二,利用道德评价的他律作用。以道德评价为中介,促使人们选择社会所期望的行为,确保道德功能在大众行为中得以实现。

(三)加强网络伦理道德研究

作为一项全新的社会系统工程，加强网络伦理道德研究是建设健康安定的网络环境的一项重要任务,其研究必然迫切需要科学理论的指导。因此,要着手研究和制定一个理论体系用以解释、分析和探讨网络道德问题,并根据分析的结果,提出切实可行的解决方案,用来指导客观实践。当然,一个理论体系的建立并不是一蹴而就的,必须充分调动人员的主观能动性,将出现的道德问题与当时所处的社会环境、社会需求等因素紧密结合起来,才能不断提高研究水平,制定科学合理的理论体系。

(四)加强网络道德规范的建设

网络道德规范的建设是一项复杂的系统工程,不是单个人员、单个部门就能完成的,其建设需要各个方面的共同努力。建设的初期,因为各种软硬件条件的限制,事先制定的规则制度不可能将所有的不规范行为囊括。但随着网络技术的普及与应用,网络的问题越来越凸显,继续任由网络不规范行为的自由泛滥,势必会影响这个网络环境的安定,因此必须不断根据实际情况,实时地完善网络道德规范和制度建设,用来管理和引导人们的网络行为。一般而言,

① 刘婧. 关于网络伦理问题的思考[J]. 剑南文学(经典阅读),2013(02).

许多行业协会、网络管理者、群众性团体组织等也都有其内部制定的规范,但这种规范大都不具有强制性或机构跨越性。因此,采取积极措施,建立起全面有效的网络道德规范势在必行。

(五)加强对网络道德主体的教育

加强对网络主体的网络道德建设,一个有效的方法是要让包括道德规范在内的各种外在力量内化为网络主体的自觉力量。现阶段,网络主体主要是青少年,因此这类人群与网络道德问题也是联系最密切的群体。青少年因其年龄和阅历情况,其自身具有很强的可塑性,采取教育的方法,将自觉维护网络安全内化为其自觉遵守的行为准则,可以达到良好的效果。因此,当前加强青少年网络道德教育显得尤为重要。例如加强以中国传统文化“慎独”为特征的自律教育;加强对网络主体尤其是青少年的网络道德教育和培养。

五、媒介信息素养的有力提升

所谓“媒介信息素养”,即对媒介信息的选择、判断、解读、批判的能力,创造和传播信息的知识和技巧,利用媒介资源实现自我完善和自我发展的能力。[①]在纷繁复杂的网络世界,保证和维护网络安全,实现网络环境的健康发展,必须不断提升公众的媒介信息素养,具体主要包括:

(一)充分发挥信息化教育的优势,提高我国网络文化建设质量

利用互联网进行信息传递的方式多样,如何利用好这个平台以达到良好地传播教育思想与教育知识的目的是网络管理者需要考虑的事情。作为重要的宣传阵地和传播媒介,管理者可以在互联网上设置专门的网络教育板块和相关的法律法规教育专栏,让网络使用者自主进行学习,并开辟一定的公共空间鼓励使用者在其中自由讨论,从而增强他们对网络文化安全的认识。当然,自由讨论并不是在空间内随意发言,也要适当对公众的言论进行辨别,并加以适当引导;也可以开发一些公众喜欢的形式,如动漫、视频、图片等来宣传网络文化安全知识,让公众可以在自由轻松的环境中提高媒介信息素养。

① 郭庆光. 传播学教程[M]. 北京:中国人民大学出版社. 2009.

(二)开展丰富多彩的信息能力提升活动,宣传网络文化安全知识,提高相关的信息素养

宣传网络文化安全知识,提升公众的信息素养,可采取的方式就是举办各种网络文化安全宣传活动。以一个社区为例,为了让社区居民更好地了解网络文化知识,可以定期或者不定期在社区范围内组织有关网络文化安全知识的讲座,也可以组织居民进行有关法律知识的大讨论;关于政府部门,在提升公众能力时,也可以举办相关的学术研讨活动,或在所辖范围内举行网络文明活动周等,从而让市民在活动中逐步意识到网络文化安全的重要性,培养其自律精神和态度,进而在网络环境中自觉规范上网行为,增强网络信息意识、网络道德意识,提高信息素养。

(三)制定完善的媒介信息素养能力评价体系

目前,我国对于媒介信息素养的培养并没有制定相关的信息素养能力标准和评价指标体系,对于媒介信息素养培养的目标也尚未明确。因此,制定完善的媒介信息素养能力评价体系,这样可以对全体公众媒介信息素养能力的培养起到一定的指导作用,使得素养能力的教育有章可循。尤其迫切的是,完善与信息使用有关的经济、法律和社会问题等方面的信息素养能力评价体系。

(四)完善相关的法律法规政策

目前,关于规范网络环境的法律法规相对不那么完善,还有许多漏洞让不法分子有机可乘。比如,对于目前市场出现的许多流氓软件以及弱化公众道德的网络游戏,并没有很明确的规定,这也是现在市场不断出现这类问题的重要原因。完善相关的法律法规,并积极向公众普及关于网络文化安全的法律知识,充分发挥法制教育的功能,这样才可以更好地维护网络文化安全。

六、媒体层面的科学把关

新媒体环境下,虽然“人人都有麦克风”“人人都是传播者”,但是作为信息

"把关人"的媒体或网络编辑依然要继续发挥"信息过滤"的功能,对网络上出现的各种信息进行科学的把关,保证网络环境的安全和谐。主要是做好以下工作:

(一)通过提高网络编辑业务能力对网络传播进行把关

网络编辑在互联网平台上,主要职能是对新闻信息进行收集、整理和优化,以使这些内容达到可以传播的目的,简言之就是新闻信息的"把关人"。网络编辑利用网络互动性的特点,将信息发布出去传达给受众,同时利用网络接受受众的反馈,以保证传播可以达到良好的效果。通过提高网络编辑的业务能力,发挥其控制网络信息流向与流量的能力,不仅可以有效地避免冗余信息的介入,也自然可以排除一些"不健康"的言论,从而很好地控制网络空间内的信息平衡,以保证其可以利用互联网这一技术平台的优势,为受众提供真实、快速、全面、准确的信息。

(二)通过强化媒体社会责任对网络传播进行把关

作为信息的传播者,网络媒体也必然要不断加强自身职业道德建设,通过自律来确保在市场环境下可以保持中立。网络媒体因其独特性,强化对自身社会责任的认知,并不断随着社会形势而变化,去适应新时代的要求。政府的规章与立法约束因其普适性,不能全面包括网络环境下出现的新问题,因此,网络媒体自律的弹性作用就更加有效了。在网络环境下,也更应该树立正确的"新闻价值"观,防止新闻报道异化,必须把"新闻价值"而不是个人情感视为新闻采集和制作的首要标准。

(三)通过强化网民社会道德对网络传播进行把关

如上文所述,法律和传统道德的普遍适应性,不能很好地囊括环境监督的所有方面;技术也因其能力有限而不能很好把控网络环境。但无论网络环境是多么隐匿和虚拟,利用网络进行交流的始终是现实社会中真实的个人,帮助个人建立起新型网络环境下的道德观念就显得十分有效。加强网络社会的伦理建设,可以在维护网络空间秩序时引入传统道德的优秀成果和富有成效的运行机制,并在此基础上加以协调发展,从而形成"网络社会"中更高水平的新型道德,那么就可以有效地减少网络环境中的不安稳因素。

第二节　建立网络社会安全治理长效机制

一、网络安全中管理防御体系

网络管理防御技术就是监督、组织和控制网络通信服务以及信息处理所必需的各种技术手段和措施的总称。[①] 其总体目标是确保计算机网络可以正常地持续运行，如遇网络出现异常，可以在计算机网络运行中及时响应并排除故障。

网络管理防御系统是管理和控制计算机网络最具有效率和最可靠的系统，其主要的网络功能就是进行远程配置、监控和修改，即直接为用户需求提供支持。防御系统的主要运作过程包括数据的收集、处理和分析以及网管动作等，在其运行过程中，也要配置各种网络系统，监控各种网络设备。

网络管理防御系统对于网络资源的最优化、监控和有效利用是至关重要的。目前，网络管理系统一般采用简单的管理协议来进行，主要是对交换机或路由器进行诸如故障管理、配置管理、计费管理、性能管理和安全管理等方面的工作。

其一，故障管理就是在网络运行的过程中对出现的故障进行检测、诊断，并及时对网络进行恢复修复，以保证网络的连续、可靠服务。

其二，性能管理是在以保证使用最少的网络资源的最小延迟的前提下，对网络性能进行收集、分析和调整，以保证网络的连续、可靠的通讯能力。

其三，配置管理是希望通过改变和协调网络设置的配置，监控网络环境和状态，从而保证网络的有效、可靠运行。

其四，计费管理主要是根据计费标准统计出网络使用的费用，并分析和预测网络的业务量，以便保证网络资源和信息资源的合理分配。

其五，安全管理是对网络资源的访问提供保护，包括授权机制、存取控制、加密、密钥管理以及有关安全访问日志的维护。[②]

---

① 田锦学. 区域性广播电视宽带网的设计与实现[D]. 华中科技大学，硕士学位论文，2006.
② 范宝锋. 统一网络安全管理平台技术研究[D]. 四川大学，硕士学位论文，2005.

随着全球网络的不断开放和融合，网络管理者之间共享和分析数据的次数逐渐增多,网络安全问题日渐突出,这也对网络管理中安全性问题提出了更高的要求。提升网络管理水平,除了要在网络内部管理之外,也要对各种网络设备进行控制和采集各种网络安全信息，并对这些网络安全设备进行统一有效的管理,使它们能够互相支撑,密切协同,从而充分发挥其应有的作用,甚至超过其原来单独工作时对网络安全的作用。这个整体网络安全解决方案的核心就是统一网络安全管理平台技术,即通过对网络的安全系统进行总体配置、调控,实现对各种网络安全资源的集中监控、统一策略管理、智能审计及多种安全功能模块之间的互动,使得网络安全管理工作由繁变简,更为有效。

二、网络安全中技术支撑策略

维护网络社会的安全离不开技术层面的支撑，在维护网络安全方面最重要的技术支撑主要是利用网络安全的监测功能，通过对不安全信息或软件的监测过滤,保证网络社会安全。

在实际生活中,网络安全监测功能中的处理功能往往被检测功能触发,而监测功能主要包括：

(一)安全追踪功能

这个功能首先要被网络的安全事件监察功能和陷阱功能激活，然后通过实时的监测来确保网络受到攻击时能对攻击网络者进行定位追踪。

(二)安全事件分析功能

这个功能是被网络的事件记录功能触发的,然后与该功能进行有机联合,通过对网络日志的分析获得所需信息。当然,需要注意的是,不同的事件记录方式会导致不同的事件分析方式。

(三)安全事件报警功能

这个就是工作者发现安全事件后,向管理员报告详情,并交由管理员去进行具体处理。这也是安全事件处理最直接最简单的功能之一。

(四)安全状态配置功能

这类安全功能对系统进行自动配置，其目的是将系统的安全状态维持在某一设想的水平。这种功能并不需要被其他功能所触发，可以使用的手段有：修改配置文件、修改权限等（例如 Axent 的 Enterprise Security Manager 等）。①

(五)安全状态修复功能

这个功能就是在系统的安全状态不能很好地满足功能需求时，对网络的安全配置进行自动修改。这种功能是对安全事件最大程度的处理方式。

三、网络安全中的评估体系

在市场化的环境下,经济的信息化不断发展,影响网络安全的因素也越来越多。然后,至今仍没有一个统一的、公认的网络安全评估体系可以对信息系统安全进行全面的评价。因此，根据规则和标准制定合理的网络安全评估体系,显得尤为迫切。根据科学性、全面性、可行性、稳定性的原则,网络安全评估体系主要从实体安全因素、运行安全因索、信息安全因素、系统安全策略因素、安全技术措施因素以及安全制度因素等六大因素方面考虑，利用层次分析方法,再进行多层次分解,直到子层指标可以具体量化或者可对比描述为止,最终形成完整的网络安全评价指标体系。具体包括：

其一,实体安全因素。实体安全因素包含三个因素,分别为设备安全、媒体安全、环境安全。

其二,运行安全因素。运行安全因素包含四个因素,分别为风险分析、访问控制措施、审计跟踪措施、应急技术。

其三,信息安全因素。信息安全因素包含四个因素,分别为信息传输安全、防抗抵赖技术、数据完整性、数据加密。

其四,系统安全策略因素。系统安全策略因素包含五个因素,分别为操作

---

① 陆晟,龚俭. 网络安全监测的集成管理[J]. 东南大学学报. 1999(05):11-15

系统数据库访问控制措施、应用软件防破坏措施、数据库系统状态监控设施、用户身份鉴别、数据异地备份。

其五,安全技术措施因素。安全技术措施因素包含五个因素,分别为防病毒措施、安全审计功能、系统操作日志、服务器备份、防黑客措施。

其六,安全制度因素。安全制度因素包含三个因素,分别为组织机制、规章制度、事故处理预案。

四、网络安全事件动态监测预警与应急处理

为了掌握网络安全事件的动态信息,需要建立快捷高速的网络安全事件动态监测预警系统,以便高效地预警网络信息安全威胁,并充分发挥其教育、威慑的作用。根据监测网络安全信息的内容和性质可以分为两大类:

(一)广播式预警

该类预警主要是利用大众传播平台,如网络、论坛等来定期和持续向公众通报网络安全信息的形式,普及关于网络安全的知识,并帮助群众掌握相应的防范技巧,提高其安全意识。同时,结合自媒体平台,如手机、Pad、微博、微信等方式,扩大向群众宣传预警的途径和方式。

(二)定向式预警

预警宣传的内容应该具有普遍性,应该向公众明确各种安全隐患和各种具体内容,解释其可能的危害并阐述处置方法。针对具有特定指向和具体条件的安全隐患和事件预警信息,可以采取特定通知等定向式传播方式。以便更地好指导运营单位、广大网民做好防范工作,最大限度地发挥预警机制积极作用。

这两种预警方式都是为了更好地了解网络安全事件的动态信息,以便及时迅速地对该类事件进行应急处理。随着互联网经济的飞速发展,对待网络安全问题也应该要时常更新观念,以往靠修补堵洞的被动措施已不能从根本上解决问题。毋庸置疑,解决网络安全问题,必须未雨绸缪,争取主动,提前制定应急处理方案,坚持技术与管理并举发展,并以管理为重。

从技术上讲，要在以往分散封堵已发现的安全漏洞为目的的研究基础上，把网络与信息安全视为一个整体，从各个方面开展更大力度的研究，将整个体系所需要的基本理论、协议和模块等基础构件与整体要求有机地结合起来，形成完整的解决方案，在强调技术解决信息网络安全的重要性的同时，要充分认识网络攻击的无边界性、突发性、隐藏性等特点。[①]

因此，解决信息网络安全仅仅依靠技术是不够的，还要靠强有力的管理。而健全有效的管理正是目前我们所缺少的，为根治这个顽疾，管理层必须采取以技术结合管理、法制、政策、教育等手段，以综合性的网络安全防范体系和网络安全应急处理机制，来对付安全事件，将信息网络风险降至最低程度。同时，现在严峻的形势也需要管理者进一步制定政策法规，提高网络安全的管理水平，加强信息网络安全管理力度，扩大网络安全教育的范围。

① 范宝锋. 统一网络安全管理平台技术研究[D]. 四川大学，硕士学位论文，2005.

第二篇

虚拟社会中的网络问政

第四章

网络问政与虚拟社会管理

第一节　网络问政概述

一、网络问政的概念及特征

(一)网络问政的概念

网络问政是一座政府与民众沟通的新桥梁,它连接了官方、民间、媒体、组织等多个舆论场,是近几年来关于政府网络事务的最热话题。它不仅是互联网时代下人民当家做主的新形式,也是政府公共管理的新形式。由于学者们的研究背景不同,当前的学术界并未对网络问政这一概念做出统一的界定。

一类是将政府作为网络问政的主体。例如学者周菁认为:“网络问政是指各级党委和政府通过互联网积极与网民沟通互动,知民情、解民意、聚民心、汇民智的基本形式和重要渠道。”①

一类是将公众作为网络问政的主体。学者郭鹏杰认为:“网络问政即广大网民通过互联网,自愿参与政权和表达政治意愿,对社会事件发表看法和意见,从而影响国家和政府政策制定的过程。”②

当然也有学者认为网络问政的主体具有双重性,既是政府也是公众。例如学者李金兆、董亮认为:“所谓网络问政,主要有两层意思,一是提问,公众个体或群体向社会或党政部门及其领导人,基于互联网提出或表达各类诉求和意见,行使知情权、参与权、表达权、监督权;二是过问,即党政及其领导人,通过

---

① 周菁. 与民意面对面——网络问政新方向[M]. 北京:研究出版社.

② 郭鹏杰. “网络问政”是健全社会矛盾释放机制的新途径[J]. 黑河学刊,2010,155(7):56.

互联网问政于民,实现科学决策、民主决策,解决实际问题、接受监督。从一般的政民互动,到一些公共舆论事件、公共突发事件的网络应对及管理,都可以归于网络问政范畴。"①

还有一类观点侧重于媒体构建的问政平台。例如杨兴锋在《有高度地贴近网络民意》中指出,"网络问政就是要为政府和公众搭建互动平台,借助网络这种便捷的沟通工具推动政府决策与民意的双向反馈更及时、更直接。"②

虽然上述定义的侧重点各不相同,但都强调了"问"是双向的,既可以是政府问计于网民,也可以是网民问政。结合上述学者的各项观点,我们可以给网络问政下一个定义：网络问政即政府与网民通过媒体构建的问政平台进行直接沟通,是政府联系群众、了解民意、凝聚民智的新渠道,是公众行使知情权、参与权、表达权、监督权的新手段。

(二)网络问政的特征

网络问政承袭了互联网信息传播的及时性、广泛性、互动性、开放性、去中心化等特点，满足了公民政治参与的需要，成为中国民主政治的重要特色之一,同时也正成为中国民主政治的一种途径。具体来说网络问政主要有以下几点特征：

1. 问政主体的双向性

网络问政是政府与公众之间的双向互动,可以是政府问计于民,也可以是公众问政于政府，问政主体具有双向性。如果只有网民单方面咨询或质问政府,而政府迟迟不做回应,那只能称作普通的网络政治参与。同理,如果仅是政府向网民提问,而网民无意参与,也不能称作网络问政。

2. 问政主体的平等性

网络问政的主体还具有平等性。互联网是一个开放的平台，它不是私人的、私密的,而是公共、公开的。正是这种开放性,实现了网络赋权,让每个公民手里都握有一只麦克风。无论你是什么家庭背景、什么年龄、什么性别、什么职业,在网络上大家都是平等的网民,发表自己对社会公共事务的看法。这不仅拓展了公众的话语表达空间、改变了我国传统的话语权分配格局,同时也改变

① 李金兆,董亮. 网络问政与政府门户网站发展[J]. 实践与应用,2010(3).
② 南都报系网络问政团队. 网络问政[C]. 广州：南方日报出版社,2010：207

了我国的政治参与方式。这种主体的平等性也带来了问政主体的多样性，有利于实现参政、问政内容的多样性。

3. 公众参与的直接性

网络问政中公众参与的直接性是互联网的开放性所赋予的，与“代议制”框架下的政治参与不同，每个人都能在网上直接发表自己的政治观点与主张，无需他人代言。例如，在人民网推出“直通中南海——中央领导人和中央机构留言板”中，每个网民都可以畅所欲言，跟主席、总理实现“零距离”的沟通。

4. 问政过程的互动性

相较于传统媒体，互联网最鲜明的特征就是互动性，网络问政也承袭了这一特点。网络问政的互动性体现在多个方面，它包括了网民之间的互动、政府与公众的互动、线上与线下的互动、传统媒体与新媒体的互动。正是这种互动性，极大地激发了网民们参政议政的热情，在不断的网络讨论中，民间智慧得以集纳和传播，推进与改善政府工作，实现了政府与公众的有效沟通。

5. 问政方式的便捷性

以前群众要向政府反映问题，需要通过信访、上访或向人大代表、政协委员反映等途径，得经过多个中间环节。这些方式不仅耗费时间和财力，还有可能在中途遭到堵截。同样，以往领导要了解民情也会受到诸多条件的限制。网络问政的出现，弥补了现实生活中政民沟通渠道不畅的不足，改变了政民互动的方式，让领导干部上网“微服私访”、老百姓上访变上网，有效地推动了政府决策的科学化与民主化。从之前人民网开办的“地方领导留言板”到如今各地方政府部门开办的政务微博、政务微信公众号，广大群众反映问题、建言献策的渠道越发便捷，只要打开电脑或拿出手机即可。

二、网络问政的模式与途径、渠道

（一）网络问政模式

网络问政模式可以分为以下三种：

1. 被动对话型网络问政

在这种模式下，政府是处于被动地位的，政府一般是在网民的质疑和媒体的叩问下才做出回应。这类的网络问政模式具有一定的对抗性，如果政府将网络民意视作洪水猛兽，迟迟不作回应，则容易引发更加激烈的民间舆论，带来信任危机，影响社会的稳定。反之，如果政府能及时做出回应，主动沟通对话，就能化解矛盾，使党和政府的决策更好地来自人民、代表人民、为了人民。

2. 自由对话型网络问政

自由对话型的网络问政非常普遍，也是目前发展最快的网络问政模式。在这种网络问政模式下，公民们可以就任何一个话题进行咨询或讨论，无论是就业、医疗、教育还是社会治安，它保证了问政内容的多元化。同时这种问政程序非常简单，对公众而言，只要发一封电子邮件或@一下政务微博，就能提出诉求或发表意见。

但这种模式受到人为因素的影响较大，问政的内容能否得到解决与政府官员的服务意识、媒介素养密切相关。例如，2013 年，安徽马鞍山市民在政府网站上留言，反映自家附近的粮油加工厂用陈稻进行加工的问题，并担心“眼看天气就要热了，这陈稻和油会不会吃出问题来”，“强烈建议工商、质监部门关注一下”。面对市民的担忧，政府部门却用“百度一下”来回复市民如何区分新稻陈稻。[①] 这样的“神回复”不仅反映了部分政府工作人员服务意识淡薄的问题，也损害了政府形象。

3. 组织动员型网络问政

组织动员型网络问政是指政府根据决策的需求，主动设定议题，并联合媒体在网上组织公开性的讨论，经过线上网民的讨论和线下政府与网民代表的交流，提炼归纳出公众意见，作为政府决策参考的依据。相较于被动对话型网络问政，政府占据了主动位置，有利于引导公众舆论；相较于自由对话型的网络问政，该类型问政模式更具有针对性，目的更加明确。同时，在主流媒体的组织策划下，问政过程更具有组织性，避免了网民的无序参与。

以奥一网为例，奥一网推出的“民间拍案拍砖会”就是组织动员型网络问政的典例。2009 年 1 月 8 日，国务院出台的《珠江三角洲地区改革发展规划纲要》一经发布后，便引发了广东省社会各界的议论。2 月 12 日，奥一网联合《南方日报》《南方都市报》等媒体推出了珠三角纲要“民间拍案”大型互动平台，引

① 新民网. “百度一下”的回复算什么回复. http://tech.xinmin.cn/2013/03/23/19360913.html

发了广大读者、网友的关注，一个多月来有320万人次点击，在相关专题、论坛和博客等共涌现了3000多篇高质量网文。这种组织动员型网络问政，不仅能广泛的听取民意，更能实现公共决策的民主化与科学化。

（二）网络问政的途径、渠道

根据平台的不同，网络问政的途径可分为以下几种：

1. 政府门户网站

现如今，很多地方政府的门户网站都设立网络问政平台，公民可以就各类关心的话题进行提问，政府门户网站成为了政府与公众进行网络问政的重要途径。同时，政府门户网站开设的信箱服务、网上民意调查等服务内容，让网民们表达诉求、建言献策更加方便，大大提高了办事效率。

2. 论坛

论坛就是我们平时简称的BBS，又叫作网络虚拟社区，一些有共同特点或者共同兴趣爱好的网民会聚集在这个平台上进行沟通、交流。我国的论坛以商业性论坛和政治性论坛为主，商业性论坛包括天涯社区、百度贴吧等，政治性论坛包括人民网的强国论坛、新华网的发展论坛等。网民们不仅可以通过论坛获悉政治信息，发表自己对热点事件的看法，为政府充当“军师”，还可以通过论坛发布信息引发社会及传统媒体的关注。一旦引起了政府的关注，有关问题便在政府的调查介入中得到解决。

3. 政务微博

政务微博，是指中国政府部门或政府官员推出的官方微博。根据人民日报和微博联合发布的《2014年度政务指数报告》显示，2014年经过新浪平台认证的政务微博达到了130103个，其中政务机构官方微博94164个，公务人员微博35939个。①

相较于论坛、政府公开信箱，政务微博具有更强的即时信息发布能力、与网民的互动能力，有利于政府占据舆论高地、控制舆情。如在深圳5.26交通事故和北京7.21暴雨事件中，相关的政务微博积极与网友互动，较好地化解了民众的疑惑与不满。

---

① 人民网. 2014年度人民日报政务指数报告. http://yuqing.people.com.cn/GB/392071/392730/index.html

政务微博不仅可以作为一个重要的信息发布窗口，还是收集社情民意的重要平台。不少政务微博通过设置议题在线上收集问题，推动了线下政府办事效率的提高，有利于帮助民众解决实际问题。

4. 政务微信

相较于微博，微信具有更强的社交针对性，该特质有利于提升政务信息传播的有效性。例如，2012 年 8 月 30 日，"广州应急——白云"微信公众平台上线运营，第二天就及时推送了一条地震消息。这条震情的发布，打造了广州政务微信首个成功运营的案例。

除了信息的有效传达，微信公众平台的关键字回复功能让网络问政"秒回"成为可能。只要在后台数据库做好相应的设置，政务微信就能根据用户提问的关键字进行自动回复。未能自动回复的内容，管理员可以进行一对一的人工回应。这种新型的政务信息发布平台，将进一步拓展网络问政的深度与广度，并提高政府工作效率。

三、网络问政的现状及特点分析

当下我国的网络问政主要呈现出以下几个特点：

(一)网络问政开展的常态化

2008 年以前，我国网络问政一直处于孕育阶段。到了 2008 年，在中央高层公开表示网络民意的重要性之后，网络问政平台在全国各地兴起。2011 年，中办、国办印发《关于深化政务公开加强政务服务的意见》，要求"推广电信网、广电网、互联网等现代科技手段在政务服务中的应用，提高政务服务信息化水平"。[①] 经过多年的发展，网络问政已纳入政府的日常工作，无论是在地域、部门、机构还是在人员、行政级别上，网络问政都已经具有常态化的特征。

(二)网络问政运作的制度化

随着各类网络问政平台的不断构建与完善，中央、地方各级政府相继出台

① 新华网. 中办国办印发《关于深化政务公开加强政务服务的意见》http://news.xinhuanet.com/politics/2011-08/02/c_121761106_3.htm

有关文件及规定，规范网友留言办理工作，逐步建立起一套行之有效的网络问政运作制度。例如，安徽省芜湖市政府制定了《红黄牌督办制度》，要求各部门在5日内答复市民的咨询投诉；对逾期5日以上未答复的，给予黄牌警示；逾期15日以上未答复的，给予红牌督办。[①] 这些制度措施有利于政府建立健全收集、分类、交办、督查、反馈的网络问政链条，形成倾听民意、汇聚民智的长效机制，保证了网络问政工作不会流于形式，提高政府执政能力。

（三）网络问政渠道的多元化

随着新媒体的快速发展，网络问政的手段正从单一渠道向多种渠道转变。政治论坛是网络问政的源头，市民留言板、网络问政平台是论坛的一种变形，微博是问政模式的集大成者，政务微信也成为新的增长点。渠道的多元化有利于构建完整的网络问政体系。

（四）网络问政效果的实体化

运作制度化带来的结果是问政效果的实体化，即广大群众和网民在网络问政中表达的各种诉求、反映的各种问题、提出的各项建议都能得到政府部门的及时回复，网上反映的现实问题能够在网下得到妥善解决。例如，“寒山闻钟”论坛在苏州“12345”网站开通半年以来，访问量就突破960万次，注册会员6万多人，网民反映事项已处理2.8万余件，出台举措1.1万多个，在这里网络问政既不是“政绩工程”，也不是抽象概念，而是切实可行的执政手段与现代政治文明表现方式。

第二节　网络问政的发展历程与现实困境

一、网络问政在我国的发展历程

严格来说，自从互联网落户中国以来，网络问政现象就一直存在，但在

① 中国芜湖．市政府关于开展“市民心声”网站在线回复红黄牌督办的通知 http://www.smxs.gov.cn/viewtexti.asp?id=922693&npage=2

2008 年以前,网络问政基本上是零星的、分散的。纵观网络问政的发展历程,大体可以分为三个阶段:

(一)第一阶段:2003—2005 年 网络问政的孕育期

2003 年被学界认为是我国的网络舆论元年,因为这一年发生的孙志刚事件,实现了网络与传统媒体的首次联动。在这期间,我国网民大多通过在论坛发帖进行政治参与,传统媒体则乐于在论坛上寻找新闻点,核实后并进行报道,互联网再重新转载传统媒体的言论。相较于新旧媒体的互动,政府面对"来势汹汹"的网络舆论,总体保持沉默,官员触网的现象十分少见,但这一时期仍有几大亮点。

1. 2003 年 5 月,山东省胶东在线开设了国内首个网络问政平台——网上民生,之后国内很多网站也先后推出了类似的网络问政平台。

2. 2002 年 11 月 16 日,深圳市民呙中校以网名"我为伊狂",分别在人民网、新华网和深圳热线(奥一网前身)等网站论坛上贴出了长达 1.8 万字的《深圳,你被谁抛弃?》。该文章在深圳乃至全国引起了极大反响,更是引起了深圳市市长的关注,并与呙中校进行了长达两个半小时平等、坦诚的对话,这是首次有公开报道的国内官员与网民公开进行的面对面交谈。2003 年 7 月,国务院调研组到深圳调研,该网文作者呙中校以民间代表的身份应邀参加了座谈;之后,网文《深圳,谁抛弃了你》重新整理正式出版,部分内容被写成内参送交北京高层。这表明网民声音已经引起高层决策部门的重视。①

3. 2003 年 12 月 23 日下午,时任中国外交部长李肇星在中国外交部网站"中国外交论坛"和新华网"发展论坛"与网友进行在线交流。此次访谈共有 2 万多名公众参与,并提出了近 2000 个问题。李肇星就其中具有代表性的近 40 个问题进行了回答,这些问题有非常尖锐的也有非常私人的,本次的在线访谈是我国官民早期触网的典型案例。

(二)第二阶段:2006—2007 年 网络问政的大发展时期

2006—2007 年,网络问政现象逐步兴起,重庆"钉子户案"、山西"黑砖窑"事

① 南都报系网络问政团队. 网络问政[C]. 广州:南方日报出版社,2010.

件、华南虎事件均为这一时期具有代表性的网络舆论影响政策议程的热点事件。

同时,有不少官员已经意识到互联网在汇聚民智方面的作用,开始主动触网。如2006年3月8日,时任海南省临高县县长符永在天涯社区以真实身份注册,被称为不穿“马甲”的网民县长;2007 年春节前夕,时任湖南省省委书记张春贤在网络上给网友拜年,被网民们誉为“互联网上明星书记”。在这一阶段,官员触网的人数不断增加,问政的方式也呈现多样化。

(三)第三阶段:2008年至今

2008年,我国经历了南方特大雪灾、“5·12”汶川地震、北京奥运会等重大事件,这一年不仅民族凝聚力得到了空前的提升,网络问政也得到了极大的飞跃。网民们积极地通过网络反映民意、阐述民智,官方也对网络民意空前重视,因此2008年被称为网络问政元年。

在高层公开发表关于重视网络民意的言论后, 地方政府纷纷打造网络问政平台,利用网络加强与民众的互动。广东省是网络问政的先行者,不仅率先开设网络发言人, 不少地方政府职能部门还开设官方微博, 直接接受网民监督。与网民互动,开放姿态更明显。很多其他地方政府也开始推动网络问政,主动积极地与网民沟通,网络问政地理意义上的规模逐渐扩大。

二、网络问政的典型案例及影响

(一)网络问政的典型案例——奥一网

作为中国网民人数最多的省份,广东省一直是我国网络问政的模范先锋。网络问政在广东省的成功践行,不仅是因为得到了主政者的支持、网民的热情参与,更是因为有着像奥一网这样由媒体搭建起来的问政平台。

奥一网是隶属于南方报业旗下的新闻社区互动网站,它的前身是“深圳热线”。2005年8月,南方都市报对其进行全新改版与运营,2006年3月,深圳热线正式升级为奥一网。2009年,奥一网推出了全国首个以网络问政为明确名称的系统化平台,之后开创了我国网络问政的多个第一:第一个直通县市主要领导的问政平台;首创网络问政身份证;首创网络新闻发言人;首创网络问政特约观察员。[1]

得益于南方报业集团的政治优势、资金优势、人才优势，奥一网与其他问政平台相比，问政深度与专业化程度更高。经过七年多的探索，奥一网网络问政平台已成为了广东省各级政府与网民之间沟通的有效桥梁，一方面使民众有了更加专业化、便捷化的诉说平台，另一方面让政府在“曝光”的压力下及时处理网友们所反映的具体问题，提高了政府行政效率。

(二)奥一网的启示

1. 准确的平台定位

互联网的开放性给了每个网民发出自己声音的机会，其中不乏有智慧有价值的民意。但因网络这个平台过于广阔，导致网络上的声音纷繁复杂，无法形成能对政府施加影响力的舆论力量。奥一网意识到了这一点，明确了自己的平台定位，即将网民的意见汇聚到一个平台上，并低成本、高效率分门别类地处理好这些声音，将它们扩音传递。

奥一网的“网络问政平台”设计显得层次清晰、一目了然，字体醒目，能够帮助网民轻松进入问政页面。“网络问政平台”分为6个子栏目：网络问政、南粤梦·深改年、南方民间智、网络问企、一问到底、网络问政管理创新榜。整个导航页面从上到下分为8个大板块，分别为：热点导航、大事件、网络问政、网友最近问的领导、微博问政、南方舆情、网络问企、友情链接。在“网络问政”栏目内，开设有“话题列表”“我@春华书记”“问省直机关”“问21地市领导”“县市行”“问政观察员”“民间智库”“网络问企”“专题”等9个小专栏。在此页面的右侧，从上到下开有3个小版块，分别是“给领导留言排行”“网民拍砖排行”“问政观察员排行”。

这种明确的平台定位，保证了网民的声音不会被淹没，在较大程度上保护了网民的话语权；而政府各部门也能从明晰的平台中看到网民的意见和建议，及时了解热点问题，拉近了百姓与政府的距离。

2. 发掘网络意见领袖，提升“表达”水平

奥一网的“网络问政平台”能够处理好网络上纷繁复杂的声音，还得益于发

① 卫涛.“奥一网网络问政平台”研究[D]. 辽宁大学，硕士学位论文，2014.

掘网络意见领袖的力量。2009年,"奥一网"从几千名广东省骨干网民、"网上意见领袖"中,精心挑选出首批网络问政特约观察员20人。目前,奥一网的"网络问政平台"上正式的网络问政特约观察员有25名。其中,媒体人4人、大学教授(博士)7名、企业老板2人、企业白领6人、农民工1人、"两会"代表5人。

网络问政特约观察员以其第三方、专业性视角,在网络问政过程中扮演着"意见领袖"的角色,而意见领袖对于网络舆论的形成具有重要作用。尤其在一些涉及公共利益的问题上,网络问政特约观察员的意见往往影响网民的态度、行动取向,并给官方造成更大的决策压力。

另外,网民们通过分享观察员的思想,提升了自身参政议政的素养,有利于减少网络暴民、培养有序的网络公民。同时,观察员的声音也带动了广大网民以跟帖的形式参与讨论,从而激发更多人思考,汇集更广泛的智慧。

3. 报网互动,强化问政的权威性

奥一网隶属南方报业传媒集团,该集团下的《南方日报》《南方都市报》为奥一网的"网络问政平台"提供了一批训练有素、经验丰富的采编队伍,特别是《南方都市报》遍布珠三角的300多名专业记者为奥一网"网络问政平台"编辑部核实来帖以及跟踪报道重要事件提供了强有力的保障。

同时,《南方日报》《南方都市报》在公信力、号召力上的品牌优势,有利于奥一网建立良好的知名度和影响度。例如,2009年奥一网"网络问政平台"推出的"网友建言拍砖集"——《岭南十拍》,先是有11名网民写了10篇优秀的"拍砖"文章,在网上引起热议,然后《南方都市报》出了16个版的特刊进行联动,最后促成了2008年4月时任广东省委书记汪洋与26位网友见面交流。①

正是因为确立了成熟的报网互动机制,才保证了网络问政的高效率、丰富了网络问政的内涵,才成功地打造出完全意义上的网络问政平台,这对报网双方而言是一种双赢的局面。

三、网络问政过程中存在的问题

网络问政的出现，对于改变政府与公众信息沟通不畅、提高政府行政效

① 南都报系网络问政团队. 网络问政[C]. 广州:南方日报出版社,2010

率、拉近政府与群众的距离有极大的推动作用,给我国的社会主义民主政治注入了新鲜的血液。但作为一个新生事物,网络问政在发展过程中必然会出现很多复杂、棘手的问题,仍有需要完善的地方。

现阶段我国网络问政主要存在以下几个方面的问题:

(一)部分官员态度不端正,对网络问政的重要性认识不够

近年来我国一直在推动服务型政府的建设，这就要求各级政府和官员改变以往"官本位、政府本位、权力本位"的观念,树立起"民本位、社会本位、权利本位"的思想。网络问政的出现,对于推动我国政府职能转变、改善政府形象有着重要作用。

但是,由于长期受"官本位"思想的影响,一些政府官员"官本位"意识仍很严重,在问政平台上表现出轻视或傲慢的姿态,忽视网络民意,甚至会出言不逊。而互联网有着病毒般的传播速度,问政工作中的疏忽一经曝光,便会引来网民们的围观,不仅会带来网络舆论压力,还会影响政府形象。例如,2009 年网民"寒笑"向市长信箱反映问题,却得到了此般回复:我办没时间跟你闲扯,你有意见到创建办来面谈。"寒笑"将这条"神回复"发到网上后,该政府遭到了网民们如潮水般的抨击。[①]

(二)部分问政平台形同虚设

尽管网络问政已纳入政府的日常工作，但近几年出现了不少地方政府问政平台疏于问政、敷衍问政的情况。主要表现在:一是政务信息不及时更新,"僵尸网站""僵尸微博"频繁出现。2014 年 4 月,新浪微博首次发布"黑榜",其中 @ 成都城市管理(四川省成都市城市管理局官方微博)、@ 郑州物价局(郑州市物价局官方微博)、@ 吉林省卫生厅 (吉林省卫生厅官方微博)、@ 北海旅游局(北海旅游局官方微博)成为首批被曝光的不作为政务微博,其中吉林省卫生厅官方微博自开通以来只发过一条微博。[②]这些问政平台本可以有一番作为,却成了舆论场的负资产。二是敷衍问政,将网友反映的问题"踢"给其他

① 南方周末. 市长信息回复网友"没时间跟你闲扯". http://www.infzm.com/content/33401

② 人民网. 新浪首次发布政务微博"黑榜""僵尸"官博点名曝光. http://media.people.com.cn/n/2014/0430/c40606-24958988.html

部门,或者用官话、套话来应付。2013 年 1 月 7 日,河南省周口市沈丘县被媒体曝出,针对 600 多封内容各异的民众来信,政府官网的回复全是“您好,我们会尽快为您处理的。”对此,沈丘县委宣传部的相关工作人员表示,出现此种情况是因网站改版所致。①

(三)参与网络问政的网民数量有限

根据中国互联网络信息(CNNIC)发布的第 35 次《中国互联网络发展状况统计报告》显示,城镇网民占 72.5%,城乡互联网普及率差异非常明显。同时,不同经济区域的互联网普及率差异也非常明显。东部地区 10 省中,有 8 省的互联网普及率超过全国平均水平,中部地区 6 省中仅有 1 省,西部地区 12 省中仅有 2 省。② 这些贫困、偏远地区的人们因为缺乏上网条件,无法通过互联网接收网络消息,加上受教育的机会少、学历低,致使网络问政的参与机会严重失衡。因此,部分落后地区、不发达地区的社会群体还不能通过网络表达自己的想法,目前的网络民意是失衡的,还不能代表整体的民意。

(四)网民参政无序化,出现“网络暴民”“网络暴政”

由于互联网具有虚拟性、匿名性的特点,使得每位网民都带上了“面具”。再加上“把关人”的缺失、当前互联网管理的法律法规不健全,使得很多网民的责任意识与法律意识在虚拟的环境下大大降低, 为无序的网络行为提供了温床。部分素质不高、不理性的网民在集体行为中呈现无意识状态,盲目跟风,更容易引发“网络暴政”。

近几年来,人肉搜索、人身攻击等行为充斥网络,网民对政府的非理性施压干扰政府对舆情的收集、事件的处理,影响网络问政的实施效果。

(五)公民问政意识淡薄,问政素养有待提高

长久以来受传统“官本位“意识的影响,我国公民在政治生活中长期处于被管理的地位,缺乏参政议政的意识,主人翁意识淡薄。虽然网民们参政议政

① 新华网. “万能官网回复”难回复民意. http://news.xinhuanet.com/mrdx/2013-01/08/c_132087736.html
② 搜狐网. CNNIC 第 35 次中国互联网络发展统计报告. http://it.sohu.com/20150203/n408394292.shtml

的热情不断提高，但大部分网民甚至还没有意识到互联网已经具备了参政议政的功能。根据中国互联网信息中心(CNNIC)的一项调查数据显示：在我国，大多数网民使用互联网的目的在于休闲娱乐、获取信息、通信交友和网络消费，在网络平台参政议政的网民只占其中很小的一部分。

与此同时，广大网民的问政能力也十分有限，问政素养有待提高。由于缺少"把关人"，网络平台上充斥着大量的、各式各样的政治消息，有真实报道也有虚假消息。对于政府的负面消息，由于触碰到社会的敏感点，很多网民不加求证便随手转发，不仅滋长了网络谣言的传播，也反映了我国公民问政素养不高的现实。

第三节　网络问政成效分析

一、网络问政与政府形象塑造

政府形象包括效率形象、行为形象、管理形象、环境形象、信誉形象等。良好的政府形象不仅能够提高政府对公众的凝聚力与号召力，也有利于增强公众对政府的认同感，维持社会的稳定和谐。提升政府形象的关键在于使政府与社会公众之间形成良性互动，网络问政是网络时代政府形象塑造的一种新途径，它有利于提高政府部门的工作效率和工作作风，有助于塑造阳光、民主、高效的政府形象。

(一)网络问政有助于塑造阳光政府形象

当前我国正经历着由管制型政府向服务型政府转变，打造阳光政府是建设服务型政府的必然选择和要求。顾名思义，阳光政府就是指公开透明的政府，即政府能做到公开政务信息，保证行政过程和结果透明。网络问政的出现，使我国的"阳光政府"建设向前迈进了一大步。政府通过网络问政平台，公开政务信息，政府及其工作人员的行为被置于网民的监督之下，这样既能保证公民的知情权，又能有效杜绝各种暗箱操作，减少贪污腐败。

(二)网络问政有助于塑造民主政府形象

党的十八大报告中提出:“政治体制改革是我国全面改革的重要组成部分,要更加注重健全民主制度、丰富民主形式,保证人民依法实行民主选举、民主决策、民主管理、民主监督。”全国各级政府对网络问政工作的推进,不仅体现了政府对人民的知情权、参与权、表达权和监督权的尊重,更体现了政府对网络民意看法的改观,不再将其视为洪水猛兽,而是将其作为政府制定政策时的依据。政府可以通过网络问政平台设置议程,引发网民的关注与讨论,形成一种良性互动,有利于塑造政府在人民群众心中的民主形象。

(三)网络问政有助于塑造高效政府形象

政府机关的工作效率直接关系到整个社会的运转效率，工作效率的高低直接影响到政府及其工作人员在公众心中的形象与地位。由于地方政府机构数量庞大,而且职能交叉、机构重叠,容易造成各部门相互推诿职责、办事效率低下。而网络问政的广泛运用,尤其是伴随着一系列问政制度的建立与完善,相关的政府部门必须在规定的时限内给予网民答复，大大改变了我国传统的政府运作方式,塑造了效能政府形象。

二、网络问政与民主政治进步

在我国,只要普通民众具备上网条件,就可以通过媒体、政府搭建的问政平台与政府直接对话,表达自己的诉求。当政府无视或敷衍对待这些具有真实性、代表性的意见和诉求时,便可能引发广大网民情绪的反弹,形成舆论压力,从而促使政府进一步调查,生成决策。当通过网络问政平台参与政治的有效性提高时,将会有更多的网民参与其中,因为他们知道政府不会无视网络民意,他们的表达是有效果的。在这样一种良性循环中,民主将不再是难事。

通过对话与商谈达成政治共识一直以来都是民主政治的重要内容。政府通过网络问政平台问计于民，民众通过网上投票或建言献策直接参与政府日常工作,这一点便切合了民主政治的要求。无论是关于公民个人利益相关的事件还是关于集体利益的政策讨论，网络问政正在实践着让政府与民众来到主要由媒体搭建的平台上谈判。在这种商谈与协商中，我们的政治已经在进步。

三、网络问政与民众网络诉求

民众网络诉求是指针对具体社会现象、社会问题，人们通过网络平台向政府部门、权力机构表达自己的观点看法，评价政府信息公开的情况。① 民众的网络诉求有利于提高政府决策的科学性、推动政府决策的民主化，降低政府决策的成本，促进政府职能转变，并对政府进行有效监督。网络问政的出现给松散的民众网络诉求提供了一个专业化、集中化的平台。网络问政平台的建设不仅有利于推动民众网络诉求的形成，也体现了政府对民众网络诉求的重视。

同时，网络问政对于连接"两个舆论场"、引导网络舆情有着重要作用。新华社前总编辑南振中曾提出"两个舆论场"的说法，他认为当下中国存在两个舆论场：一个是党报、国家电视台、国家通讯社等"主流媒体舆论场"，忠实地宣传党和政府的方针政策，传播社会主义核心价值观；一个是依托于口口相传特别是互联网的"民间舆论场"，人们在微博客、BBS、QQ、博客上议论时事，评价政府的工作，针砭社会，品评政府的公共管理。② 两个舆论场重叠的部分越大，舆论引导的针对性和有效性就越强；两个舆论场重叠的部分越小，舆论引导的针对性和有效性就越弱。以奥一网为代表的网络问政平台，既实现了主流媒体的舆论引导，又满足了民众的网络诉求，提高了两个舆论场的重合度，成为打通两个舆论场的利器。

① 谢茜. 公众网络诉求下的政府信息公开对策研究[D]. 华中师范大学，硕士学位论文，2013.

② 人民网. 人民网评：打通"两个舆论场"——善待网民和网络舆论 http://opinion.people.com.cn/GB/15119932.html

第五章

媒体网络问政平台

第一节　媒体网络问政平台的传播效果

一、评价指标体系的建构

为考察媒体网络问政平台的效果,本书设立一些关键的指标。用"留言量"(包括总留言量、日均留言量)与"留言回复率"来初步评判一个网络问政平台的外在效果。"回复率"指的是政府部门对网民留言的回复量与网民留言总量的比值。"留言类型"指对不同留言在功能诉求上的区别,主要有传统型和公民型两种。"回复质量"则是深入考察问政平台的内在效果,主要针对留言量及回复率数据都较高的网络问政平台。①

除对媒体网络问政平台的整体效果进行考察之外,本书还重新设计评价指标,考察以奥一网为代表的民主参政型平台的个体效果。"网民对公民型留言的参与程度"主要考察网民与留言者、网民与网民之间是否有关于公共类话题的互动,包括网民跟帖和留言浏览量的总数、平均数。"政府行为回应"主要以某重要话题事件为例,对政府在现实中是否切实采用了问政平台上留言的建议或是否解决了留言中的公共问题加以考察。奥一网"网络问政"平台的一个独特之处是"意见领袖"的作用。②"意见领袖作用"意在考察其对于平台问政效果的影响程度,包括"意见领袖"的建言留言比例、意见领袖对于跟帖的回应程度和网民跟帖数。

---

① 罗昕,李兮言. 媒体网络问政平台的传播效果探析[J]. 东南传播,2012.

② 南都报系网络问政团队. 网络问政[M]. 广州:南方日报出版社,2010.

二、数据收集效果评估的等级划分①

本书采取立意抽样方法进行抽样。选择符合以下两个条件的样本:(1)国内较知名、认可度较高的媒体网络问政平台;(2)截至 2011 年 5 月底,平台运行时间在 2 年以上。在这两个条件下选择了胶东在线的“网上民声”,红网“百姓呼声”以及奥一网“网络问政”这 3 个问政平台作为主样本。这 3 个样本分别获得第 18 届、19 届和第 20 届的中国新闻奖名专栏一等奖。除了以上 3 个主样本,按照媒体所处地域,在全国范围内随机选取了 5 个同类平台作为辅样本,包括北部的东北网“民生”、中部的中安在线“网上问政”、东部的浙江在线“民生帮帮帮”、南部的大洋网“民意通”以及西部的西部网“民生热线”。为了考察主样本的立意抽样是否有代表性,选择 2010 年 1 月至 12 月间每月 15 号为抽样时段,获得各平台的网民留言 / 部门回复样本数分别为:网上民声(1770/1745)、百姓呼声(696/87)、网络问政(313/23)、民生(28/2)、网上问政(212/99)、民生帮帮帮(37/26)、民意通(22/5)、民生热线(33/25)。参考李克特量表五级划分方法来衡量各问政平台的传播效果,将日均留言量、回复率 / 回复质量的情况划分为 5 个等级。日均留言量 0～25 条的等级为“很差”,25～50 条为“差”,50～75 条为“一般”,75～100 条为“较好”,100 条及以上为“很好”,回复率 / 回复质量 0～20%为“很差”,20%～40%为“差”,40%～60%为“一般”,60%～80%为“较好”,80%～100%为“很好”。

三、媒体网络问政平台的整体效果

(一)留言量及回复率

三个主样本平台在留言量、回复率上差别很大。最高为“网上民声”,日均留言量达到 147.50 条 / 天,回复率超过 98%,效果处于“很好”等级。红网“百姓呼声”日均留言量为 58.00 条 / 天,等级为“一般”;回复率为 12.50%,等级为

① 罗昕,李兮言. 媒体网络问政平台的传播效果探析[J]. 东南传播,2012.

“很差”。“网络问政”日均留言量为 26.08 条 / 天，等级为“差”；回复率为 7.35%，等级为“很差”。

“民生帮帮帮”(70.27%)和“民生热线”(75.76%)的回复率较高，处于“较好”等级，但日均留言量却很低，这种反常现象的可能原因有：一是平台的记录保留不完整；二是当地政府部门积极性不高；三是媒体网站在当地的知名度不高。

(二)留言类型及占比

根据个人诉求和民意表达的取向，本书将留言类型主要归为“传统型”与“公民型”两类。“传统型”留言包括“投诉举报”与“咨询求助”，主要是个人诉求。“公民型”留言主要指“建言献策”，具有较强的参政议政意识。一般而言，如果平台的传统型留言量大于公民型留言量，那么这个平台可定性为以“民生服务型”为主，反之则以“民主参政型”为主。笔者通过主样本、辅样本的两类留言占比，分别考察了各类平台在性质上的所属类型。我们发现，除奥一网“网络问政”之外，其余 7 个样本平台的“传统型”留言比例(均为 80%以上)都大幅度超过“公民型”留言(均低于 20%以下)。因此可以初步判定，只有奥一网“网络问政”平台属于“民主参政型”，其他的都属于“民生服务型”。

(三)回复质量

回复质量是对问政效果的深入考察。鉴于“网上民声”的日均留言量和回复率都很高，笔者选取该平台在回复质量上做进一步分析。抽取 2010 年年中(5 月、6 月)、年末(11 月、12 月)共 4 个月份的 15 号留言回复作为分析样本(因春节原因，年初的留言回复情况受影响较大，因此不作为样本抽取)，共得到 479 条传统型回复，以及 76 条公民型回复(部分留言可能以内参形式转交相关部门，留言及答复内容不予公布，因此难以获得这部分留言样本)。我们发现，在传统型回复中，“网上民声”中有关部门能直接给出有针对性、实质性的回复为 31.32%，非直接有效回复(包括答复与留言主题无关，答复含糊笼统，要求留言者提供进一步信息，认为留言涉及问题不属于本部门职责范围，建议留言者使用其他途径如电话、部门网站等)达到 67.64%，留言无效占 1.04%，总体效果处于“差”的等级。而在公民型留言回复方面，直接、实质性的答复占比为 14.47%，非直接有效回复达到 67.11%，总体效果处于“很差”的等级。

四、民主参政型平台的个体效果①

如果要发挥民主参政作用，除了与政府部门进行沟通外，网民之间必须有良好的协商互动。为考察网民之间是否有协商互动，我们主要运用“留言的跟帖数量”这一指标（在前文对主、辅样本的调查中，没有涉及此项指标，主要由于大多问政平台没有跟帖功能）。结果显示，在 137 篇公民型留言中，平均每篇留言有 2453 条左右的浏览量，但平均跟帖数只有不到 3 条。可见“观者众应者少”的效应明显。但有少数话题的留言浏览量、网民跟帖数特别大。在这些话题中，有关“代课教师”的话题引起的互动参与较好。该话题留言总数占全部公民型留言的 13.87%，浏览量占 32.96%，跟帖数占了全部的近 60%。“代课教师”的议题由于 2008 年的“龙剑血帖”曾引起政府部门极大的重视，并切实地解决了部分代课教师的困难。奥一网“网络问政”成为民主参政型平台的原因，“网络意见领袖”的培养是一个重要的因素。在该平台的留言中，奥一网问政观察员、南方民间智库成员、南方系专栏作家等精英组成的“网络意见领袖”的留言占比为 27.44%，还有部分未留实名的网民（不可确认其是否是精英）转载的精英建言或文章也占到 4.28%，二者共达 31.72%。但对意见领袖建言与网民跟帖之间的互动情况进一步考察发现，网友的跟帖数占全部的 9.49%，意见领袖对网民跟帖的回复数则为 0，可见两者之间存在某种“屏蔽效应”。

五、媒体网络问政平台的传播存在的问题

（一）媒体网络问政平台的整体效果有限

除“网上民声”日均留言量和回复率处于“很好”等级外，其他样本的日均留言量和回复率大都处于“很差”到“一般”的等级。即便是像“网上民声”这样有政府约束力的问政平台，其回复质量也不尽如人意。而政府部门的“问而不

① 罗昕，李兮言. 媒体网络问政平台的传播效果探析[J]. 东南传播，2012.

答”或“答非所问”直接影响着网民问政的积极性。除奥一网个别案例外，其他样本几乎很少有“问政于民”的情况，这与当前媒体网络问政平台主要以民生服务型有关。

(二)媒体网络问政平台的性质类型单一

目前国内媒体网络问政平台以民生服务型为主流，网民诉求多为个人利益。这种状况也直接影响了网络问政平台的互动参与程度。现阶段媒体网络问政平台很少以民主参政型为主，只是个别样本在做积极的探索。因而当前媒体网络问政平台对民主参政的推动作用有限，这与国内公共政策议程系统并不开放有关，官员问政于民的局面并不可观。

(三)媒体网络问政平台的互动参与缺乏

网络问政不仅存在于网民与政府之间的互动，还存在于网民之间的互动。综观近年来网络舆论引发政策议程的案例，几乎都源于国内几个著名的社交性媒体上，而这些社交性媒体有着很高的互动参与度。但国内媒体网络问政平台上，留言者与网民、意见领袖与网民之间的互动很少，彼此存在某种程度的“屏蔽效应”，影响了网络舆论的生成。

以上研究发现并非否认媒体网络问政平台的积极作用。毕竟网络问政只是政治沟通的一种新形式，一方面说明它还处于培育发展阶段，另一方面官民互动还存在其他的政治沟通形式如接访、市长邮箱或热线等。因此，我们在为网络问政的前景鼓与呼时，也需谨慎地看到当前网络问政的有限效果。

第二节　政务微博、公众号等影响力评价体系研究

一、评价指标确立的理论来源和要素分析

(一)评价指标确立的理论来源

近年来，各研究机构的政务微博年度报告中都用微博影响力大小作为政务微博排名的重要指标，通过梳理各报告对于政务微博影响力的评价体系大致如下：

上海交通大学舆情研究实验室的影响力评价体系：根据该机构《中国政务微博报告》，其影响力指标主要由活跃度、传播力和覆盖度三大指标构成，通过发微博情况、被评论、转发的情况以及活跃粉丝的数量来综合评定一个账号的影响力大小。① 国家行政学院电子政务研究中心的评价体系主要包括互动力、影响力、传播力、成长力四个一级指标。其中互动力包括：总被转播数、总被评论数、总转播数、总评论数四个二级指标，影响力包括：受众数、认证受众数、微博年龄三个二级指标，传播力包括：总发布数、原创微博数量两个二级指标，成长力包括：日均发布数、日均被转播数、日均被评论数、日均受众增加数、日均转播数、日均评论数六个二级指标。②

人民网舆情监测室对的影响力评价体系，主要依据四个指标：微博活跃度、微博传播力、微博引导力、微博亲和力。统计微博活跃度时所涉及的参数包括：微博数、微博频率、微博原创率、微博评论数、关注数、微博政务指数。传播力所涉及的参数包括：粉丝数、粉丝活跃率、粉丝的粉丝数、粉丝认证率、微博被转发率、媒体关注度。统计微博引导力时所涉及的参数包括：微博被转发量、微博被转发率、微博被评论量、微博被评论率、粉丝数、粉丝活跃度、粉丝的粉丝数、粉丝认证率、媒体关注度、微博政务指数、微博情感指数、评论倾向指数、媒体倾向指数③。

(二)评价指标确立的要素

综合以上三个机构对政务微博的分析，可以看出各家机构关于影响力的指标分类体系虽有不同，考量标准也有差异，但都涉及了微博活跃度、微博传播力、微博引导力和微博互动力四个方面。微博活跃度指政务微博的主体利用微博平台的使用频率。微博传播力指政务微博中所发布信息的传播能力，传播力越高则信息的传播速度越快，范围越广。微博的引导力指政务微博的舆论引导能力，引导力越高表明微博的认同度越高。微博的互动力指微博与网民的互动程度，互动力越高表明政民互动的水平越高，政务微博的服务功能越明显。

① 上海交通大学舆情研究实验室. 2011 年中国政务微博报告[R]. 新闻界. 2012,5

② 国家行政学院电子政务研究中心. 2012 年中国政务微博客评估报告 [R]. 北京：国家行政学院出版社,2013,3

③ 人民网舆情检测室. 2012 年新浪政务微博报告[R]. 北京：人民网舆情监测室,2012.12

二、评价方法与影响力水平划分

(一)评价指标权数的确定

指标权重是整个评价指标体系中各评价指标相对重要性的数量表示,科学地赋予不同评价指标以合理的权重,有利于提升评价质量和优化评价结果,因而权重的确定是整个评价指标体系构建的核心环节。事实上,指标体系中不同的评价指标的重要程度各异,赋予权重必须依据各指标对目标层的影响程度来最终确定。采用 Delphi 法(德尔菲法),通过多轮征求相关专家的意见和建议,确定政府影响力指标体系中各个评价指标的权重。

(二)评价指标值的合成方法

在各指标赋予权重的基础上,需要对各指标的数值进行综合求和。指标数值的综合合成有许多方法,如乘法合成法、线性加权和法、加乘混合合成法等。一般采用比较常见的线性加权和法,Yijk 为政府微博影响力评价评价数值,则 $X=\sum XijkYij$ 式中 Xijk 为指标值,Yijk 为相应指标权重。

(三)影响力水平划分

研究在分析借鉴相关政府影响力的文献和网络信息评价的基础上,通过咨询相关专家,构建了政务微博和公众号影响力评价等级标准。据此等级标准评价其等级标准和上述政府微博影响力评价数值,判断政务微博和公众号影响力的现状和特征。具体评价等级标准为:

等级	指标值	影响力	基本特征
1	$X\geqslant0.75$	强	积极参与信息传播,引导性较强
2	$0.65\leqslant X<0.75$	较强	积极参与信息传播,引导性一般
3	$0.50\leqslant X<0.65$	中	主动参与信息传播,引导性较弱
4	$0.25\leqslant X<0.50$	较弱	被动参与信息传播,引导性很弱
5	$X<0.25$	弱	较少参与信息传播,几乎无引导性

三、影响力评价指标体系建构

(一)评价指标体系构建步骤

对政务微博、公众号影响力进行评价需要考虑多方面的因素。构建影响力评价指标体系要尽可能全面的把这些因素概括进去,尽可能做到全面均衡,使得影响力评价能够有效科学合理地进行。政务微博、公众号影响力评价指标体系的构建主要有以下四个步骤:

1. 文献调研

构建政务微博、公众号等的影响力评价指标体系,需要深入了解政府机构自身的基本特点,微博、公众号等传播的主要特征,微博、公众号等影响力评价相关研究,现有政务微博、公众号等问政平台的发展现状等情况。不仅要查阅国内外相关研究,获取大量统计数据、著作、论文、报纸以及研究报告等,还要借鉴、分析、概括国内外相关研究成果和过往研究文献,为政务微博、公众号等的影响力评价指标体系的构建提供经验借鉴和文献基础。

2. 咨询相关专家和民众网络调查

构建一套全面、科学、合理的政务微博、公众号等的影响力评价指标体系,需要结合相关领域专家的建议,因此有必要向专业人士(公共管理学专家、社会学专家、网络舆情专家、政务微博运营专家等)咨询,搜集专家对于政务微博、公众号影响力评价的建议。

影响力评价指标体系最终反映的是对广大民众的影响, 因此对民众的网络调查是一个必不可少的步骤。通过调查能够了解到民众对于政务微博、公众号的诉求,这样才能够更加真实全面的构建影响力评价指标体系。

3. 影响力评价指标体系的建立

通过广泛的文献调研、咨询相关专家和民众网络调查,并遵循上文关于评价指标确立的理论来源和要素分析,可以初步构建出政务微博、公众号等的影响力评价指标体系。

4. 权重的计算

多指标综合评价方法中经常使用的权重设置方法有主观赋值法、专家打分法、层次分析法、主成分分析法、因子分析法、聚类分析法等。确定影响力评价指标体系中各指标的权重可采用专家打分法，通过反复地向专家征询意见，最终确定各指标的权重。此外，在很多学者对于政务微博、公众号影响力评价的研究中采用了层次分析法来确定指标权重。

(二)评价指标体系构建原则

对政务微博、公众号等影响力进行评价，主要是根据政务微博、公众号等媒体网络问政平台的影响力目标来确定这些网络问政平台传播效果的属性，然后将这些属性变成主观效用行为或者客观定量数值。对政务微博、公众号等影响力进行评价，首先需要选取准确合理的评价指标，这些评价指标不仅能从各个方面反映政务微博、公众号等在网络问政中的实际工作情况，即反映网络问政平台的影响力，更要反映出广大民众对现有政务微博、公众号等网络问政平台的满意程度，进而反映出政务微博、公众号等影响力的问题，最终达到提升政务微博、公众号等影响力的效果。选取政务微博、公众号等的影响力评价指标，首先应基于我国现有媒体网络问政平台的现状，对我国现有媒体网络问政平台采取的各种形式有较为深入的调查与了解，并参照目前学术界对于微博、公众号等影响力评价的相关理论方法和实践，综合考虑对政务微博、公众号等影响力产生作用的各种因素以及现有的研究条件基础，同时考虑该评价指标的选取能对于未来政务微博、公众号等在增大其影响力方面具有指导性和前瞻性的作用。因此，选取的政务微博、公众号等的影响力评价指标应包含以下原则：

1. 科学性

评价指标的科学性主要是指以下两个方面：一是指标的可靠性，一方面选取的指标应该真实可靠地反映不同网络问政平台的影响力水平，另一方面也应保证反应各评价指标的数据和信息是可靠的；二是可比性，影响力评价指标的选取过程中要尽可能多的选择相对指标，这样更有利于不同网络问政平台之间的区分比较，同时必须还要有一定数量的绝对指标，这样能够更好地反映出不同网络问政平台之间在宏观规模上的各种差异。

2. 系统性

政务微博、公众号等影响力评价指标应全面、科学地涵盖影响力评价的各要素，真实地反映其总体水平。指标的选取不但要考虑影响评价目标的多重因素，最终使得整个指标体系能够尽可能全面地涵盖被评价主体的各种特征和功能，还应当能够体现出被评价主体的发展趋势，为其以后的发展指明方向。

3. 可操作性

政务微博、公众号等的影响力评价指标必须具有可操作性，该指标不应是不利于获取数据的指标，要尽可能从已有的指标中获取，即对政务微博、公众号等的影响力评价各指标应当是可量化度量的，定性指标也应当能够通过某种方式转化为具体的量化数据。

4. 特殊性

网络问政平台影响力评价都具有相同的目的，即提升其影响力水平，这就要求政务微博、公众号影响力评价指标体系能够体现出一定的普遍性。但由于媒体网络问政平台形式的多样性，这就要求必须根据各种不同形式的网络平台，选取特殊性的评价指标来对其影响力进行评价。

5. 导向性

对网络问政平台的影响力进行评价的目的是为了未来能够提高其影响力，因此，评价指标的选取还应当综合考虑网络政务平台的影响力发展的内在规律，揭示影响力的发展趋势，同时随着政务微博、公众号等的发展不断地进行动态调整，指导和调整网络问政平台的发展方向，以发挥整个指标体系的导向性作用。

（三）评价指标体系建构

1. 初级评价指标体系建构

目标层	准则层	指标层
政务微博、公众号影响力评价指标体系	影响力期望	整体期望值、可靠性的期望、满足个性化需求的期望
	影响力感知绩效	政务微博的整体感知绩效、报道真实性、过程完整性
	活跃度	总发布数、原创比重、总转载比重、总评论数、总关注数
	引导力	评论数比重、转载数比重、被赞数比重、关注数比重、原创数比重
	传播力	粉丝数、粉丝活跃数、友情链接数、涉贴人数
	亲和力	政务指数、情感指数、评论倾向指数、媒体倾向指数
	主体参与	评价主体交流及反馈频率、与意见领袖互动交流频率、评价主体交流及反馈完善程度

续表

目标层	准则层	指标层
政务微博、公众号影响力评价指标体系	总体满意度	评价主体的整体满意度、评价主体感知绩效与理想绩效相比的满意程度
	发展力	回复评论数、活跃天数、无动态天数
	宣传政府形象程度	接受投诉的数量、提出意见或建议后的满足程度
	信任支持度	对于政务微博和公众号提高的信心程度、对于政务微博和公众号的支持程度、媒体或其他部门与之的配合程度

构建出初始的影响力评价指标体系后，需要对所构建的指标进行测试和计算，一方面验证其合理性，另一方面验证其有效性。本书按照目标层—准则层—指标层的思路来构建政府政务微博和公众号影响力评价指标体系，根据评价对象范围和质量要求的复杂程度，完成对政务微博和公众号影响力评价指标体系的构建。

2. 第二轮评价指标体系构建

通过对各指标隶属度的分析，在确保一定数量指标的前提下，制定一个临界值，当隶属度高于或等于临界值时，予以保留，当指标隶属度低于这一临界值时，将指标删除。选择临界值为 0.5，通过对专家咨询的统计分析，分别得到了初始评价体系中 37 个三级指标的隶属度，删除隶属度低于 0.5 的 5 个评估指标，构成了 11 个二级指标，32 个三级指标的县域政府政务微博影响力第二轮评价指标体系：

目标层	准则层	指标层
政务微博、公众号影响力评价指标体系	影响力期望	整体期望值、可靠性的期望、满足个性化需求的期望
	影响力感知绩效	政务微博的整体感知绩效
	活跃度	总发布数、原创比重、总转载比重、总评论数、总关注数
	引导力	评论数比重、转载数比重、被赞数比重、关注数比重、原创数比重
	传播力	粉丝数、粉丝活跃数、友情链接数
	亲和力	政务指数、情感指数、评论倾向指数、媒体倾向指数
	主体参与	评价主体交流及反馈频率、评价主体交流及反馈完善程度
	总体满意度	评价主体的整体满意度、评价主体感知绩效与理想绩效相比的满意程度
	发展力	回复评论数、活跃天数、无动态天数
	宣传政府形象程度	接受投诉的数量、提出意见或建议后的满足程度
	信任支持度	对于政务微博和公众号提高的信心程度、对于政务微博和公众号的支持程度

第三节 媒体网络问政平台传播效果提升策略

一、政务微博、公众号等影响力提升的制约因素

政务微博、公众号等经过近几年的发展，为加强政府与民众的信息交流沟通提供了新的平台。政务微博、公众号等可以发挥其畅达性、现场性、高效性和亲和性的优点，在优化微博、公众号等在舆论生态、提升政府政务能力和水平、保障公众政治话语释放等方面发挥了重要作用。但同时也应清醒地看到，总体来说现有的媒体网络问政平台都或多或少存在活跃度不高、传播力度不够、引导力不够强、官民互动不畅等问题，政务微博、公众号等网络问政平台的影响力提升受到制约。这种制约既有来自外部环境的影响，同时也是缘于政务微博、公众号等自身的不足。总的来说，制约政务微博、公众号等影响力提升的因素主要有以下几点：

（一）自身定位不清

政务微博、公众号究竟应该定位为政府的宣传阵地还是公共社交工具，很多政务微博、公众号运营者自身在这个问题上并没有确切的认识。首先，政务微博、公众号与党政干部个人微博、微信界定模糊，有的政务微博甚至成了官员个人的传播工具。其次，政务微博、公众号与政府网站在职能上界定不明确，微博、公众号发布的信息被动地停留于政府信息的应时更新，成为政府网站的缩写版，缺少与民众的互动。

（二）缺乏规范的运营与维护

与很多专业的微博、公众号一样，政务微博、公众号同样需要专业的公关人员打理，影响力的提升同样需要强有力的专业团队的支持。另外由于运营机制的不健全，一些政务微博、公众号存在名存实亡的现象，长时间无人更新管理，不利于政务微博、公众号的推广和宣传，也就达不到提升影响力的作用。

(三)缺乏互动机制

政务微博、公众号的价值在于通过微博获得民众的反馈从而辅助行政管理、提高工作效率、创新政府社会管理方式,但现有政务微博、公众号普遍存在政民沟通交流不畅、缺乏互动机制的问题。另外,在发生突发事件时,政务微博、公众号要在第一时间站出来对网上流传的谣言或猜测进行正面回应,及时遏止谣言,针对民众关切及时响应,稳定民心。

(四)语言文风复杂

语言文风问题是政务微博公众号常见的问题，民众经常发现政务微博官话味道、文件味道十分浓郁,态度生硬,往往引起民众的反感;而有的政务微博、公众号则专业型太强,滥用专业术语,导致微博晦涩难懂,不贴近民众,服务功能无法实现,其影响力自然也就降低了。

二、政务微博、公众号等影响力提升途径

由上文可知，总体来说现有的媒体网络问政平台都或多或少存在活跃度不高、传播力度不够、引导力不够强、官民互动不畅等问题。如何改善目前现有的媒体网络问政平台影响力有限的困境，进一步科学合理引导政府构建政务微博、公众号,这里针对几种政务微博、公众号等影响力提升途径进行分析,以期能提供有价值的参考。

(一)明确自身形象定位

政务微博、公众号并不需要像综合性网站那样注重娱乐性和点击率,也不是政府网站单纯发布政务信息之用，它是为政府和网民提供一个双向沟通的渠道,注重的是权威性,依托的是政府的公信力,因而内容的选择一定要具有本部门的特色,围绕地区及部门的职能。同时,在发布微博、微信内容时要更加体现以人为本的理念,放下官员的姿态、淡化官方的色彩,以草根的态度与群众公开公平地交流，多采用一些比较人性化的网络语言，树立良好的亲民形象,拉近与群众之间的距离。

(二)提升活跃度,加强传播力度

在保证微博内容质量和接地气的基础上,适当增加微博发布的数量,丰富信息发布的内容,这样才能更好地贴近群众生活,增强微博发布的服务性。另外,可以通过组织线上和线下丰富多彩的主题活动,根据当前舆论热点定期发起话题讨论,提升人气和关注度,形成良性互动,提升微博、公众号本身的影响力。设立相应的专员负责机制,形成全天候发布信息和关注微博的常态,与大部分群众的作息时间相契合,关注网民所关注的信息。对非工作时间发生的突发事件,能够及时发布消息引导舆论,消除谣言的传播。

(三)加强官民互动与整体联动

利用微博平台,与受众进行互动和交流,通过及时充分的信息交流提高互动性,并以理性坦诚的态度对待受众,放低姿态,平等、友善地交流,重视服务功能,为公众提供更为便捷的服务,要对网民在政务微博中提出的疑问及时予以回答,要做群众的传声筒,收集群众的诉求传达给相关部门。只有帮助群众解决其切身问题,才会赢得群众的信任,从而提升政府公信力,充分发挥政务微博、公众号的作用。

政务微博、公众号还要联合本部门内部、本地其他部门、政府部门的其他传播渠道,发挥联动机制,实现重要信息联合对外发布,加强不同部门之间信息公开与共享,扩大政务微博、公众号的影响力。

三、国外经验借鉴和成功案例分析

2006 年创办的微博客网站 Twitter,用户可以利用手机、电脑等设备,接收、发布 140 个字符以下的短信息。随着 Twitter 微博客网站火爆,西方多国政要与政府开始通过它宣传自身。而这其中,有许多做法有值得我们借鉴的地方。

(一)政府推动自上而下实现政务微博的规范化发展

美国国务院于 2011 年公布了《政务公开计划》,其中明确指出将用 Twitter

发布新闻简讯、政府高官言论、国务卿旅行信息、回应公众提问、进行信息纠错。英国政府专门制定了“政府部门 Twitter 使用指南”,指导所有公务人员运用网络思维与技巧,以充分地发挥网络工具的作用,更好地加强各政府部门官员与民众之间的沟通。

1. 内容要求

该指南要求英国政府公务员发布的信息“虽然可以偶尔轻松一下,但总的来说不应偏离政府立场与目标”;可以发布各种来源可靠,内容可信的信息;留言时牢记维护自己的名誉;鼓励官员谈论民众对政府的意见并关注相关问题;不透露商业或政治上敏感的信息;除非与现实情况有关,不宜透露竞选信息与战争信息。该指南还特别指出,不许将 Twitter 完全用作发布竞选信息的工具。

2. 语言技巧要求

为使政务微博具有吸引力与亲民,英国政府在“指南”中建议公务员在网上使用非正式口语和“人性化”的语言,发出“普通人”的声音。

3. 发帖数量要求

对于发帖数量,英国政府在指南中要求官员每天至少写 2 个 Twitter、最多 10 个 Tweets。

4. 发帖技巧

政务微博的信息要避免被大量其他信息刷屏, 让它在一定时间段内保持具有置顶机会,对于这样的细节,指南同样给予了关注,建议公务员:每个工作日在 Twitter 上留言 2～10 句话,每个 Tweet 之间至少要有 30 分钟的间隔,以防被大量其他用户的帖子刷屏。

(二)政务微博作为信息沟通工具

美国政府对 Twitter 的广泛使用起源于总统大选,美国总统奥巴马在 2008 年的竞选中充分利用 Twitter 与选民沟通,宣传自己的执政理念,塑造了良好的个人形象,并且成功竞选成为美国总统。在奥巴马上任后更是推动了政务微博的发展,将政务微博作为政府形象的主要宣传工具。

1. 政务微博成为展示国家形象的重要渠道

美国政府将 Twitter 作为网络外交战略的组成部分,被称为极为重要的战略资产;美国国务院用 15 种语言更新 Twitter,以随时“与全世界人民对话”,

美、英、日等国驻华使馆及日本福岛县、岐阜县和北海道等政府机构均开通了中文微博。

2. 政务微博成为各国政要宣传施政纲领的重要平台

目前,多国政府的首脑和政要开通了微博,作为宣传自身施政纲领的重要平台,并彰显了各自的特色,如“人气王”奥巴马、“沟通王”梅德韦杰夫、“话题王”卡梅伦、“唠叨王”默克尔等。在总体上,各国政要的微博账户多采用实名制,有专业的团队负责运营和维护,如欧盟理事会主席范龙佩聘请200人的团队打理微博。微博用于发布信息、沟通互动、政治宣传、塑造形象、募款等,不仅与网民互动交流,而且与其他国家领导“互粉”沟通。

(三)微博发布应对公共突发事件

英国“政府部门Twitter使用指南”中指出,在危机应对中,Twitter应成为与民众沟通的基本渠道。美国政府在应对诸如“卡特里娜飓风”“墨西哥湾石油生态危机”等突发事件时,要求民众在Twitter上关注相关政府机构(比如“联邦紧急事务管理局”)。美国的高层政府及联邦政府通过Twitter发布紧急消息,如向民众通报暴风雪、龙卷风等恶劣天气以及反恐信息,同时,各级政府机关还会针对某些突发事件、灾情设立临时账号,作为政府预警系统的一部分。

(四)注重政务微博账户安全

政务微博在成为强大的政府工具后,其自身安全就成为其是否会长期拥有公众的因素。“政府部门Twitter使用指南”中对有效管理和使用Twitter、Twitter使用过程中的风险管理也有专门的要求。美国政府从2009年开始就发布条例,指导所有联邦部门如何安全使用社交媒介。奥巴马Twitter账户被盗之后,美国政府要求推特运营商采取措施确保安全,并每两年进行一次安全检查。美国国防部也制定了互联网应用的使用要求,列出了国防部各级机构及雇员在使用社交网络服务时的注意事项。国会管理基金会还发布了指导手册,手把手地教会政府机构工作人员如何把传统的市民大会(Townhall meetings)搬到网上。美国政府在政务微博上数据保存、备份管理、数据挖掘等方面也提出了明确要求。

第六章
地方政务微博的传播效果与优化策略个案研究

第一节　个案描述

一、研究背景和意义

(一)研究背景

网络问政促进政务公开,推动舆论监督,是促进民主政治的重要方式。党和国家领导人曾强调,想问题、做决策、办事情都需要广泛听取群众意见,通过互联网了解民情、汇聚民智。将通过网络问政的形式得到最广范围的实现,网络问政已成为中国民主政治发展的新途径。网络问政发展已经多年,问政平台、参与方式不断改进。随着新媒体的不断发展,网络问政的参与形式越来越多元。

网络问政平台的传播效果参差不齐。“网络问政平台”的存在形态有以下四种:一是附属功能模式,即在政府的网站上开辟一块区域,如市长邮箱或热线,属于传统的问政方式延伸到线上最简便的方法,其互动过程并未公开。二是留言板模式,许多媒体在其网站开辟相关栏目以供问政,如人民网留言板模式、奥一网网络问政平台。互动模式是传播主体,即网民留言提问或者建言献策,相关部门和领导按周期阶段性回复。三是专有平台模式,政府统一建立平台,这里的平台包括网站和微博,网络发言人和网民同台互动,发言人在发布政府相关信息的同时也回复网民提问, 互动方式最为丰富。四是官员触网模式,是部分党政领导人借助论坛、博客或在线访谈等与网民进行沟通交流的平台,如网上在线接访会、交办会等,其互动是即时性的。①

① 廖为建,杨涵. 网络问政平台的现实困境和发展路径[J]. 国际公关,2012(5):32-33.

新媒体为参政议政提供了许多便捷途径,网络问政参与形式涉及参与主体上网议政的程序成本、时间成本、反馈效率,关系着议政效率和议题重要程度,随着政务微博、政务微信的推出,议政和监督更是变得随时随地、方便快捷,但是媒体技术的改进、参与方式的进化是否促进了问政效果,答案并不明朗。了解当下火热的网络问政平台——地方政务微博的参与方式及效果对于进一步明晰平台的建设、使政策有针对性地贯彻落实,是推进网络民主的重要步骤。

(二)国内外研究现状分析

网络问政、微博议政为国内外热点,研究视角较多。国内外从媒体网络问政平台、网络论坛、网络新闻发言人、政务微博等不同角度展开研究,侧重于从问政平台建设、经验借鉴、政治事件、理论创新等方面来谈,研究视角涉及政府公关、政治协商、民主建设、公共领域、政治沟通、信息革命、民主进程等等,非常广泛。

国内多数学者的研究集中于概念、影响和对策等浅层次理论内容,研究的方法主要是逻辑推导式的纸面推演,在缺乏充分有效的实践成果和数据支撑下,大多数研究都是从理论到理论,实践性研究成果比较少。对新媒体网络平台的效果有零星的研究,大部分是从影响、案例介绍、理论意义、改进建设上提出建议。总体上来看,定性研究较多,定量研究较少。

(三)研究意义

1. 理论意义

(1)政务微博的效果分析有利于深化网络政治沟通理论

通过对地方政务微博的功能和实际作用进行梳理和调查,调查地方政务微博在推进网络民主、促进网络政治参与上起到的作用,分析网络政治沟通过程中出现的问题,验证政治沟通理论在现实中遇到的问题,思考其可行性,深化网络政治沟通的理论研究。

(2)微博问政的效果检验有利于丰富网络民主理论

通过描述我国网民微博问政情况,描绘出网络民主视野下的中国镜像,给予网络民主理论更多研究视角。网络问政是转型期中国与互联网新媒体发展相结合特有的政治生态,既是政治研究领域的处女地,也是信息传播研究视野下的重要景观,在中国特色社会主义道路的框架下,网络政治参与对于丰富网络民主理论,推进网络民主在社会主义国家的进步,具有重要的研究意义。

2. 实际应用意义

(1)推动政务微博的建设

通过对政务微博传播效果进行调查分析，准确把握政务微博平台建设的实际情况,对于平台中涉及的组织管理、人员媒体素养、信息发布时间、信息回复方式、官方语言特点、互动交流情况等有一个全面深刻的认识,总结归纳问政平台传播过程中存在的问题,对平台的使用情况、传播方式、传播效果进行分析,以进一步推进微博问政平台及其传播的建设。

(2)促进网络问政制度及传播方式的形成和改进

通过分析微博问政平台的传播方式、实际效果,进而对平台建设背后的制度形成产生一定的促进作用;此外,其效果的分析对网络问政的参与方式具有借鉴意义,有利于政府把握网民参与网络问政的媒介使用习惯、发问动机,方便政府更加精准地利用问政平台、发布政府信息、观察网络舆情、调节误解和矛盾、促进官民沟通。

(四)研究内容的理论基础

1. 政治沟通理论

美国学者卡尔·多伊奇在其 1963 年出版的《政府的神经:政治沟通与控制的模式》一书中把政治沟通看成是政治系统内部机制对信息的接受、选择、存储、分析和处理。他认为政治系统对环境的适应和控制是在沟通中实现的。地方政务微博本身就是地方政府政治沟通的一种方式,是政府职能部门与网民的一种沟通途径,同时网民反映的问题也会对政府部门产生影响,促使政府组织内部进行相应的改善和协调，由组织外部的沟通推动组织内部的沟通协调。[①]

2. 政府公关理论

现代政府公共关系成熟于美国新闻界揭露政界的“扒粪运动”,后来随着市场经济的兴起,近代公共关系迅速发展,逐渐被政府组织引入。当前政府公关理论主要集中在双向对称理论和企业角度的研究两个方面。“双向对称理

① 梁润冰. 网络时代下政治沟通机制的构建[J]. 当代经济(上),2010,(4):32-34.

论”是由美国学者卡特利和森特提出的,该理论认为政府公关主要体现在两个方面:第一,把组织的想法传播给公众;第二,把公众的想法反馈给组织,最终在组织与公众之间形成一种和谐关系。

3. 使用与满足理论

地方政务微博的优化策略离不开粉丝的使用与满足心理，了解粉丝的爱好和需求,关注网民的生活方式和阅读习惯,结合网民的兴趣和使用特点改进政务微博的内容和发布方式,提供网民感兴趣的话题,对于改进传播效果,优化传播方式无疑具有积极作用。

二、研究设计说明

(一)研究内容

1. 地方政务微博的发布主体分析

发布主体的经营管理制度、媒体和信息素养对政务微博的经营情况具有重要的影响。通过对地方政务微博的发布主体进行问卷和访谈,了解当前地方政务微博发布主体的内部情况,思考政务微博发展中面临的问题和解决方案,改进政务微博的传播效果。网络时代政治沟通的要素由沟通主体(即信息发送者和信息接收者)、沟通客体(政治信息)和沟通渠道(网络)构成。沟通要素自身的素质状况和运转情况,对网络沟通本身有重要影响。

2. 地方政务微博(中国广州发布)的内容分析

地方政务微博发布信息的内容特点,包括发布方式、语言风格、互动情况,对于传播效果有重要影响。笔者强化了对比研究,与 2012 年人民网舆情监测室公布的新闻发布类最有影响力微博——上海发布进行了比较，以此比较广州发布的优势和不足,提出改进策略。不仅进行了量化研究,而且进行了质性研究,把中国广州发布的样本分为不同的类型,找出发布内容中的信息规律。

3. 地方政务微博(中国广州发布)的粉丝研究

粉丝的体验和感受对地方政务微博的发展起着至关重要的作用。通过对中国广州发布的粉丝进行问卷调查和深度访谈，了解粉丝心目中中国广州发布的政务形象,判断粉丝对政务微博的评价指标,找出哪些因素影响粉丝的关注和对政务微博的信任，从而发现地方政务微博传播效果的影响因素。

4. 政务微博的建设和优化策略

地方政务微博的建设需要综合考虑多方面因素，从问政内容、政府沟通、官民互动情况综合考虑，平台建设并非越多越好，量的优势不能取代质的提升；当前地方政务微博的建设存在重复、形式主义、经营管理不善等多方面的问题，通过对微博的效果分析给网络问政平台的建设提供切实可靠的建议。

(二)研究方法及研究思路

1.文献研究法：了解关于地方政务微博、网络问政平台的发展现状，国内外研究情况。

2.内容分析法：分析政务微博的内容设置、传播互动情况，各个不同板块的留言率、回复率、评论率。

3.问卷调查法：根据分析内容确定调查目标，建立维度，设计问卷，调查发布主体的背景情况。

4.个案研究法：了解典型政务微博的传播效果，进行分析。

5.深度访谈法：采访官方代表和媒体方代表，谈谈关于问政平台建设和优化策略。

6.比较研究法：比较广州发布与上海发布的议题、内容和发布方式，量化政务微博的差距。

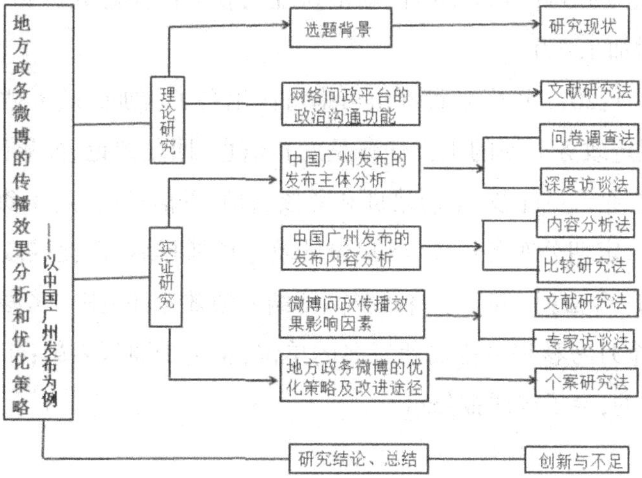

图 6-1 研究思路

第二节　政治沟通视角下的微博问政

一、我国微博问政的发展

（一）背景

政务微博的出现离不开网络问政的强劲风暴，自从2008年网络问政发展以来，受到普遍关注，2010年新华社刊发评论稿《网络问政在中国渐成新趋势》，标志着官方对网络问政的认可与支持。当前，基于微博内容简短、发布迅速、互动便捷的优势和我国网民数量与日俱增的背景，微博问政已经成为网络政治参与的重要途径，更是成为政府机构相关部门推进信息公开、发布信息、沟通群众的重要桥梁。

（二）政务微博发展现状

截至2012年底，新浪微博注册用户数超过5亿。2012年底到2013年年初，地方两会陆续召开，上海、山东、陕西三地政务微博分别写入当地的政府工作报告，截至2013年6月26日，新浪认证的政务微博总数达到79372个，较2012年底增加1.7万。[①]

机制创新：2011年广东省佛山市南海区出台了《加强政务微博建设的指导意见》，规定政务微博的工作任务是发布信息、回复评论、征集民意、解决问题；并提供专业人员配备、学习培训和考核激励，以信息内容、互动交流和粉丝量三项指标，定期公布各镇街、各单位的政务微博排名，以促进政务微博工作的开展。2013年2月，湛江市将政务微博纳入绩效考评范围。考核为月度通报制，连续3个月考核得分排名前三名的单位，将给予通报表彰；年度考核排名倒数后三位的，会予以通报公示。

---

① 人民网舆情监测室. 2013年第一季度新浪政务微博发展报告[R]. 2013.

二、网络环境中的政治沟通

网络时代政治沟通是指政府或者其他掌控了政治资源的政治主体，利用互联网的媒体特征，通过网络进行政治信息的获取、传递和处理的过程和行为。政治沟通的主体要素包括政治沟通的主体(政治权威与公众)、渠道(互联网)、内容(政治信息)。就外延方面来看,网络时代政治沟通只是政治沟通诸多沟通方式当中的一种,是以互联网为沟通渠道的特定政治沟通方式,政治沟通的范围要大于网络政治沟通，它不但包含以互联网为沟通渠道的网络政治沟通,还包括以报纸、电视和广播等渠道为代表的传统大众传媒沟通方式,还有以选举、信访和政治会议等形式展开的正式沟通方式。

网络时代政治沟通特点主要有：

1.相对独立自主性:网络的去中心化,在一定程度上使沟通双方独立自主性得到提高,保障了个体个性的展现。①

2.交互融合性:互联网的交互性使得沟通主体之间的交互性增加。

3.相对平等性:网络传播特性为沟通主体之间平等沟通打下了基础。

4.开放性:网络的开放性使得政治沟通的把关和过滤变得更加困难,因而更加开放。

5.便捷性:网络环境下,沟通变得更加便捷,借助网络,沟通双方可以直接发表观点,话语表达途径差异减小。

6.时空广阔性:网络的全局传播使得原本的时空差异产生变化,自然时间、国家边界的划分,更多被互联网所重新定义。

三、地方政务微博的政治沟通功能

(一)政治沟通

政治沟通是政治信息通过一定的通道进行交换和传递的过程。具有以下特性：

① 谢金林. 论网络空间的政治沟通[J]. 社会科学,2009.

1.政治沟通是双向的,在政府与社会之间展开,强调互动性。

2.层次性:包括中央与地方、政府与社会之间所建立的各种制度和非制度沟通制度,既是信息传递和收集专业化的要求,也成为“噪音”,影响沟通效果。

3.制度化:制度沟通是现代政治的主要方式。

4.主体的多元性:有政治精英也有平民百姓,包含政党、利益集团、社区组织等等各类主体。

5.持久性:将信息的收集和传递看作是一个连续而完整的过程。

6.多向性:政治沟通方向包括上行、下行、平行、斜向,① 由上往下、由下往上以及平级之间、互相交叉的沟通都是政治沟通的方向。

总体上来看,政治沟通是民主政治的要求,是民主化的要求,是塑造政府形象的手段,是进行危机管理的方式,更是科学决策的要求。政治沟通的畅通有助于政治决策的正确、切合实际,而决策的执行更是离不开政治沟通。

(二)地方政务微博的政治沟通功能

1. 公告栏——信息公开,便于政策落实

随着我国社会主义法治化建设的积极推进,公众的权利意识明显加强,自从2008年我国颁布并实行《政府信息公开条例》以来,各级政府都逐步推行落实,将部门信息上网,实行政务公开,政务微博作为即时、便捷的信息发布工具,文字内容简短,发布不受时间、地点限制,对于政府信息公开、政策贯彻落实、为公众答疑解惑提供了良好的平台,可以说,政府微博起到了新时期政府信息化办公中的公告栏的作用。

2. 沟通桥——形成良好的官民对话模式,建设公民社会

地方政务微博是政府部门在网络社会平衡两个舆论场的沟通桥,② 媒体舆论场在网络上的影响力与民间舆论场不相上下,但有时候民间舆论场的声音往往会盖过媒体舆论场。在我国,主流媒体代表的是政府的声音,而主流媒体舆论场遭到质疑和淹没,往往是由于政府相关部门反应不及时、回馈滞后造成的,长此以往,容易造成两个舆论场的对立和割裂,引发社会危机。

---

① 谢岳. 当代中国政治沟通[M]. 上海:上海人民出版社,2006.

② 中国电子商务研究中心. 政务微博给网络舆论带来的影响分[J]. 新闻爱好者. 2013(1).

3. 衣冠镜——社会监督,举报违法行为

所谓政府公共关系,就是政府为了更好地管理社会公共事务而运用传播手段与社会公众建立相互了解、相互适应的持久联系,以便在公众中塑造政府的良好形象,争取公众对政府工作理解和支持的活动。[①] 政务微博作为政府形象塑造的一条重要途径,除了塑造良好形象之外,还可以接受网民监督,鼓励网民通过私信平台举报违法违规行为,处理一线问题,正政府衣冠,塑亲民形象。

4. 瞭望哨——关注舆论,了解民情民意

政务微博的存在即是完善公众传播机制, 深入了解民意, 为决策提供依据;推进政务公开,拓宽民众参与渠道,具有决策咨询、信息交流、舆论引导、协调沟通、形象塑造、公共服务的职能。

第三节　中国广州发布微博内容分析

一、微博内容研究描述

(一)样本与抽样

研究选取广州发布新浪政务微博内容进行抽样分析, 自 2013 年 11 月 11 日开始抽样,实行等距抽样,每隔 8 天进行一次抽样,总共持续一年,抽样内容为当天全部微博,一直到 2012 年 11 月 5 日,共抽取样本 42 天,微博样本量 1056 条。

(二)类目建构

广州发布是广州市委宣传部的信息窗口, 通过熟练阅读中国广州发布的微博内容,发现中国广州发布的传播效果突出表现在公关形象塑造上,而且主要体现在政府形象、城市形象两个方面:

① 孔德元,张岩松,吕少平. 政府与公关[M]. 青岛:青岛出版社,1996:86.

表 6-1 中国广州发布微博内容类目表

一级类目	二级类目	三级类目
政府形象	政务决策形象	会议预告
		会议直播
		制度与政策指示
	政务执行形象	政府创新行为
		发动群众
		结果通报
	政民沟通形象	便民信息服务
		活动举办参与信息
		业余科普娱乐信息
		领导答疑
城市形象	地域文化	饮食文化
		历史文化
		语言文化及其他文化
	市民生活	城市规划蓝图
		城市发展

二、广州发布的内容特点

(一)发布数量

总体上来看,在抽取的中国广州发布 42 天样本中,一共有 1056 条微博,平均每天发布 25 条;而上海发布一共 1021 条微博,平均每天发布 24 条,在微博数量上,两者相差无几。中国广州发布总共被转发 193115 次,日均 4597 次,相当于每条被转发 183 次;而上海发布总共被转发 377433 次,日均 8987 条,在转发量上,上海发布遥遥领先中国广州发布。

(二)发布时间

中国广州发布每天的微博发布数量基本保持在 20 条以上, 平均每天 25 条,整体分布相对平衡。另外根据观察发现,中国广州发布的微博发布时间分配相对均衡,基本上每天从早上 7:30 开始发布广州早晨,由每天的天气预报开始,一直到"晚安广州"的睡前心灵鸡汤,连续发布15个小时。

(三)发布方式

文字+图片,中国广州发布的微博内容几乎全部配有图片,纯文字的微博内容少之又少,而其中也有很少一部分配有视频链接,总体上来看,多媒体使用的发布方式突出表现在文字+图片。

(四)内容类型与话题组织

经过对中国广州发布微博内容的观察和反复编码实验，笔者发现其内容可以概括为政务动态、便民提醒、互动交流、百科普及和广州形象等五个方面。

(五)语言风格

中国广州发布虽然是广州市政府的官方微博,但是作为网上发布平台,该微博的语言风格并无刻板之意,反而相对灵活,出现多处网络用语。

1. 称谓上

广州发布对粉丝的称谓基本固定在"街坊""亲""童鞋""市民""网友""粉丝"等,样本中出现146次"街坊"、96次"亲","童鞋"的出现频次为115,"您"出现了230次,"请"出现了163次。更多时候微博中并不明显出现称谓用语,只是单纯地发布信息或交代内容,因此,有限的称谓用语也可以表现出广州发布对粉丝的重视程度和亲切感。广州发布将自己塑造为一个市民们的街坊朋友的形象,有时候又成为网络发布者的形象,给人感觉,中国广州发布是广州人民生活中的一分子,一个消息灵通、尽职负责的好邻居。这些多样化的称谓侧面体现了中国广州发布的低调定位,平民化语气。

2. 网络用语

中国广州发布对网络语言的使用略有涉及，但并不频繁，主要用在称谓"童鞋"、淘宝体"亲"、"粑粑麻麻"等,总体上看来,内容相对比较中规中矩,在语言风格上还不够贴地;而上海发布的网络用语明显比广州发布多,这也是中国广州发布可以进一步改进的地方。

3. 广州方言

整个样本内容当中,粤语文化在中国广州发布中颇多反映。尤其在广州形象类微博中，有粤语的专门介绍，经常对一些常用的交流进行粤语介绍，传播粤语文化。此外在其他类微博中也经常出现，如“你点睇否”，这些地域特色的文化展示在中国广州发布当中非常明显。

4. 角色定位

中国广州发布的角色定位更像一个稳重、踏实、带点幽默感的男青年，认真对待每条信息，在粉丝们正常上班时间的微博，凡是跟政务动态有关的，几乎不开玩笑，保持工作状态的严肃认真；在粉丝下班的时间，跟粉丝发布一些休闲娱乐的信息，介绍一些广州吃喝玩乐的好地方，交流广州文化，畅谈天下轶闻。

5. 语气词

中国广州发布的语气词使用也是非常频繁的，例如“哦”出现 177 次，“啦”出现 108 次，“呢”出现 86 次，语气词的频繁使用，代表中国广州发布语言习惯的拟人化、情感化，给粉丝亲近的感觉，拉近政务微博和粉丝的距离。

6. 表情符号

中国广州发布对表情符号的使用也是比较频繁的，表情符号的使用多见于互动交流、广州形象、便民提醒中。表情符号的使用，对于丰富中国广州发布的微博内容有重要作用，使得政务微博的语言生动有趣，表情灵活多变。

（六）内容特征

1. 互动交流少

中国广州发布的互动交流类微博比较少，跟网友的交流并不频繁，问政于民的机会比较少，没有达到理想的“互动”状态，距离微博执政还有很长的路；另外微博发布之后的网友评论较多，但是中国广州发布却很少回复，这样比较容易打击网友的积极性，不利于政务微博的长期发展。

2. 信息即时性强

中国广州发布的微博信息内容即时性较强，每天的广州早晨公布当天的最新天气情况，对于广州市政府的最新政务信息，也会在第一时间公布，甚至提前通知一些会议召开时间，欢迎网友提问，如广州市政府新闻发布会等。

3. 政务含量强

中国广州发布的政务动态类微博内容比较多，对于市政府的日常情况、会议安排有比较详尽的报道。虽然语言风格严肃，但政务含量较强，符合中国广州发布作为政务微博的角色定位。尤其是市政府新闻发布会、对话市政府，都是纯粹的政务交流。

三、广州发布公关形象传播效果

从政府公关的角度来梳理政务微博，发现政务微博是以政府形象为主，城市形象为辅。

（一）中国广州发布中的政府形象

政府形象涉及政府决策形象、政务执行形象和政民沟通形象。政务微博内容中对网民的重视体现在邀请网民参与到各类政府会议当中，鼓励网民以各种方式参与政府决策，体现公民的政治权利，体现政府的民主意识。政务执行形象主要就政府日常工作中的状态进行报道，如发动群众参与或配合政府的工作执行，政府的创新行为或执行结果通报，都是常见的微博内容。中国广州发布的内容中尤其突出对政民沟通形象的塑造和经营，这也是微博信息窗口的重要意义。

1. 突出决策结果——中国广州发布中的政府决策形象

从时间上来说，政府决策的过程包括决策前、决策讨论中、决策结果三个部分，中国广州发布对于政府决策前的内容突出体现在会议预告，即广州市政府常务会议、聚焦十八大等政府日常会议的提前预告，欢迎网民关注和参与；决策讨论中主要表现在会议直播；决策结果都是相关的制度与政策指示的公布。

2. 重视群众配合——中国广州发布中的政府执行形象

中国广州发布的政务微博内容对政府执行的宣传总体上比较少，占政府形象类微博内容的9.81%，可见政府执行形象并未作为主要形象突出展示。在执行形象的范围中，正面描述政府创新行为、政府作为的内容只有16条；发动群众配合政府工作的微博内容有42条，占到政府执行类微博的50%，属于比例最多的一部分。可见政府日常执行职能的形象主要体现为发动群众配合工作。

3. 渊博亲切的服务型政府——中国广州发布中的政民沟通形象

中国广州发布的政务微博内容中突出展现的是政民沟通形象，旨在增进与网民的联系，突出沟通的微博总共有681条，占到55.43%。一方面。科普娱乐信息对于塑造知识渊博、人性化、生活化的政府形象有突出作用，利用非正式沟通的气氛塑造在网民心目中的形象。另一方面，便民信息服务内容对于塑造政府亲切友好的服务型政府形象又有重要作用。

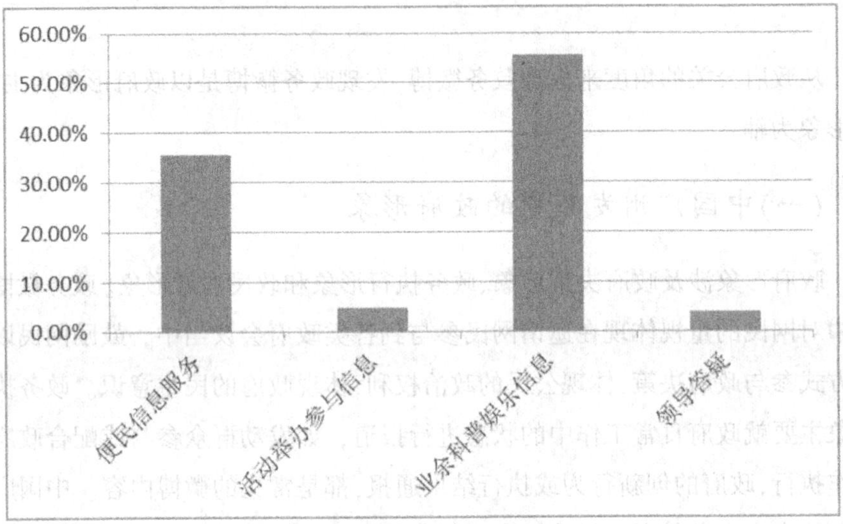

图 6-2　中国广州发布政民沟通形象内容分布示意图

(二)中国广州发布中的城市形象

根据对中国广州发布的内容分析发现，广州发布当中涉及地域文化形象和城市发展两类，地域文化形象主要突出地域文化特色，如历史、语言、饮食文化、风土人情等，对非广州市民有重要的宣传作用，是传播广州地域特色文化、展示城市的重要窗口。

1. 有文化的吃货——地域文化形象

广州发布地域文化形象包含内容基本固定在饮食文化、历史文化和语言文化三个部分。广州又称羊城、花城，简称“粤”。地域形象类政务微博主要集中在推广宣传广州的饮食文化、历史文化、语言文化、建筑文化、旅游文化等等，“广州小吃”“食在广州”主要介绍广州饮食文化，将广州的经典小吃做法和特色进行推广，这也是广州发布在把握网民“吃货文化”基础上采用的一种传播途径，饮食文化是地域文化最为经典的代表。

其他类文化也占有不少比例，形成了固定的话题。“粤语文化”介绍的是广东的语言,推介语言,这也是地域特色;历史文化如“羊城建筑”介绍具有岭南特色的老建筑,“羊城古今”“当年今日”“羊城讲古”“南粤先贤”“发现广州”“羊城风物”等介绍广州的风土人情,这些其他类的文化在丰富广府文化、展示地域特色上也有很大的作用。

2. 欣欣向荣、幸福广州——市民生活印象

中国广州发布内容中,市民生活印象在城市形象中的比例也占了半壁江山,这里重点突出广州的城市规划和发展现状,规划蓝图给市民生活的期望,发展现状让市民看到当前城市的发展步伐,正在建设的重点工程和获得的城市荣誉。通过分析微博内容,发现中国广州发布对于城市发展的规划和获得荣誉的宣传推广非常频繁,整体上给市民一种“在广州生活很幸福、有奔头”的愉悦感,对广州市民未来的城市环境和发展有一定的指向性,而且城市发展步伐及时跟市民沟通,给市民一种欣欣向荣、充满希望的城市归属感。

第四节　广州发布参与者分析

一、参与者分析描述

(一)研究描述

通过问卷和访谈,了解粉丝对政务微博的使用体验,从粉丝的角度观察政务微博,分析政务微博需要改进的地方,了解政务微博的公共印象,粉丝在哪些时间段或场所阅读政务微博多一点;媒体倾向和话题是否会影响粉丝对政务微博的印象,即旨在了解:

1.中国广州发布粉丝阅读和使用微博的习惯。

2.中国广州发布粉丝对该微博的公众印象调查。

3.影响中国广州发布粉丝关注政务微博的因素调查。

对应研究目的,问卷的设计考虑了相关指标,包括以下部分内容:

1.粉丝个人统计学信息:年龄、性别、常住地、教育程度。

2.粉丝的政务微博使用情况调查:使用时间、场合、动机、频率。

3.中国广州发布公信力调查:引导力、执行力、活跃度、亲和力。

4.影响粉丝关注政务微博的因素调查:信息内容、议题是否感兴趣、态度倾向性、媒体报道、线下活动。

采取随机抽样的方式，注册新浪微博账号，私信中国广州发布的部分粉丝,建立联系;除了发私信之外,还与中国广州发布微博下面的评论积极、回复积极的粉丝联系,加关注,说明调查缘由,邀请对方接受调查,整个实证研究都是利用虚拟社会弱关系的力量进行调研,实际发放问卷 270 份,回收 242 份,剔除无效问卷,最终回收有效网络问卷 219 份,问卷有效率达到 90.5%。

另外，在问卷发放和回收过程中，抽取 3 位关注中国广州发布的热心粉丝,对其进行深度访谈,以了解粉丝在阅读政务微博过程中的体验和对中国广州发布的印象。

(二)研究数据分析

1. 政务微博使用情况调查

(1)关注政务微博的原因动机

64.38%受访者关注政务微博的目的是为了获取生活便利信息，此外其他各个选项分布比例比较均衡,有工作需要,也有纯属感兴趣的因素。政务微博的便民信息是吸引网友的一大因素,实用性应该在政务微博中得到重视,趣味性也要兼顾。

(2)阅读习惯

受访者对阅读中国广州发布的使用习惯差异化很严重，基本每个选项都有为数不少的受访者选择。39.73%受访者表示,一般是刷微博的时候顺便看一下中国广州发布,并非特意持续关注;真正持续关注的受访者只有 44 位;此外其他受访者阅读中国广州发布的时间比较分散。这体现了粉丝的黏性不够,对中国广州发布的忠诚度有待提高,中国广州发布的特色并不十分明显,未引起粉丝的集中关注。

(3)阅读时间

受访者阅读中国广州发布的时间分散在零碎的业余时间,利用上班(课)时间阅读政务微博的粉丝仅占到 13.7%的比重,利用周末、假期和下班(课)后的休息时间阅读政务微博的受访者比例超过 64%，这也给政务微博的发布使用提供了时间上的参考。微博短小精悍的特点决定了其在零碎时间的阅读习惯,中国广州发布主体应该重点经营假期和休息时间的政务微博,迎合广大粉丝的阅读时间偏好,才能将政务微博的效率发挥到最大化。

(4)阅读频率

根据问卷统计发现，中国广州发布粉丝每天阅读微博 3 次以下的有 99 人,占到 45.21%的比例,每天阅读频率超过 8 次以上的只有 8.21%,说明极少数人有这样的习惯。可见,对于绝大多数粉丝而言,政务微博的阅读频率都是跟自己的阅读习惯相关的,利用休息时间、周末假期来阅读微博的粉丝占据大多数,粉丝的阅读频率跟阅读习惯、阅读时间紧密相关。

2. 粉丝体验调查

(1)内容是否丰富

根据问卷统计发现,粉丝对中国广州发布的内容丰富度认同较高,68.79%的粉丝认为中国广州发布的内容“还可以”,24.66%的粉丝认为中国广州发布的内容比较一般,认为非常丰富、很差的比例都只占到 1.83%。可以看出,总体上粉丝对中国广州发布的微博内容丰富性还是非常认同的,处于中等偏上的水平。

(2)形式是否多样

粉丝对于中国广州发布的发布形式基本呈认同态度,55.71%的粉丝认为发布形式还可以,也有 32.88%的受访者认为一般。

(3)回复是否积极

政务微博对粉丝评论的积极回复,有利于增强粉丝的忠诚度,提高粉丝对微博的黏性,改善粉丝对微博的印象。受访粉丝对中国广州发布的回复印象大多集中在“一般,偶尔回复”,中国广州发布在回复网友评论方面的意识确实有待提高。

(4)粉丝参与情况

①受访粉丝转发中国广州发布内容的并不多。②政务微博的粉丝对微博的评论有着积极意义,体现了粉丝作为独立公民的一种思考,对微博的阅读、粉丝评论参与越多,政务微博的影响力越高,越能够促进微博的改进,能够反映民情民意,促进政治沟通的进度。当前中国广州发布受访粉丝评论微博的积极性一般。

(5)实用性

政务微博对粉丝的帮助有利于增强粉丝的黏性,提高对微博的关注热度。中国广州发布的实用性,要从政务微博对粉丝工作和生活的帮助、对满足广州日常新闻需求两个方面来考量。

(6)观点支持度

政务微博代表政府立场,在虚拟的网络社会,很多情况下出现网络争议的时候,网民并不会根据立场判断观点的对错,因此政务微博的观点被网友认可度越高,政务微博的公信力越强。此次调研发现,中国广州发布的公信力处于中等以上。

(7)语言风格

政务微博的语言风格能够体现微博内容的表达语气，有利于提高微博在粉丝心中的亲和力,拉近发布主体和粉丝之间的心理距离。粉丝对政务微博语言风格的认同有利于政务微博的进一步发展。在受访粉丝中,有54.34%的受访者表示"比较喜欢",体现了中国广州发布语言风格的亲和力。

(8)反应速度

政务微博的执行力突出体现在反应速度上,尤其是对突发事件的反应上。根据受访粉丝的调查统计发现,61.64%的粉丝对中国广州发布的反应速度比较满意,可见,中国广州发布的执行力和反应速度受到了粉丝的基本肯定。

3. 政务微博传播效果影响因素

(1)线下活动

问卷统计发现,线下活动的参与有利于促进受访粉丝对政务微博的关注,54.34%的粉丝表示,如果参加过政府部门的线下征集意见活动,就会在网络上特别关注该政府部门的微博。

(2)媒体报道

媒体报道上的曝光并不会对政府微博产生特别明显的影响,53.42%的受访粉丝认为,即使媒体宣传提到某政府微博,自己也不会关注该政府微博。尽管是虚拟社会,大部分网民仍不完全听信媒体宣传报道,对政府微博的关注和评价并不完全受制于媒体倾向。

(3)议题重要性

议题的重要程度对粉丝关注政务微博有一定影响。当出现重大自然灾害、公共卫生、社会安全事故时,52.97%的粉丝会特别关注政务微博的消息。

(4)粉丝量

政务微博的粉丝量对粉丝的关注也有影响,但影响较小。政务微博应该是内容为王,粉丝量的多少对政务微博的影响力是次重要的评价指标,粉丝量对粉丝的扩大有轻微影响,但并不明显。

(5)信息实用性

政务微博的实用性强更能够吸引粉丝的关注。68.49%的粉丝认为,政务微博的内容定位应该以"实用多一点",政务微博的内容定位应当是实用第一,兼顾趣味性,在满足实用性要求的同时,适当兼顾娱乐性。

二、政务微博的粉丝关注因素及启示

(一)粉丝对政务微博现状总体上持肯定态度

从内容上来看,多数粉丝认为中国广州发布的内容"还可以",可见以政府形象为主、城市形象为辅的内容倾向基本得到了网民的认可和支持。从形式上来看,粉丝对于中国广州发布的发布形式基本呈认同态度,多数粉丝认为发布形式还可以,生动有趣、图文并茂的发布形式能够得到网民的欢心。从语言风格来看,多数受访者表示"比较喜欢"中国广州发布的语言风格,网民是认可广州发布的语言风格特点的。从对网民的回复来看,中国广州发布的拥护度较低,中国广州发布的政民沟通大多涉及业余科普娱乐信息的非正式沟通和便民信息的单向传播,互动的答疑和回复概率极小。从实用性来看,多数人认为该微博对自己的工作和生活帮助一般,中国广州发布的信息实用性针对性不强,政治决策、政务执行等政府形象的重要组成部分在微博内容中体现较少,而每天的业余科普娱乐信息量极大,加之发布时间与网民的阅读时间不能完全一致,有效信息被淹没在刷屏的过程当中,直接导致粉丝对中国广州发布的信息实用性印象浅淡。从对满足广州日常新闻的需求来看,多数粉丝认可中国广州发布的新闻功能,中国广州发布对城市的新闻信息发布推广具有一定作用。从观点支持度侧面来看,中国广州发布的公信力处于中等以上。从反应速度来看,粉丝对中国广州发布的反应速度比较满意，总体上，粉丝比较认可政务微博在突发应急事件中的表现，因为中国广州发布会定期通报结果，在政务微博内容中形成了固定话题。

(二)影响粉丝对政务微博关注的激励因素

1. 网民阅读习惯

网民阅读微博的习惯影响关注效率。通过访谈中对粉丝的阅读习惯进行了解发现,受访者一般是刷微博的时候顺便看一下中国广州发布,其他的粉丝可能特意持续关注,发生重大新闻事件的时候关注,网民的习惯依附性对微博的发布效率有重要影响。

2. 网民的阅读时间影响政务微博的传播效果

利用周末、假期和下班(课)后的休息时间阅读政务微博的受访者比例较多,而政务微博的重要讯息发布并不会考虑网民的阅读时间采取重复发布,这导致很多政务微博内容无效传播。

3. 网民对政务微博的关注原因同样影响传播效果

关于关注政务微博的动机,多数受访者目的是为了获取生活便利信息,而因工作需要、纯属感兴趣的因素关注政务微博的比较少,因此政务微博的传播效果受制于网民的关注动机,应该主要满足网民的生活便利需求,提供更多的制度与政策指示、便民信息服务。

4. 适度的线下活动会吸引粉丝对政务微博的关注

根据访谈对象的描述,活动要好玩、有趣、有新意,喜欢尝试新鲜的东西,这样才会上网关注活动发起者,才会特别关注该微博。

5. 媒体报道上的曝光不会对政府微博产生特别明显的影响

很多受访粉丝认为,即使媒体宣传提到某政府微博,自己也不会关注该政府微博,作为互联网时代长大的网民,对信息的选择权较强,不容易受到传统宣传媒体的影响。

6. 重要议题会刺激网民关注政务微博

如当出现重大自热灾害、公共卫生、社会安全事故时,多数粉丝会特别关注政务微博的消息,实用性较强的微博信息更容易吸引粉丝,扩大影响,刺激传播效果。

(三)中国广州发布粉丝研究启示

1. 微博发布侧重点与粉丝阅读习惯契合

中国广州发布粉丝的阅读动机主要集中在获取生活便利信息、工作需要,也有部分粉丝是纯属感兴趣,这反映了中国广州发布内容的丰富性和多样性,能够满足不同粉丝群体的需求。微博粉丝的阅读时间比较零碎,大多数人在周末、假期阅读微博,下班后的休息时间看政务微博的粉丝人数较多。因此对于重点内容要分批次重复发布,和粉丝的阅读习惯相符合,考虑网民的阅读习惯,而不是单纯从发布主体的工作时间考虑,这样才是真正的以人为本。

2. 从粉丝的角度出发,加强与粉丝的沟通、交流

提高粉丝的参与热情对于加强政务微博的亲和力、影响力都有帮助。当前中国广州发布的粉丝参与热情并不积极,粉丝对中国广州发布微博内容的认可度处于中等偏上,形式上也基本得到满意,但很少转发、评论。根据访谈结果发现,粉丝转发、评论的微博内容都是和自己的生活切实相关的,希望微博与大众生活有足够的接近性,否则在浩瀚的信息海洋中,政务微博的内容很容易被淹没掉,这要求政务微博要多从粉丝的角度出发,加强与粉丝的沟通、交流,倾听粉丝的心声,了解粉丝的真实想法。

结果显示,政府部门的线下活动如果受到公众的欢迎,具有较大的影响力,可以与线上活动配合,增强线上微博品牌的影响力。政务微博不是独立的个体,其在网络上的影响力与现实中部门的属性密切相关。构建政务微博品牌,要在线上、线下双管齐下,从粉丝的角度出发,线上活动线下辅助推广,线下活动线上配合完成,在两条线上与网友进行直接的沟通、交流,多一些回复和评论,少一些敷衍和视若无睹,让粉丝有被重视的感觉。

3. 政务微博实用性为主,兼顾趣味性

调查显示,粉丝对政务微博的关注和扩散,主要动力在于政务微博的实用性。实用性体现在对粉丝日常生活习惯提醒、交通讯息辅助、政务信息通知等一系列细节上。因此,要加大对政务微博实用性的建设,从政务部门自身的职能定位出发,衍生一系列和本部门相关的职能信息和科普常识,立足本职工作,高于本职工作,切实给粉丝提供有用、有益、可行的帮助。

4. 政府微博要有品牌意识、竞争意识

微博被称为自媒体，政务微博是政府职能部门在虚拟网络社会中的媒体平台，代表的是政府的官方立场、官方观点。在网络媒体中对于信息的解读和发布有不同的意见，不同的版本，如何在虚拟社会中塑造公信力，成为网民耳熟能详的知名品牌，吸引网民的注意力资源，是政府微博需要长远计划的。因此，政府微博要有品牌意识，形成与自己职能岗位相匹配的发布特色，以品牌塑造为核心，从品牌定位、标志设计、发布内容、发布形式、语言风格、意见反馈一一完善，形成完整的品牌制造链条，每一个环节都要细致入微，形成独特的风格，在网络媒体和网民面对突发事件一头雾水的时候，能够第一时间发出自己的声音，给网民和网络媒体以回馈，做成有观点、有特色的政府职能部门新闻发言品牌。

第五节　政务微博发布主体分析

一、发布主体对传播效果的影响

(一)访谈对象

在政务微博的传播过程当中，发布主体即地方政务微博管理人员的素质对传播效果的影响是明显的，发布主体工作人员的年龄、学历背景、编制、所属部门、工作制度、岗前培训、媒体信息素养等情况无疑对政务微博的发展具有重要影响。

笔者联系了广州、郑州、洛阳、宁夏、长沙、湛江等地市政府及职能部门政务微博的工作人员，通过电话、QQ、邮件等多种方式与访谈对象取得联系，获得第一手资料。共计 9 名工作人员参与了问卷调查与访谈，通过了解当前地方政务微博运营主体的实际情况和组织情况，以期对当前政务微博的发布主体有一个基本清晰的认识和分析，以及这些现实因素可能对实际传播效果产生怎样的影响。

(二)政务微博发布主体存在的问题

从访谈中我们可以发现，地方政务微博的传播效果离不开发布主体的潜心经营,发布主体的培训制度、管理制度、领导意识、行政体制、内部沟通协调制度都会对政务微博的传播效果产生影响。

1. 对微博经营管理的人才选拔没有统一的标准

微博运营的工作人员专业背景差异比较大，还有部分工作人员为临时聘用,未纳入公务事业编制,一部分工作人员甚至将近40岁,采用传统的宣传思维模式来做政务微博,不利于政务微博的长期发展,访谈中部分工作人员言谈中透露出“发微博”没有什么技术含量,不需要“专业人才”。

2. 工作人员的学习背景和培训情况影响后期的微博工作展开

没有相关培训、培训交流未形成固定制度,不利于微博经营人才的长期发展。微博工作看起来容易,要做好很难,但是当前地方职能部门对微博的重视力度不够,缺乏完整的培训体系,部分工作人员表示不会有入职之后的培训,甚至认为“培训没必要”。

3. 组织管理制度不完善

当前地方政务微博工作部门对政务微博的工作重视力度参差不齐，多名工作人员微博发布缺乏规划意识、没有读者意识,没有明显的议题设置,工作比较被动,沿袭传统的宣传思维;重点内容主要是政策宣传、会议讯息等等,话语体系难以跟网民的话语体系融合,依然是“网民话语体系”和“领导话语体系”,难以吸引网民的关注和兴趣。

4. 考核机制并不完善

当前经营政务微博的地方政府和职能部门不少，但是真正建立考核机制的比较少,建立考核机制的只有对数量的要求,缺乏对质量的管控,在新媒体发展的路上,考核机制的建立处于比较尴尬的境地。部分地方没有考核,但是采取政府支持和鼓励的制度引导,对优秀政务微博进行评比和奖励,而惩罚力度不明确,这也导致积极性不强,很多工作人员发微博小心翼翼。

5. 组织内部的沟通协调制度不完善

地方政务微博发布主体都与媒体建立了相关联系,但与对口部门、与网民的对接沟通比较少。这直接影响了政务微博务实的作用,影响了网民对政务微博实际解决问题能力的信心。

二、政务微博的日常运营情况

(一)组织管理模式——传统的垂直式管理

地方政务微博纳入宣传部门管理,具体来看,每个行政级别部门开通政务微博都要向上级领导单位备案,即市级的政务微博(不包括职能部门)开通,市一级的微博要报给省委宣传部备案;市里面,区一级、市级职能部门开通政务微博要报给市委宣传部备案;以此类推,区以下街道、民政局等开通微博要报给区委宣传部备案。

(二)地方政务微博内容的生产

1. 内容侧重

(1)政策传播:重大政治、经济政策、会议精神的发布。

发布一些重大新闻事件:例如区内搞的比较有影响力、涉及面广的活动,会向外发布信息,告知公众。并对公众的一些疑难进行解答。

(2)节日祝福:为了能够真正"接地气",突出强调政府的亲民形象,不写官样文章。尽可能用一些比较平实的话语,跟公众打个招呼,发表问候。

(3)对重大突发事件的应急处理:譬如对车祸、地震等事件会第一时间发布相关信息,起到安定民心、维稳的作用。

(4)辟谣:网络上总是制造不少假新闻,传出很多谣言,地方政务微博会根据需要针对具体的谣言涉及的事件进行统一的回复。

2. 内容来源

区里面的政务微博内容大部分原创, 如果涉及一些知识基础性内容需要核实,如节庆、风俗常识,必须核实后发布;图片一般都会标明出处,但大部分是原创图片,人民日报、党报党刊的会直接用。

3. 话题制造

怎样做成一个有声音又有观点的政务微博?从现实操作来说,几乎没有官方微博可以做到。行政体制不允许, 微博的发展最大程度需要政府高层的支持。物质条件不足,没有自己的技术,都是靠科技与信息化部门提供技术支撑或者对外购买服务,所以也面临很多困难。

4. 敏感话题的引导

对于敏感话题的引导,把握三个字:时、度、效。

(1)时间:第一时间发声,抢占舆论制高点。因为公众首先听到的东西,会成为自己潜意识的东西,政府首先做好挨骂的准备,挨骂就没那么痛苦。

(2)适度:回应的时候对信息有选择性。不一定全部发布敏感信息,要从有利于问题解决的角度,控制问题的发展演变态势。

(3)效度:有效的传播才能达到引导受众的目的。敏感话题的报道要反映大家的心声,针对群众真正关心、有争议的话题,给予全面的解释,诚恳的解释,在社会上营造风清气正的浓厚氛围,才真正具有舆论引导的作用。

(三)微博运营

1. 发布流程

第一种流程:一审修改语言不当、是否能发等问题;然后发给网络宣传科的负责人进行二审,二审通过了发给宣传部的分管领导进行三审,宣传部三审通过就可以发布了。虽然需要三审,对时效性还是有一定要求的,要求前一天的活动,第二天就要发出去,时效性太差,就会发不出去。

第二种流程:微博运营团队的成员自己采写微博,到活动现场采写(因为众多单位参加,不知道谁去牵头,就由微博运营团队去采写),发给网络宣传科负责人一审,再发给分管领导二审即可发布,效率较高。

2. 人员配置

当前该区政务微博的运营团队有 6 个人, 但是负责对外发布的只有 1 个人,其他 5 个人负责采写、编辑微博内容。政务微博运营团队人员都是政治学、摄影、中文、法学等专业。所有工作人员上岗前都会有培训,但时间不长。访谈发现,区委的宣传工作人员培训时间就是一到两天。日常经营上,地方政务微博实行的是轮班模式。

3. 粉丝互动

如何与粉丝互动呢?从政府的角度来看,发布的内容必须有料,吸引眼球,发布经济数据肯定不能吸引网民,但如果发布具体的民生信息如发布补贴,站在网民的角度去思考,发布真正实用的信息,跟百姓贴近的就会被关注。

(四)网友参与和管理机制

1. 网友的参与

打造微博3.0面临很多困难,不仅仅是基层政务微博,即使是中国广州发布也很难做到,主要是网友参与度不高。政务微博的活动得不到网民正面的积极回应,这也跟网民的现有素质有关。网民不理性,总是对抢眼球的事情有更高的关注度,反而像常规的花市、文化创建等活动没有过多的热情。也就是说,网民条件对打造政务微博3.0时代还有很大差距。他们的参政议政意识不足,参政议政的理性不够。

2. 政务微博的内部管理机制

政务微博的内部管理机制正在建立。全国宣传思想工作会议要求强化网络宣传工作,把网络宣传工作提到重要位置,并且各个省市的各个下属单位都开了相应的宣传思想工作会议,可以预测未来5年到10年,报纸等媒体的宣传范围越来越小,党和政府的主要宣传媒体应该是网络。在这样的压力下,要求网络宣传规范化、法制化、标准化,即要继续出台一些政策措施来规范网络宣传。

3. 授权权限

发布微博的工作人员没有任何权限,几乎所有发布的微博内容全部需要审查,节日问候和常识性风土人情不需要领导授权,以及被媒体报道过的内容不需要被授权,其他都需要走发布程序。

一旦发生网友反映有紧急事件,政务微博可以进行首次回复:基本模式都是"感谢粉丝的关注,我们将立即核查事件的真实性",核查发现网友反应的事情如果是真实的,就进入突发事件应急预案,如果发现子虚乌有,也会通过官方微博进行澄清。如果进入突发事件应急机制,过程就比较复杂。突发事件应急机制非常庞大,涉及20多个部门,然而对于突发事件的应对,微博跟其他媒体是同样的发布程序,不可以独立发布,宣传部会将相应的回应内容在同一时间转给记者,电视、网络、纸媒、微博,所有的信息窗口会在同时收到回应信息,但是由于微博自媒体本身的优势,可以最早面众。

第六节 研究结论与研究启示

一、广州发布传播效果及影响因素

(一)中国广州发布传播效果

1. 政府形象突出

中国广州发布中政府形象涉及政府决策形象、政务执行形象和政民沟通形象。政务决策形象突出决策结果,微博鼓励网民以各种方式参与政府决策、体现公民的政治权利和政府的民主意识,但重点突出决策结果,注重对制度与政策的最新指示或宣传,及时公布最新的制度或法律条文、相关改变等微博内容比重最大;政务执行形象方面突出重视群众配合,微博对政府日常工作状态进行报道,并发动群众参与或配合政府的工作执行;政民沟通形象展示了一个渊博亲切的服务型政府,内容主要包括便民信息服务、活动举办参与信息、业余科普娱乐信息以及领导答疑等方面,突出体现了政府部门的服务理念和执政态度。

2. 城市形象鲜明

中国广州发布对于城市形象的塑造主要涉及地域文化形象和城市发展两类,地域文化形象主要突出地域文化特色,如历史、语言、饮食文化、风土人情等,重点介绍广州的饮食文化、历史文化和语言文化,尤其是饮食文化,凸显了地域文化,对非广州市民有重要的宣传作用;而对于现代广州的描述,突出广州的城市规划和发展现状,规划蓝图给市民生活的期望,发展现状让市民看到当前城市的发展步伐,正在建设的重点工程和获得的城市荣誉,给人一种欣欣向荣、幸福满满的城市归属感。

3. 粉丝的使用与满足情况

中国广州发布对粉丝工作和生活的帮助一般,但是基本上可以满足广州日常新闻需求。中国广州发布作为广州市形象和广州市民的百事通“街坊”是非常合格的,对于广州市的日常信息发布、紧急情况提醒等做得比较到位,新闻媒体属性尽显无疑。网民支持度较高;公信力处于中等以上;语言上具有亲和力,语言风格受到粉丝的肯定;政务微博反应速度比较快。

(二)政务微博传播效果影响因素

1. 网民

阅读习惯影响政务微博的传播效率。阅读政务微博的时间分散在零碎的业余时间,发布主体应该重点经营假期和休息时间的政务微博,迎合广大粉丝的阅读时间偏好,将政务微博的效率发挥到最大化。而政务微博的重要讯息发布并不会考虑网民的阅读时间采取重复发布，这导致很多政务微博内容无效传播。同样一则信息,访谈对象一知道,但访谈对象二不知道,因为两者的关注时间不一致。

粉丝上网习惯影响网络互动。粉丝的评论、转发都是一种态度,但是大多数粉丝偶尔转发政务微博内容,甚至很多粉丝从来不会转发微博内容,大部分网民都是偶尔评论,积极性较低。并不参与评论或转发,这些微博使用习惯对推广政务微博存在一定的困难。

网民的关注动机影响传播效果。便民信息是吸引网民关注政务微博的重要原因。通过调查网民关注政务微博的动机,发现政务微博的便民信息是吸引网友的一大因素,所以要重点内容放在便民信息服务上,实用性应该在政务微博中得到重视,趣味性兼顾。

2. 内容质量

内容丰富度影响传播效果。微博内容的实用性影响传播效果,不是仅仅满足做一个接受信息的粉丝。在满足实用性要求的同时,适当兼顾娱乐性。如围绕“政府形象为主、城市形象为辅”的内容布局,设置多种议题,内容丰富,基本得到了网民的认可和支持。

形式多样影响传播效果。形式上要图文并茂,视频适当。微博主要是文字配图片的形式,而且基本上每条微博都配上了图片,偶尔还有视频链接,这种生动有趣、图文并茂的发布形式能够得到网民的欢心。

语言风格影响传播效果,如语言是否亲切、活泼,平易近人,是一个街坊的感觉,而不是高高在上的官方平台。

3. 发布主体

发布主体对网民的回复频率影响传播效果；对突发事件的反应速度影响传播效果；工作人员媒体与信息素养影响传播效果。微博运营的工作人员专业背景差异比较大，不利于政务微博的长期发展。政务微博的日常工作人员本身的媒体与信息素养对微博的内容倾向、网民的心理都有一定的影响，一定要选择了解新媒体、懂得新媒体的工作人员，才能够玩转政务微博，取得良好的传播效果。

发布主体组织管理情况影响传播效果。发布主体是否建立了管理制度、内部沟通协调制度都会对政务微博的传播效果产生影响。没有相关培训、培训交流未形成固定制度，不利于微博经营人才的长期发展。组织管理不完善，领导重视力度参差不齐，微博发布缺乏规划意识、没有读者意识，没有明显的议题设置，工作比较被动，沿袭传统的宣传思维；网络互动相对少，影响传播效果。

发布主体的考核机制影响传播效果。当前建立考核机制的建立很少，地方发布主体只有对数量的要求，缺乏对质量的管控，在新媒体发展的路上，考核机制的建立处于比较尴尬的境地。优秀政务微博激励制度少，惩罚制度不明确。

发布主体内部的沟通协调制度不完善。地方政务微博发布主体都与媒体建立了相关联系，但与对口部门、与网民的对接沟通比较少。这直接影响了政务微博务实的作用，影响了网民对政务微博实际解决问题能力的信心。

二、政务微博的优化策略

（一）发布主体改进组织管理制度

1. 管理制度

建立一个高效的微博运行管理机制，对提高微博舆情的处理能力，激发微博工作人员的工作积极性和责任感，有着十分重要的意义。地方政务微博发布主体要建立完善的制度，保证微博平台管理的科学性、专业性、长期连贯性、服务性。

完善微博发布审批制度，简化微博发布流程。当前政务微博的审批都是沿袭宣传部门相关管理规定，而这些规定都是针对传统媒体的特点制定的，如今微博作为速度快、时效性极强的自媒体，如果还是按照之前的审批流程，需要三个以上的审核流程,将会大大降低微博发布的时效性,地方政府及职能部门要转变思维,顺势而为,适应当下新媒体的特点,简化审批流程,赋予政务微博工作人员更多权限,提高效率和灵活应变的能力。

建立微博督办制度。如郑州市城市管理局建立的《ABC岗位分工制度》,明确微博运行管理人员的岗位职责,理顺工作关系和内容,每天定时召开例会,早会讨论半个小时相关情况,每周召开两次午会,向领导汇报微博进展情况,总结一周工作,整理相关汇报材料,向领导送审,基本上是先发布解决、后汇报的情况,这样赋予微博管理人员更多的处理权限;针对微博及时互动的特点,保证网友反映的问题能得到回复处理解决,建立《微博值班制度》,做好交接工作,令每一个网友反映的问题都能够被处理、被解决,不遗漏、不疏忽,分工明确,值班责任到人,创新工作模式,在政务微博上开展工作人员实名制处理问题,提高微博的亲和力,同时增强工作人员的责任感;贯彻执行"事事有回应、件件必落实"的基本原则,建立互相监督工作落实情况的《微博内部监督制度》,要求监督从自律做起,他律配合,在管理组织内部形成互相学习又互相竞争的氛围。

建立新媒体人才选拔和培养制度。没有相关培训、培训交流未形成固定制度,不利于微博经营人才的长期发展。微博运营的工作人员应具有一定的规划意识、读者意识,议题设置,改变传统的宣传思维;积极参与网络互动,经常鼓励粉丝、其他微博转发、评论、回复,顺应互联网思维下的游戏规则,打通"网民话语体系"和"领导话语体系",吸引网民的关注和兴趣。

建立组织内部的沟通协调制度。这直接影响了政务微博务实的作用,影响网民对政务微博实际解决问题能力的信心。网民反应的问题可能需要多个政府部门联合解决,政务微博的便民服务功能要落实,组织内部必须建立有效的沟通协调制度,切实为网民解决问题,改变"坏事人人管不了"的踢皮球作风。

2. 激励机制

首先,建立微博考核制度。把政务微博的发布内容、原创、转发、评论及回复、解决等具体工作进行量化。如每天基本工作量积分、原创积分、转发积分、解决实际问题的积分等等一一量化,融入每天的考评内容,按照基本工作量与绩效配合的方式建立考核制度,加大对解决问题等工作任务的评分比重,利用考核制度引导政务微博的发展方向,使政务微博的管理和使用朝着实用性、服务型发展。

其次，对优秀政务微博要激励，给予鼓励，奖赏；定期举办政务微博评选活动，对脱颖而出的优秀政务微博重点培养，加大奖励力度，起到示范性作用。以政务微博的运营管理为标杆，鼓励其他社会组织、企业的官方微博配合政务微博的发展，起到以点带面的作用，强化示范效应，营造服务型组织平台的和谐氛围。

同时，打造政务微博品牌，强化政府职能部门的品牌意识。政务微博的惰性和"不善经营"源自服务意识的不到位，没有从思想上认识到政务微博的窗口作用，没有认识到政务微博品牌对政务部门的口碑作用，因此一定要重视品牌管理，打造有特色的政务微博，使各个政务微博的经营符合政府机构或窗口的定位，建立品牌集群，激励政务微博的发展。

3. 设计线下活动与线上话题

线下定期举办网友面对面活动，扩大地方政务微博的影响力，配合线上话题设置，郑州市城管局经常举办"随手拍"活动，利用网民的力量关注社会问题、公共话题，借助线下网民的力量改进政务工作，促进城市的发展，疏通官方和民间的话语体系、扩大政府和网民的共识、增强政府与网民的信任。

(二)发布内容结合网民需求

内容发布适应网民阅读习惯。微博粉丝的阅读时间比较零碎，大多数人在周末、假期阅读微博，下班后的休息时间看政务微博的粉丝人数较多，而当前大多数政务信息类的微博都是在公众上班时间发布，下班的网民由于刷屏，往往看不到发布主体在上班时间发布的微博，这就造成了时间上的错位，导致粉丝错过了重要的政务信息。因此对于重点内容要分批次重复发布，和粉丝的阅读习惯相符合，考虑网民的阅读习惯，而不是单纯从发布主体的工作时间考虑，这样才是真正的以人为本。

加强与粉丝的沟通和交流。粉丝对政务微博关注都是零散的，特意持续长时间关注中国广州发布等政务微博的粉丝量比较少，更多的粉丝是不固定时间阅读微博，习惯性刷微博的时候顺便来看，这反映了政务微博建立核心粉丝群的重要性，即提高政务微博的影响力和沟通能力，建立和粉丝的固定联系，提高粉丝的忠诚度和关注度，强化粉丝的黏性。因此要从粉丝的角度出发，加强与粉丝的沟通、交流，提高粉丝的参与热情对于加强政务微博的亲和力、影响力都有帮助。

内容坚持实用性为主，兼顾趣味性。粉丝对政务微博的关注和扩散，主要动力在于政务微博的实用性。实用性体现在对粉丝日常生活习惯提醒、交通讯息辅助、政务信息通知等一系列细节上。因此，要加大对政务微博实用性的建设，从政务部门自身的职能定位出发，衍生一系列和本部门相关的职能信息和科普常识，立足本职工作，高于本职工作，切实给粉丝提供有用、有益、可行的帮助。

地方政务微博要打造成一个具有强烈忠诚度的政务品牌，必须了解网民心理，从发布时间、话题组织、内容倾向等各个方面考虑粉丝的需求。

发布内容倾向上，政务微博的便民信息是吸引网友的一大因素，实用性应该在政务微博中得到重视，趣味性也要兼顾，但要分清主次。政务微博毕竟是宣传互动与服务为一体的政府窗口，过分地单方面传播政府会议、官方政策，难以吸引多数的网民粉丝。将政务信息转化为便民信息发布出来，更会受到粉丝的关注和喜欢，认为这是真正和自己生活相关的。这是信息贴近性的优势，趣味性也是，但要注意，趣味性是锦上添花，不能过分发布，占用比例应较低，以免本末倒置。

话题组织上，通过对中国广州发布的内容分析发现，优点在于每条微博都有相应的话题标注，但很多微博的话题设计区别不明显，区别性较大有利于粉丝迅速关注想要的话题，提高传播效率。因此，话题组织上不建议过分复杂，应该简单明了，长期使用，肯定可以提高传播速率。

话语特点上，融入网民的话语体系，减少行政意志主导的官方话语体系。民间舆论场要和官方主导的媒体舆论场达到一致，必须从说话姿态、语气和日程交流的氛围中有所突破，一味用行政命令似的宣传口气，自上而下传播，会被网民抵触，网民的抵触情绪会转化为更加激烈的调侃、恶搞和蔑视、不以为然，挑战权威，没有忠诚感、信任感，不利于政民关系的建立。官方话语体系越平和，民间话语体系接受越快，官方话语体系越“高端”，民间话语体系越恶搞，这样的话语碰撞在许多网络事件上都有所证明。而且，部分地区政务微博的内容发布起码需要三个环节的审查，在行政话语体系中一次一次被强行变味，最后面目全非，融为“官方话语体系”，导致互动的消极被动。因此，地方政务微博的改进必须从话语体系进行改变，真正接地气。

(三)引导网民提高参政理性和媒体信息素养

网民的政治素养和媒体信息素养对公民的参政议政意识有重要影响。通过发布主体的访谈发现,我国网民理性素养的提升并没有跟上数量的激增,网民的跟风思想很严重。如何正确引导网民参政议政,推进网络民主的建设,是摆在当前政府面前的一道难题。

网民的媒体和信息素养对于促进参政议政、形成良好的网络问政氛围具有重要的意义,根据研究发现,广州市多地政务微博发布主体都有面临网民不理性、引导困难的苦衷,网民的素养对政务微博的发展、民主氛围的形成、公民社会的形成具有重要的作用。

提高网民素质,重点是提高网民的媒体和信息素养。媒体和信息素养是未来信息化社会的必备素养,是世界公民发展潮流和趋势。提高网民的媒体和信息素养,需要各方的努力。政府方面,利用网络行政的机会对网民进行引导,经常与网民正面沟通、交流,形成互动、开放、敢问敢答、直面问题的舆论氛围;加大宣传力度,利用报纸、广播、电视、门户网站、自媒体平台等多种媒体渠道,倡导网民提升素养,合理利用媒体,正确维权,理性参政。

(四)运营商、行业协会等辅助优化策略

新浪微博、腾讯微博等微博运营商的引导作用对优化政务微博、促进政府机构管理微博、改进经营策略有重要作用。运营商作为政务微博平台,对微博的监测、管理、疏通、引导有着重要作用。

如新浪微博针对政务微博群出台了《新浪政府机构官方微博管理与考核办法》,中国人民大学、人民网舆情监测室也定期监测网络舆情,配合政务微博的发展定期发布《政务微博发展报告》,对全国各地的政务微博进行排名,确立考核指标,对政务微博的微博发布内容、转发率、互动频率都有监测,他们的管理创新和互联网思维对政务微博的发展和改进无疑具有重要影响。

(五)借鉴国内外新媒体发展经验

政务微博管理方面,最有代表性的是英国。早在 2009 年,英国就发布了"政府部门 Twitter 使用指南",指南不具备强制性,但很有指导意义。

当前我国政治沟通的环境还是垂直式的管理方式，这种自上而下的垂直式管理方式有利有弊，一方面有利于政策指令的上传下达，能够集中力量统筹资源；另一方面也要看到，在发布信息讲究时效性、追求速度的今天，这种一级一级上报、下达的管理方式使得传播效果相对滞后，冗长的审核过程，不仅要考虑对政府的积极影响，发布是否有意义，又要考虑领导的官方话语体系，不能太过“不严肃”，以至于最后发布出来的微博内容，难以完全对接网民的口味。

第三篇

虚拟社会中的网络舆情

第七章

风险社会下的网络舆情管理

第一节　网络舆情概述

一、网络舆情概念和特征

(一)舆情和舆论

舆情是“舆论情况”的简称,是我国特有的一个概念,土生土长,[①] 与舆论一词近义,舆情一词在我国历史悠久,最早的记录是在西晋时期,[②] 就已经出现舆情一词,可见舆情在我国具有深厚的历史底蕴。对于舆情的准确定义,目前有较多版本,比较常用的是由天津社科院舆情研究所提出的,“舆情是各类社会群体组成的公众,在特定的社会空间范围内,对自身比较关心、比较感兴趣或与自身利益有关的特定公共事务的多种意见、情绪、态度、声音等的合集”。[③] 对于舆论,则定义颇多,诸如:舆论是公众的群体意见,是社会整体意识、意见的集合,多数人的意见;舆论是态度,代表人物是政治专栏作家李普曼,其在经典著作《舆论学》中指出,舆论是关于自己、关于他人、关于公共需求、目的、人际关系的影像,这类对于公共群体或者声称代表公共群体产生影响的态度就是舆论,可见舆论代表着对于事件的态度;还有一类认为,舆论是态度、观点、情绪的合集,“舆论是公众群体对于社会议题、社会事件、人类问

---

① 陈力丹. 舆论学——舆论导向研究[M]. 北京:中国广播电视出版社,2005:11

② 王馨慧. 网络舆情演变过程与规律研究[D]. 渤海大学,硕士学位论文,2011.

③ 王来华. 舆情研究概论(理论、方法和现实热点)[M]. 天津:天津社会科学院出版社,2003.

题的态度、观点、情绪的集合”,舆论具有整体性、鲜明性、强烈性和持久性,会对社会发展以及热点事件产生一定的影响。

关于舆情和舆论不同点的论述多认为:与舆论比较,舆情具有不完全公开性,舆情是公众所思所想、所议所感,并不一定会全部是公开的或是通过公共渠道在公共场合公开表达的,而舆论则多指公开表达的公众意见;舆情多指来自社会的民众态度、民众心声,而舆论的范围更广,既包括对于国家政治的看法,也包括对于各类事件的态度等;舆情是舆论的早期阶段,在特定的条件下会向舆论转化;对于二者研究的集中领域不同,舆情研究较多的关注公众的心理态势,社会特征,舆论研究更多的关注舆情传播过程和演变规律等。①

(二)网络舆情

网络舆情是舆情的一种,包含于舆情范围之内,是舆情在现实社会之外的网络世界的延伸和扩展。网络舆情是指在互联网上发生的对社会议题态度、观点、认知等的网络舆论,是舆论在现实社会外的一种媒介表现形式,主要通过互联网进行传播的社会公众对于现实生活中特定热点议题、焦点事件所表达的影响力较强、极具倾向性的言论和观点。即“网络舆情是以网络为载体,以事件为核心,广大网民情感、态度、意见、观点的表达、传播与互动,以及后续影响力的集合。”② 也有学者认为网络舆情是“除了政府外的网络活动参与者个人、群体、组织经由网络平台在网络空间内发布和传播的对于社会议题的含有态度、情绪、意愿、倾向的观点性信息。”可见网络舆情不仅包括网民群体对于社会公众议题的态度,还包括诸如媒体等社会组织经由网络平台发布的内容所代表的对于社会议题的态度,媒体包括传统媒体在网络等新媒体上公开发表的观点性内容(新闻、评论等)以及各种类型的网民(普通网民、哄客、意见领袖、网络推手等)发表的各种形式(文字、图片、音视频等)等带有态度的信息都属于网络舆情的范围。

(三)网络舆情的特征

鉴于网络社会、风险社会的复杂性,网络舆情也呈现较为多样而复杂的特

① 王来华. 舆情研究概论(理论、方法和现实热点)[M]. 天津:天津社会科学院出版社,2003.
② 网络舆情将走向何处. http://opinion.e23.cn/a/2015-05-29/63274.html

征。有学者认为网络舆情呈现有:自由性与可控性;交互性与即时性;隐匿性与外显性;情绪化与非理性;丰富性与多元性;个性化与群体极化性等特征,[①] 本书根据自身研究总结出网络舆情的特征主要有以下几个方面。

1. 更加接近真实性[②]

与传统媒体舆情比较而言,网络舆情内容更加接近于网民、网络舆论热点事件参与者的真实态度、真实情绪。借助网络的传播特性,网民在虚拟环境、匿名状态下更倾向于表达自己的真实观点、态度,网民可以避开现实社会中的社会学因素:身份地位、经济水平等的差异,较为平等的、机会均等的自由表达自己的看法、意见和倾向,可以抛开这些现实的表达障碍,"无顾虑"的尽情阐释自己的观点,享有真正的说话的权力,在这种网络环境中,能比较客观真实地反映舆情实况。

2. 群体性

首先网络舆论同现实的舆论都具有群体性特征,二者均是群体的态度、观点、倾向和意见,而非个体。同时需要指出的是网络舆论的形成在某种意义上讲是群体极化和群体动力学的结果。网络给了每个人自由话语的权力,每个人都享有针对社会热点事件平等、自由表达观点的权力,这在理论上是可行的,但是现实情况是网络世界并非完全这样,网络社会是现实社会的反映,人们针对某一热点事件发表观点时往往也要像现实社会一样,受到诸如群体压力的影响,针对网络舆论热点事件有的网民选择了沉默,一方面是不关心、无想法,另一方面是很多情况下,迫于压倒性舆论群体的威力,而不敢公开表达自己的观点,尤其是当这种观点有别于大家认为的多数人的观点时,这种沉默螺旋效果,在确立主导性意见的同时,也迫使群体极化现象的产生,个体不断被迫选择沉默,这就体现出网络舆情另一层面的群体性特征。典型案例有诸如抵制日货中的舆论症候等。

3. 约束性

网络舆论的形成不是完全自由的,而是有限度的。除了诸如群体动力等内部因素,外部因素诸如法律法规也对网络舆情的形成具有约束性。法律法规对网络舆论的约束性首先体现在法律法规对于网络的管控,比如网络把关、网络

---

① 刘毅. 略论网络舆情的概念、特点、表达与传播[J]. 理论界,2007,01 期(1):11-12

② 高青苗. 网络舆情的生成演变与应对的现实困境研究[D]. 重庆大学,硕士学位论文,2013.

管理办法等，一方面可以约束网民的行为，限制网络言论暴力的发生，净化网络环境；另一方面也会确保有利于国家统一、社会主义核心价值观的弘扬等国家统治层面的话语传递。

诸如美国等发达国家均出台了针对网络言论的限制，如对煽动叛乱等言语实施罚款监禁等约束形式。

4. 非理性和片面性

网络舆情并不都是质量较高的，而决定质量的关键在于理性程度，很多情况下，网络舆情是片面的、非理性的，因而争议颇多。促使网络舆情呈现非理性和片面的主要因素有：网络舆情产生的突发性、传播演变的强扩散性、网络评论机制的不健全、网民结构失衡①、网络的虚拟性、网民素质参差不齐等因素。引起网络舆论的热点事件往往是长期积累所形成的危机事件，由于潜伏期的积累，便会一触即发等到引爆点引爆，进而迅速扩散，而这种快速扩散会在短时间内汇聚众多网民围观，由于缺乏及时的声明和权威的介入，使得网民言论多样复杂，在群体动力过程中形成群体极化，其中难免会出现大量片面性、非理性的言论。再就是网络评论机制的不健全，有学者认为网络评论是网络舆论主要的存在形式和网络舆论的聚集地，网络评论是评论与互联网媒体的融合，与传统媒体评论的不同之处在于其传播的速度和参与性强度，但参与性同时兼具优点和缺点两个方面：优点在于赋予了网民或者是公民更多的说话权力和发表观点的途径，因而互联网民主有利于推动现实民主进程；缺点在于强参与性促使把关难度增强，偏激言语和舆论暴力滋生。随着网络评论地位的提升，很多传统媒体也纷纷开辟网络评论板块，虽然网络评论板块的设立有利于更加真实地表达网民观点，但鉴于素质问题，网民的评论中不乏片面偏激言语，而网络评论无论是技术层面还是可行性层面均缺乏像传统媒体一样完善的把关机制。

二、网络舆情构成要素及类别

网络舆情作为舆情的一个子集和特殊存在，其主要构成要素包括：事件主

① 高青苗. 网络舆情的生成演变与应对的现实困境研究[D]. 重庆大学，硕士学位论文，2013.

体(当事人、网民、哄客、舆论领袖、权威部门);网络热点事件(公共事务、引爆事件等);网络舆情的时空因素(网络时空和现实时空);舆论要素(情绪、意愿、态度和意见);网络舆情的强度;网络舆情的质量。

网络舆情的事件主体主要包括网络热点事件的当事人、知情者、网民群体、哄客、舆论领袖、权威机构等,民众是网络舆论的主体,[①]网络舆情往往体现民众利益、诉求等,而民众又可以按照社会阶层、生活群体、角色分工等进行划分。当事人往往在网络热点事件中处于中心地位(多半是聚光灯下的被"审判"对象),靶心位置,主要特征是少数、势单力薄、一举一动都会被放大,往往是网络舆论暴力的受害者;知情者是网络热点事件中的外围次重要人物,与网络热点事件没有直接的关系,但间接地了解和参与事件中,这类人往往充当爆料人或者是舆论领袖的地位;网民群体是网络舆论中的主体,其主体地位主要体现在网络舆情中,而当事人的中心地位则是网络热点事件本身,二者存在的范畴不同,网民群体直接参与和生产网络舆论,其素质结构和层次直接影响网络舆情的强度质量和理性程度,因此网络舆论管理的重点也正是网民群体;哄客是网民群体中的一类人,这类人喜好围观,对网络热点事件常常抱有戏谑嘲弄和凑热闹的心态,往往是群体极化和网络暴力的直接推手和施暴者;[②]舆论领袖可大致分为两类,一类是哄客群体中的中坚力量,扮演着哄客领袖的地位,引导哄客群体的舆论走向,另一类是权威专家等代表着理性的舆论领袖,多为核心信息的接触者,这类人群多是网络舆论中较为理性、专业权威的,有利于网络舆论暴力的防治和解决,这类领袖还包括诸如网红、大V之类的人群;在网络舆论中起重要作用的社会机构,可以是政府部门,也可以是权威媒体等,这类机构是机构化的舆论领袖,这类机构的介入往往会对网络舆论走向产生决定性影响,诸如权威媒体,本身可以通过曝光事件,制造舆论热点,亦可以与政府部门等共同辟谣、发表声明,进而阻止网络事件的进一步发酵和网络舆论暴力的形成。网络热点事件多为关乎国计民生的大事或者是与公众利益有关的事件,当然在新的网络环境下,一些网民的猎奇心理等使得一些低俗、隐私和恶趣的事件也往往进入网络热点事件范围。引爆事件多为网络热点事件发展过程中的情节点、引爆点,直接导致网络事件成为热点并迅速激化,诸

① 林萍,黄卫东,洪小娟. 全媒体时代我国食品安全网络舆情构成要素研究[J]. 现代情报,2013.
② 罗昕. 网络舆论暴力的形成机制研究[J]. 当代传播,2008.

如“庆安民警枪击案”中民警枪击致死,引出的“截访”事件,以及副县长吃空饷等问题,迅速引爆网络,使舆论走向发生转变。网络舆情的时空因素主要体现在网络时空与现实时空的不同与影响,网络改变了人们对于传统现实时空的定义,在时间上网络传播的快捷、网络的历史纵横大大超出了传统的时空划分,任何时间任何地点都可以在网络中知道想知道的,表达想说的;在空间范围,麦克卢汉所言的地球部落已经形成,网络空间超越了传统自然地理的范围,全球事务使得舆论越来越具有全局性特征,任何热点事件都不再封闭于自然空间,即网络舆论是我们每个人每时每刻、随时随地都会参与其中的时空舆论。至于网络舆论的舆论要素,这和传统媒体、现实社会的舆论要素一致:情绪、意愿、态度和意见。唯一不同点在于网络媒介的自身属性赋予网络平台中舆论的一些特征,诸如拟态性、复杂性、多样性、传播的迅速性和广阔的空间性等,情绪、意愿、态度和意见变成网络环境中的情绪、意愿、态度和意见,在本质上是内容和形式抑或是内容和载体的关系。网络舆情的强度主要有两个衡量指标,一是纵向上看,针对网络热点事件持续的强度、短时间的剧烈程度,侧重于热点事件本身及围绕其形成的舆论在时间范围内持续的长度和短时间内的剧烈程度,强调的是一种累积的强度;第二个衡量指标是横截面的网络舆情强度,是共时情况下的舆论强度,主要包括在某一事件节点上,舆情构成人数、舆论半径、态度意愿的强烈性等特征。网络舆情的质量由网民言论的质量决定,而网民言论的质量又由网民质量决定,所以归根到底网络舆情的质量是由网民的质量决定,随着受教育水平、媒体素养的提高以及网民结构的优化,网络舆情质量呈现提升和优化的状态。

三、网络舆情在与现实生活互动中发展

有学者认为,网络舆情是当代中国人现实生活、当代中国社会的折射,网络舆情反应并作用于现实社会生活,现实社会生活对网络舆情的产生和发展产生影响。[①]互联网以及网络舆情的迅猛发展,对社会现实生活带来方方面面的影响。积极的、良好的网络舆情会对我国经济社会的发展、公民有序参与政

① 李召颖. 网络传播中的暴力研究[D]. 南京理工大学,硕士学位论文,2009.

治能力的提高以及良好社会风尚的形成产生积极促进作用；但同时需要清醒地认识到，网络社会同时是风险社会，网络舆情并不总是积极的、优良的，消极有害的网络舆情会诱发不良社会心态的产生，激化矛盾突发期隐藏的社会矛盾，最终对社会和谐稳定产生影响。

网络舆情对现实社会生活的积极影响主要有：加快社会主义民主法制建设进程，推动决策的科学化、民主化和高效化，避免群体极化现象的产生。舆情从人类政治诞生之日起便对政治决策产生影响，舆情的发展在我国具有悠久历史，从古代的民意到现在的倾听百姓心声、民众声音。舆论在大众媒体兴起时出现了较大发展，尤其是在互联网时代、自媒体时代，人人皆有麦克风，社会舆论真正成为社会大众的意见、态度、声音，积极的社会舆论、网络舆论有力地推动了决策的科学化、民主化和法制化。在网络时代、新媒体时代，政府信息变得公开化，政府职能和决策机制也发生了变化，越来越会主动通过网络媒体、自媒体，针对关乎民众利益的公共政策、公共问题问政于网民、问计于网民，从而真正实现问政于民、问计于民，突出和落实人民主人翁地位；在自媒体时代，每个公众都是网民，都可以通过新媒体、自媒体等表达诉求，政府权力被真正置于笼子里，有利于网民的有益的补充和监督，这些都会对公共政策运行机制、管理体制和决策机制等产生重大影响，因而能有力推动科学决策、民主决策和依法决策进程。

从民众层面来讲，积极的网络舆论有利于公民政治参与能力的提高。在网络时代，尤其是自媒体时代，公众更加积极主动地利用各种渠道、平台，表达自己的利益声明、提出对个人权利落实的诉求，网络与传统媒体不同，网络媒介的传播属性为这种权力和利益的诉求提供了平台、途径、出口和通道，网络舆论成为权利诉求的主要聚集地和阵地。利用网络舆论表达权利诉求已经成为较为普遍的社会现象，公众越来越对于关系国计民生、社会发展的重大议题和与自身利益密切相关的议题表现出强烈的关注，而积极的网络舆情则会加快对社会公平正义的追求，进而进一步提高民众参政议政能力。

社会舆论同大众媒体一样承担着社会减压阀的作用，而这种减压阀的作用在当今风险社会和矛盾凸显时期显得更为重要。积极的网络舆论可以起到反映社情民意的作用，通过网络平台的舆论表达可以有效地化解社会矛盾。在互联网时代，网络、自媒体等为网民的民意表达、民意疏通的实现提供了重要的渠道,这种渠道作用比传统媒体层面的民意疏通效果更好,作用更大。积极的网络舆论为社会矛盾中的公众提供了情绪宣泄地带和缓冲区, 从而使得在社会转型时期,社会矛盾、冲突引发的对社会不满情绪和日益多元的利益诉求得以合理释放和恰当宣泄,在一定层面上发挥了社会"减压阀""排气阀"作用。

积极的网络舆论对现实生活的影响还包括,积极、健康的网络舆论环境有利于良好社会风尚的形成和发展。网络舆情是现实社会生活、现实社会风尚的反映。就目前看来,我国的网络舆情整体上是积极良好、健康向上的,这一方面体现了公众对国家发展和社会进步的满意度在逐步提升,社会认同、国家认同在进一步增强, 同时也体现出网络舆论中网民不断增强的责任意识和日益多元的社会期望。积极向上的网络舆情对于良好社会风尚的形成、和谐社会的发展具有积极促进作用。

第二节　我国网络舆情现状及面临的问题

一、我国网络舆情的特殊状况

根据中国互联网络信息中心(CNNIC)发布的第 35 次《中国互联网络发展状况统计报告》[①] 显示,截至 2014 年 12 月,我国网民规模达 6.49 亿,互联网普及率为 47.9%。毫无疑问在全世界范围内,中国网民的数量是最多的,网民总数甚至比很多国家网民加起来的总数还多,面对如此基数庞大的网民全体,以及日益高涨的网民参与呼声,如何进行有效的管理是对每一个管理者的考验。同时,随着互联网在我国的迅速发展,以及我国网络舆情的蓬勃发展,网络俨然已成为我国当今社会舆论最为集中、最为汹涌的聚集地,再加上社会正处于转型时期,使得我国的网络舆情管理工作面临着严峻的考验,网络舆情问题解决的好坏直接关系到我国网络舆情是否能够保持良好的发展态势, 同时还关系着我国网络民主和社会民主的发展进程以及更广层面的社会和谐稳定。由

① 第 35 次中国互联网络发展状况统计报告[R]. 中国互联网络信息中心(CNNIC)http://www.cnnic.net.cn/gywm/xwzx/rdxw/2015/201502/t20150203_51631.htm

此看来网络舆情的有效引导是关系到国家稳定的全局性问题，因而值得我们认真研究和思考。

我国网络舆情所面临的特殊状况主要体现为，构成网络舆情的各要素在中国特殊国情的大背景下都带有鲜明的中国特色。首先我国网络舆情构成中，网民数量巨大，容易诱发的网络群体事件较多；同时，网民的层次、结构、质量还有待优化和提高，网民质量直接决定网络舆情的质量，网民质量的优化是一个综合的、漫长的过程，需要教育、文化、社会环境、法律法规等要素的有机结合和整合作用。如从法律法规来讲，我国针对互联网的法律法规仍不完善，更不用说针对网络舆情这方面的专门的规章制度，在一个缺乏长效法律机制制约的环境中，网络舆情的发展必然不是健全的。我国网络舆情特殊性还在于，在网民素质参差不齐的国情下，网络舆情传播存在谣言过度泛滥、舆情的情绪化、非理想化现象严重以及容易被境外媒体、敌对势力所利用等特殊国情。网络舆情面临的严峻考验已经成为一种新常态问题。

二、网络舆情与风险社会

风险社会是近年来较为流行的一个概念，“风险社会”(Risk Society)的概念最早是由德国著名的社会学家乌尔里希·贝克(Ulrich Beck)提出的。[①] 风险社会最早出现在乌尔里希·贝克的代表性著作《风险社会》，这本书于 1986 年出版，《风险社会》与乌尔里希·贝克之后出版的《世界风险社会》《反思现代化》等系列著作一起，共同构建了较为完善的风险社会理论，[②] 该理论在实践中与其他多个领域结合，对社会发展产生了巨大影响。

风险社会的核心思想是，伴随着工业化的进程，整个人类世界、全球性的风险开始出现，人类日益生活在文明的火山口上，这些风险将对全人类的生存及发展产生巨大的影响和威胁。乌尔里希·贝克从工业化进程出发，着眼于技术视角，将风险社会的核心概念——风险定义为技术对环境、技术对社会产生的威胁。乌尔里希·贝克认为风险是人们在现代化进程的大背景中，由人类自身所引发的一种危险感和不安全感的方式，这种风险实质上是现代化对整个人类社会

① 程诗敏. 风险社会视域下大学生安全素质提升研究[D]. 首都师范大学，博士学位论文，2014.
② 陈妍妍. 风险社会视野下城市网络舆情管理及应对研究[D]. 华中科技大学，硕士学位论文，2013.

产生的一种威胁,是由现代化所引发的人们对全球化、国际化发展的一种怀疑的后果,风险是一个用来表达传统终结和自然终结的概念,这在某种意义上可以理解为在传统和自然逐渐失去它们曾经拥有的无所不能的遍在权力,并且不再被人类无线依赖时,才会产生风险。[①]乌尔里希·贝克用自己的风险社会理论,揭示了风险的现代化本质和社会属性,对社会发展产生了巨大影响。

当前,我国正处于社会转型期,在我国的现代化进程中,不可避免地要经历乌尔里希·贝克所言的风险社会。随着以互联网为代表的信息技术革命在我国的发展,网络与舆情的深度结合使得社会公众对与自身利益有关以及普遍关注的公共事务的情绪、意愿、态度和意见得以集中大规模显现,随之而来的是,网络舆情中出现了网络舆论暴力等极端行为,这些现象是风险社会中"有组织地不负责任",尤其是当今我国社会正处于转型期和矛盾凸显期,再加上风险社会中,我国社会生态环境的多样性,社会结构的复杂性以及社会矛盾的多元性使得社会运行风险加大,当网络舆情与社会生活互动影响时,会使社会的风险在网络世界和现实世界迅速蔓延,交叉放大,当网络将社会时空大大缩短时,网络舆情和现实的互动作用更为明显。一方面现实社会的风险会迅速成为网络舆情热点事件,在网络中发酵,增加网络风险;另一方面,网络舆情又会引起大范围的现实社会人的参与和关注,往往容易引起较大的群体事件,进一步增加社会的运行风险。

三、我国网络舆情工作所面临的问题

我国网络舆情工作所面临的问题主要可以分为三个大的方面:舆情传播的主体即网民自身的发展问题、网络舆情的传播在政府管理过程中面临的各种类型问题以及网络舆情传播过程中存在的一些问题。

(一)舆情传播的主体即网民自身的发展问题

谣言增多、虚假信息泛滥。我国网民数量巨大,意味着网络舆情参与者数量巨大,同时网民群体存在着素质较低、质量参差不齐、结构不合理等问题,使

① 赵亚辉. 风险社会视角下的中国科技传播研究[D]. 武汉大学,博士学位论文,2013.

得网络舆情传播主体在参与网络舆情过程中存在着诸多问题，如广泛制造和散播谣言、虚假信息，对信息的甄别能力较弱，容易迫于群体压力而盲从，再加上网络的特征使得谣言更易危害性传播。决定网络谣言传播危害性的主要原因除了网络的传播特性外，网民也是一个重要的因素。网民往往倾向于追求轰动，使用夸张的言辞，又因网络的匿名性而肆无忌惮地制造谣言。其中有部分网民为了某种利益而充当网络事件的幕后推手，这些因素都会对网络舆情管理工作带来影响。

情绪化、偏激化情况增多。网络舆情事件引起的危机和风暴往往是由于非理性的、情绪化的、偏激言论在网上的迅速蔓延导致，在网络环境中，基于群体暗示、群体压力作用，往往会引起盲从和群体极化现象的产生，很多非理性情绪化舆情的产生往往会涉及特定的人物主体以及围观者、哄客、境外媒体等，他们的言语往往未经过理性判断或者出于某种利益而故意制造谣言，使得网络舆情增加了不少情绪化、偏激化色彩。

(二)网络舆情的传播在政府管理过程中面临的各种类型问题

针对网络及网络舆情的管理机制在我国还不很完备，针对网络舆情、网络言论的法律法规还不健全，使得面对迅猛发展的网络，政策制定者、管理者往往不知如何应对，既缺乏行之有效的长效管理机制，又缺乏应对、引导、管控的实践经验，使得实际的网络舆情管理工作存在管理缺位、管理不到位、监督不力，责任主体不清晰等问题。

(三)网络舆情传播过程中存在的问题

网络舆情的传播首先是在网络中传播，具体而言是通过各种网络载体传播，如常见的社交网络平台、博客论坛、门户网站等，网络舆情在网络载体传播的过程中会出现信息失真、走样等问题，使得虚假信息难以辨识，在网络中被当作真实信息传播。同时由于网络监管技术的薄弱使得一些境外媒体反动网站得以存在，敌对势力可以轻易通过网络载体传播虚假信息。传统媒体与网络媒体的结合程度较低使得无法对网络信息进行有力的辟谣和甄别，这些都是造成网络虚假信息、谣言广泛传播的原因。

第三节 网络舆情传播的影响及案例分析

一、网络舆情良性传播的积极影响

网络舆情简单来讲是存在于网络的情绪、意愿、态度和意见等的总和，是对现实事件看法、现实舆情的较为真切的反映，与现实社会、现实生活互动，网络舆情对社会的影响同网络媒介本身一样具有双面性。其对现实社会生活存在着重要的积极影响，主要表现为：

1.网络舆情作为公共意见情绪、态度和意愿的集聚地，其能在一定程度上反应和代表大众心声、代表民意，因而网络舆情能为国家公共政策的制定和完善提供丰富、多样、充足的民意信息。网络舆情与传统媒体社会的舆情的区别主要在于网络媒介自身的传播特性，网络的隐蔽性、虚拟性等媒介特性使得网络舆情表现为语言上的自由性、丰富性、多元性、互动性、传播扩散剧烈性、一定的真实性、广泛的社会议题性和较为普遍的隐蔽性等特征，因而打破了传统媒体的局限性和话语的垄断性，为网民、公众真实表达自己(对于社会热点事件)的情绪、意愿、态度和意见提供了通道、途径和可能性。这些都为网络舆论中不同声音、不同态度、不同意见的出现提供了条件，针对同一热点事件或公共关注的社会问题，不同的声音使得政府在进行决策行为前可以更广泛、更充足地听取更多群体、利益体的声音，较为全面、真实地了解针对某一议题，全社会不同阶层、各个群体的诉求。实质上，网络尤其是大数据时代的网络可以为决策者提供一个切实可行、方便快捷、成本较低的收取民意民情的工具和途径，在降低成本的同时，使得样本数据更为丰富、全面、多样。随着网络技术的快速发展和网民群体数量的不断增长，网络舆情对于公共政策制定的影响逐渐增大，网络舆情早已成为政府听民声、知民意的重要渠道，进而为政策的制定提供更为科学、民主的元素。

2.网络舆情使得民主监督的途径多元化。网络舆情在一定程度上可以定位为民众话语权，网络的发展使得普通民众的话语权得到真正解放和落实，进而打破了传统媒体时代的话语垄断。网络舆情的主体较之前更为积极广泛主动的参与社会议题的讨论,进而使得民主进程在网络场域内得到快速发展,而网络舆情又与现实社会互动，网络舆情在促进直接民主的同时，还可以对政府、官员等进行民主监督,对政府起到监督约束作用。在网络时代,网民可以直接表达自己对于社会公共议题的态度和意见,以及直接对政府进行监督,网络反腐更确切地讲是通过网络舆情反腐。

3.网络舆情是社会的“减压阀”和“排气筒”。[①]网络为公众情绪、意愿、态度和意见的表达提供了便捷和广阔的空间,尤其是随着公共情绪,随着网络的快速发展,网络已经成为网民宣泄情绪的公共空间。再加上我国正处于社会转型期,社会矛盾凸显,风险社会中的结构性矛盾加剧,而传统媒体、传统社会又不能提供行之有效的宣泄渠道和释放空间，因而使得社会风险加大。而在网络社会中，网民可以通过网络渠道宣泄基于现实社会的消极情绪,释放现实社会集聚的矛盾。这样,网络舆论在一定程度上可以帮助民众减压,帮助社会降压,进而降低社会运行的风险,有利于社会的长期稳定发展。网络舆情对于社会的这种减压作用是网络舆情社会“减压阀”“排气筒”“防火墙”作用的重要体现和诠释。

二、重大网络舆情事件传播的危害

网络舆情对社会的稳定和谐存在着巨大的积极作用，但网络舆情对于社会发展并不总是积极、正向的促进。网络舆情同网络一样也是一把“双刃剑”,网络舆情在对社会产生诸多积极影响的同时,也会对社会的发展产生负面、消极的影响。

(一)网络谣言影响网络纯净和社会安全

网络时代给了网民自由言论的权利,这在很大程度上体现为,较大程度地突破了传统媒体对言论的垄断和把关。然而把关作用并不是与自由对立,把关并不简单等于限制,把关的作用在很大意义上是积极的。在网络社会,由于网

① 汤琴. 我国网络舆情引导研究[D]. 中南大学,硕士学位论文,2012.

络自身的媒介属性和传播特点使得民众言论和意见的发表在多数情况下，并不需要经过传统媒体严格的层层把关，这在给了网民自由言论、较为真实反映社情民意的同时，也会导致网络谣言滋生和虚假信息的传播。当这些谣言、虚假信息经过长时间、大范围的传播后往往会形成一定规模和既定的倾向，尤其是经过网络意见领袖的传播，使得这些网络谣言、虚假信息的辨识难度增加，而往往被当作真的信息。如最近的天津爆炸中，诈骗捐款信息竟然被大家当作真实情况，尤其是在张嘉佳等大 V 转发之后，捐款金额大幅攀升，很多网友认为名人都转发的肯定不是虚假信息。可见网络舆情中，未经把关的信息危害性巨大，当虚假的网络舆情信息形成一定的规模后，就很难被发现其虚假性。这些网络谣言和虚假信息除了会危害个人财产等的安全，还会对国家安全、社会稳定产生消极影响，当网络谣言、虚假信息涉及国家重大议题，并且以较快的速度在全社会范围内广泛传播，消极影响更为巨大，在引起群体极化之后，会引发社会的恐慌和影响国家稳定。

(二)网络舆论往往会导致网络暴力等危害行为的产生

网络舆论很大程度上伴随着网络情绪，网络舆论的情绪化往往会导致网络暴力和现实暴力的产生。网络舆情是舆情整体中最具活力、影响力最大的部分，这主要得益于网络的媒介传播特性。网络的进入门槛比较低，使得网民素质参差不齐，质量整体较低，结构较为不合理。再加上网络的虚拟性和遍在性，网民身份的匿名化和多元性，网络舆论往往带有强烈的情绪化和个人色彩。同时由于现实社会缺乏合适的压力释放途径、场所，使得网络成为网民压力和社会矛盾的主要释放地。网民把网络当作个体情绪宣泄、压力释放的场所，针对现实社会生活的热点事件或者个人事情，发表一些情绪激烈的偏激言语，而这些情绪化、煽动性的言辞在网络群体动力现象作用下，往往会引起他人的认同和不经思考、判断的效仿。再加上网络中沉默螺旋现象的存在，使得数量巨大的网民走向群体极化和产生极端暴力，这些暴力除了包括以攻击性、煽动性言论为代表的网络暴力，还会引起现实生活中的暴力行为，从而导致暴力事件出现。例如网络流行的“人肉搜索”等暴力行为，典型案例有成都女司机被打事件，除了网络的语言暴力外还包括网络人肉搜索等网络行为暴力，甚至包括现实的暴力行为。

(三)网络意见领袖以及境外媒体的别有用心、恶意煽动

网络舆论形成过程中,网络意见领袖的作用巨大。网络环境中的意见领袖比传统媒体环境中的意见领袖影响力更大,其一言一行都会在网络中得到快速传播和放大,并迅速被其他网民效仿,从某种程度上来讲,网络意见领袖是热点事件二次传播中的重要载体。随着社会的发展,网络中总会有关于国家意识形态、人权等与社会主流价值观念不一致的言论,尤其是国外的敌对势力和境外媒体,仍带有浓重的冷战思维,肆意炒作我国人权问题,利用网络恶意制造谣言传播,攻击政府政策、损害国家形象,别有用心地制造国内混乱,这不仅不利于网络的纯净、网民正确价值观念的培养,更不利于国家稳定和社会的持续发展。

三、网络舆情事件案例分析

近年来,随着网民数量的增长和网民参与意识的增强,网络热点事件发生频率大大增加,伴随而来的是网络舆情事件的高频出现。典型的案例有彭宇案、药家鑫案、云南看守所"躲猫猫"事件、宜黄强拆自焚事件、钓鱼岛反日游行、郭美美、"表哥"、天价切糕事件、巴东"邓玉娇刺官案"、宁波PX项目群体性事件、湖南临武瓜农死亡、南方周末社论被删事件、庆安民警枪击案、成都男司机暴打女司机等热点网络舆情事件。纵观这些热点网络舆情事件,尽管事件的具体情况不同,但都有一些共性的规律包含其中。

(一)热点网络舆情传播规律[①]

1. 信息来源的权威性、领袖性及蝴蝶效应

重大的热点网络舆情事件往往是由较为专业权威的舆论领袖引起,这些舆论领袖可能是大V、专家或者是媒体记者等名人和媒体等专业机构,如彭宇案、南方周末社论被删等均是由具有影响力的舆论领袖引起,并迅速在网络中流行开来,引起蝴蝶效应,一开始看似不起眼小事,往往会经过网络的发

① 王馨慧. 网络舆情演变过程与规律研究[D]. 渤海大学,硕士学位论文,2011.

酵成为对社会影响巨大的突发性的重大社会舆论事件，给社会的稳定发展带来影响。

2. 舆情传播的光环效应、刻板印象

“光环效应”属于心理学的范畴，主要指当认知者对一个人的某种特征形成好或坏的印象后，他还倾向于据此推论该人其他方面的特征。本质上是一种以偏概全的认知上的偏误。这类事件往往是由于媒体报道框架的存在。针对热点的网络舆情事件，网民根据自身的经验和感性倾向，从事件的局部出发，以偏概全的对事件进行定性，并且很多情况下会结合自己的善恶喜好，这类典型案例有对于“官二代”“富二代”“拆迁”等的基于刻板印象的舆情事件。

3. 网络舆情引爆过程中的“沉默螺旋”和“雪崩”效果[①]

网络舆情在网络中的群体动力作用下，往往会引起沉默螺旋效果以及“雪崩”效果，最终导致群体极化现象的发生。在我国的热点网络舆情事件发展过程中，网民群体的言语行为偏向于情绪化和极端化，必然会引起大规模的群体事件，这些群体事件会造成社会动荡，对社会的稳定发展产生影响。然而舆情事件并不是一开始就会剧烈发展，而是慢慢潜伏被引爆。

(二)解决方案

面对网络的迅猛发展，首先要做的是坚持正确的舆论导向，引导网络舆情。正确的舆论导向必须符合我国社会主义核心价值观，符合我国的国情，符合我国网络舆情的传播规律；积极构建网络舆情引导平台，加强网民的民意沟通和引导，为网民正常的网络话语表达提供平台和途径，从而保证民意沟通渠道的顺畅；[②]研究网民心理特征和群体特征、网络使用习惯，探索并尊重网络传播规律；同时应不断增强对网络舆情的监管和舆情预警，建立完备的舆情预警机制，从而抓住舆情管控的黄金时间，有利于提高舆情管理效果；建立快速高效应对网络舆情的有效机制，建立网络舆情治理的长效机制。

---

① 王馨慧. 网络舆情演变过程与规律研究[D]. 渤海大学，硕士学位论文，2011.

② 纪红. 互联网舆情的形成发展与引导管理研究[D]. 华中科技大学，博士学位论文，2009.

第四节 网络舆论暴力形成机制探究

一、网络舆论暴力特征分析

网络舆论暴力是指在发生在网络虚拟世界中的，在特定时间和空间，较大规模的网民集体地、一致地通过网络暴力语言、网络暴力行为(人肉搜索等)，对当下热点事件、舆论焦点的主要当事人，非理性地表达过激言语、采取极端暴力举措。①

网络舆论暴力主要特点有：借助暴力语言，偏激的态度。网络舆论暴力，通常以暴力语言的形式呈现。网络舆论暴力的发生往往伴随着一群声称代表道义的网民，他们在对于事件不完全了解的情况下，往往出于简单的道德判断，持一种非黑即白的坚决态度，这种态度很多情况下并不是基于理性分析，而是盲目、主观的。对于意见表达环节，这部分网民往往并不采取正常的合乎常理的言辞来阐述自己的观点，而是采用简单粗暴的言语，粗口、脏话、激烈言辞、偏激表述、感情用事等。②

对不同意见的群体施暴：网络舆论暴力除了言语方面的暴力，盲目偏激，暴力表述之外，也表现为对表达不同观点的他人(网民或事件人物)的群体攻击、谩骂。基于盲从心理或群体结构性压力、沉默的螺旋效果使得在网络舆论暴力行为中，一方网民群体表现出对于不同意见的压制，群起而攻之。网络舆论暴力，最主要的特点是除了在网络空间内对当事人采取言语攻击外，还通过极端行为(如人肉搜索)攻击当事人，甚至是线上线下两条战线，在现实生活中，对当事人、不同意见者实施实际的暴力行为。网络舆论暴力的不公正性：网路舆论暴力，顾名思义是采取暴力极端的形式，非理性、群体地对网络舆论当事人进行暴力攻击，这种暴力行为往往会违背传统伦理道德准则，采取对网络舆论事件当事人不公平的事件表达方式和手段，并标榜为代表正义、道德伦理。

---

① 罗昕. 网络舆论暴力的形成机制探究[J]. 当代传播，2008.
② 李宪玲. 网络语言暴力的成因分析及对策研究[D]. 华中师范大学，硕士学位论文，2010.

二、网络舆论暴力形成关键过程

(一)网络媒体议程设置的强大能力

网络舆论暴力的巨大威力很大程度上借助于网络媒介的媒介属性和传播特性:匿名、迅速、全球、同步、真假难辨、超链接等,这些传播特性使得网络比传统媒体更易成为暴力事件聚集地和高危多发区。无论国家大事还是平明百姓家常事,无论规模较大的公共事件还是平常的私人事件,一经网络发酵,均具备迅速成为舆论热点、掀起舆论漩涡的巨大能量,再加上网络对于各方意见的自由、完整呈现,使得网民中各种声音均得以表达,其中不乏暴力言语等,而这些都是基于网络媒介强大的议程设置功能,网络关注什么,大众便会讨论什么,舆论便会呈现什么议题。同时网络中还存在网民自我议程设置现象,网络的媒介属性和传播特性使得网络传播呈现开放多元、复合多变的形态,网民关注特定事件引爆舆论,然后便呈现滚雪球式的传播特征,被网络不断放大,在发酵中成为网络热点,在发酵过程前后伴随着大量的网络舆论暴力产生。

(二)舆论对立阵营的形成和群体极化①

网络舆论事件中网民总会涉及两个基本阵营——支持者、反对者,同时会伴随不断游走的中立者,其中一方声称自己代表正义,标榜道义,高举道德伦理的大旗,集齐群体势力对另一方展开声讨。而另一方往往是被冠以极端、不义的标签。在双方交锋过程中,双方的成员不断分化,最终形成界限分明的两个阵营,极端情绪化的言论在阵营界限分明后,变得更加整齐有力,使得群体聚集和群体盲从成为常态,进而逐渐造成群体极化。这种作用实质上是得益于群体动力学,置身于网络舆论事件中的人们往往会倾向于把群体的人数规模夸大,从而自我暗示以代表群体多数,更加肆无忌惮地去表述极端言论,再加上网络沉默螺旋现象的存在,使得这种群体极化现象更加严重。

---

① 罗昕. 网络舆论暴力的形成机制研究[J]. 当代传播,2008.

（三）舆论框架和哄客围观

舆论热点形成以后，舆论走势往往并不会因为当事人或者有关部门的声明而改变既定的趋势，网民多会按照既定的认知定势和思维框架，继续按照自己原本的态度推进舆论热点事件继续发酵。网民的思考方式、道德评判往往会显得简单粗暴、固执定势，尤其是网络中群体极化现象、沉默螺旋现象大量存在的情况下，这种定式思维、舆论框架更加明显。一方面群体动力使得网民更加坚定自己的判断，更愿意表露自己的既定观点；另一方面群体作为坚强的后盾，使网民更加肆无忌惮，再加上出风头、反叛等心理因素的影响，这种舆论框架效果更加明显。

网络舆论暴力的形成离不开围观哄客的作用。哄客按照作用和活跃程度可大致分为舆论领袖式哄客和普通哄客，舆论领袖式哄客是舆论领袖在网络舆论中的体现，除具备一般舆论领袖特质之外，还多具备围观、哄闹的特征。哄客特征多指针对网络舆论热点事件，采取狂欢式围观并通过吸引眼球的言语行为来赚取点击率、发表意见的网络人群。舆论领袖式哄客担任重要的起哄作用，属于网络舆论中的中坚力量，负责引领舆论、发表指导性言论，自我标榜为该立场群体的代表，激发、引领、联系、代表本立场群体。普通哄客多为普通围观者，带有一种围观看热闹的态度，多为舆论领袖式哄客的主要追随者和依托力量。哄客群体中不乏群体激昂的偏激者，与当事人的沉默理性弱势形成鲜明对比，这部分群体往往是网络舆论暴力的具体实施者，甚至会粗暴干预舆论热点事件中当事人的私人事务。

（四）言论暴力伴随着行为暴力

网络舆论暴力最初一般主要体现为言语暴力，往往是网民围绕舆论热点事件展开的言语交锋，然而到后期随着言语暴力的不断升级，行为暴力以及现实暴力开始产生，并与言论暴力融为一体，典型形式是经过人肉搜索等暴力行为后，偏激网民开始在线下展开现实的行为暴力，如采取恐吓威胁的形式对网络舆论热点事件当事人的正常现实生活暴力产生干扰。由言语暴力转为行为暴力多由具体的情节点，如舆论热点事件当事人被人肉搜索之后，信息被公布，会立刻产生现实的行为暴力，现实行为暴力的程度与舆论热点事件的激烈程度、网友关注度、网络言语暴力程度有关，采取的主要形式有骚扰、辱骂、恐吓、恶搞等。

(五)传统媒体与网络媒体的交叉共鸣

传统媒体在网络舆论暴力生成过程中扮演重要角色。传统媒体与网络媒体之间存在议程设置互动，传统媒体与网络媒体对舆论热点事件的交叉放大、交叉共鸣作用使得舆论事件的热点效应增强，现实中的很多网络舆论热点事件都是由传统媒体的报道出发，再由网络媒介的传播特性加以放大和扩散；同时网络舆论热点事件往往也会在传统媒体中得以体现。一方面网络时代的大背景使得传统媒体的采编机制发生改变，传统媒体由于传播速度和时效性问题，往往多紧跟网络热点舆论事件步伐，这便产生比较奇特的“溢散现象”。另一方面传统媒体与网络媒体具有异质性，与网络媒体的开放多元、不可信性相比，传统媒体往往更加权威可信，更代表着专业公信力，代表着体制政府和专业人士意见，往往能更加专注地传递权威的、口径一致的声音，因而对网络舆论暴力具有一定消解作用。

三、网络舆论暴力形成模式建构

网络舆论暴力形成过程是复杂和多元的，鉴于网络舆论暴力形成迅速，仅在特定时间段内发生，破坏力强大等特征，有学者将其形成模式归结为龙卷风模式，颇为贴切，一来是因为其外在形态由热点事件引起，经过发酵壮大，情节点引爆，到最后消失，与龙卷风形态颇为一致，另外特性都具备较大破坏力。网络舆论暴力形成按照其自身发展演变历程，大致可以分为潜伏期、初期讨论、事件引爆期、高峰期、反复期、衰退期、后续延伸期。[①] 网络舆论热点产生之初，具有一定的潜伏期，即不确定性、模糊性，然后进入最初的少数讨论期，参与者多为紧密的知情人。在此网络事件进入分水岭，一类经由媒体等引爆，成为网络舆论热点；另一类则由当事人或者权威人士立刻澄清，采取危机公关、封杀的手段，在进入引爆期之前便成功阻止事态进一步发展。对于前一类事件引爆

---

① 罗昕. 网络舆论暴力的形成机制研究[J]. 当代传播，2008.

点引发大量网民的强烈关注和激烈讨论，产生强烈的舆论热点特征，成为网络舆论热点事件。此后是网络群体的分化和阵营的形成以及在激烈争论中的群体极化。在反复期内，舆论阵营双方势力形成反复的拉锯战，此阶段为网络舆论暴力高发期，充斥着网民的言语暴力，在哄客等多重因素交织作用中，网络舆论暴力由网络延伸到现实的线下行为暴力，传统媒体的介入形成交叉放大，使得强势舆论最终得到增强和扩张。随着事态的演变，沉默的螺旋作用使得强势舆论呈现压倒性的胜利，网络舆论热点事件开始进入消退期，逐步被新的热点所取代，然而网络舆论热点事件并不像部分学者认为的那样完全迅速消退，而是进入休眠期，一旦新的事态、情节点重新引爆，则会再次兴起，卷土重来。鉴于网络舆论暴力的危害性，其声张的正义往往是偏激的、极端的，其危害超出正常的道德法律限度，因此需要采取合理有效措施及时引导，阻止热点事件发酵成为舆论暴力事件，在热点事件潜伏期及初期讨论阶段便适时介入，比如当事人的危机公关，权威部门的发布会，传统媒体的权威报道等。

第八章
网络舆情传播研究与应对策略

第一节 网络舆情传播途径及特征

一、传统交流模式下的网络舆情传播

在传统交流模式下，网络上的言论主要是通过传统媒体进行传播，在运行模式上主要是引用、摘抄、转载报纸和电视等的报道，并进行探讨，网络舆情在传统交流模式下的传播有两种主要因素是不可忽视的。

（一）传统媒体和网络媒体间的议程设置

传统媒体具有的信息资源优势，促使其最先报道新闻事件，而网络媒体的言论交互性促使网民对于参与网络舆情事件的情绪高涨，客观上促使网络舆情的快速发展。这说明传统媒体在为网络舆情设置了议题，网络媒体的报道再得到传统媒体的积极响应，两者共同为公众设置了议题。网络舆论在不同意见的冲突中进行融合，最后形成主流性意见。

（二）意见领袖的作用

在网民中总会有一些意见领袖，他们能在新闻发生后，第一时间向公众提供消息的最新进展。在网络舆论出现混乱时，意见领袖的言论成为网民的“指明灯”，这时的意见领袖俨然成为议程设置和舆论的中介。

二、信息交互模式下的网络舆情传播

传统媒介的话语表达对象局限在专家、学者等社会精英人群，话语传播具

有单向性。普通民众只能被动接受,无法互动参与、自主表达。互联网技术尤其是 Web 技术的出现和发展,为普通民众的话语传播提供了平台,同时也增强了网民之间的互动性,信息实现交互。

(一)信息交互模式下的网络舆情传播途径

网络新闻来源于上游媒体,第一手新闻的来源通常是报纸、广播、电视等,其影响借助于互联网而扩大。报道的主观倾向性会影响受众,对网络舆情的发展会带来先入为主的影响。因此,要做好网络舆情的引导,报道客观公正是首要的。移动互联网络中的网络舆情不同于社会现实舆情,移动互联网的网络舆情发生方式主要有:主流门户网站发布的新闻和跟进评论、即时通信软件上传播的消息和各种定制 APP 发给用户的资讯信息。

(二)信息交互模式下的网络舆情传播特征

1. 多源性

舆情的来源具有多样性,网民分布于社会各阶层和各个领域,涉及政治、经济、社会生活等等,网民可在不受任何干扰的情况下事先写好言论,随时在网上发布,可被任意评论、转载。

2. 突发性

网络舆论的形成往往非常迅速,一个热点事件的存在,再加上一种情绪化的意见,就可以成为点燃一片舆论的导火索。

3. 多向性

网络舆情发展容易向多个方向变化,且更易产生偏激言论、极端化倾向等负面的网络舆情。负面方向发展倾向是网络舆情发展趋势的一个重要特征。

4. 直接性

通过网站等平台,网民可随时发表意见,民意表达更加畅通。由于互联网的匿名性,多数网民会表达真实观点、反映真实情绪。

5. 互动性

在互联网上,网民普遍表现出强烈的参与意识。对某一问题或事件发表意见、进行评论,还可进行探讨、争论。

三、自媒体环境中的网络舆情传播

2003 年，美国的媒体学者谢因·波曼(Shayne Bowman)和克里斯·威理斯(Chris Willis)在其著作 We Media 中提出“自媒体”的概念。[①]目前，自媒体涵盖了推特(Twitter)、脸谱(Facebook)、博客(Blog)、微博、微信、论坛等社交化媒体，传受双方集于一身。

(一)自媒体时代舆论传播的路径

1. 大众参与报道现场

在自媒体平台上，每个人都享有发布信息的权力，可以随时随地“报道”身边的新闻，第一时间记录身边发生的新闻事件、新闻现场。

2. 碎片化信息快速蔓延

舆情事件爆发时，碎片化信息在微媒介平台上急速传播，相关事件的各种版本和被肢解的片断信息在自媒体平台上广泛流传，网友情绪化的意见呈现出病毒式蔓延的趋势，舆情形势严峻。

3. 官方与主流媒体介入

随着舆情的不断升级，官方和主流媒体对事件真相进行解读、分析，引导舆情正确走向，将纷乱的舆论场重新聚焦，将舆论的注意力引到对真相的探寻和理性的分析上。

4. 公众情绪趋于缓和

随着多方的参与和事件的推进，舆情事件的真相得到呈现，流言、臆测逐渐被消解，公众的诉求逐渐完成，公众情绪趋于缓和，自媒体平台上的舆情逐渐回落。

(二)微媒介的舆论传播特征

1. 网状链式的传播促成裂变效应

微媒介用户的“关注”与“被关注”关系使其呈现出一种基于社会虚拟人际关系的网状信息传播形态，舆论短时间内快速聚合，发生裂变和扩散，形成裂

① 邓新民. 自媒体:新媒体发展的最新阶段及其特点[J]. 探索，2006(2):134.

变效应，使某一种情绪的声音被放大，易导致负面舆论场的形成。

2. 节点辐射式的传播促成扩散效应

在微媒介的传播生态格局中，可以把每个个体看成是信息传播链条上的一个传播节点，一旦强刺激的议程出现，巨网中的每个节点就会向其他节点传播议程，发表评论，以扇形不断辐射、扩散，最终掀起强大的舆论冲击波。

3. 圈(群)波式传播导致集群效应

微媒介在结构组合上大都基于不同的人际关系圈，用户之间价值取向和兴趣关注点几乎一致。舆论信息一般先在圈内部进行，形成小的舆论波，再横向扩散到其他圈。在圈(群)扩散的过程中，趋同的声音会吸引越来越多持相同或相近观点的人，不同的声音就会被淹没，从而形成声势浩大的舆论。

四、基于社交网站的网络舆情传播

随着网络技术的不断发展，网络舆情除了通过网络新闻、电子邮件、网络评论等传统交流模式进行传播外，又出现了以维基为代表的新形态的信息交互模式，以 QQ、MSN 为代表的即时通讯舆情模式，以博客、个人新闻平台为代表的个人网站舆情模式和以手机短信、手机电视等为代表的手机舆情模式。

网民在自己的博客、播客及个人新闻平台上发表自己的见解，其他网民可进行浏览观看，但不能制造信息，个人网站模式下的网络舆情传播属于一点对多点的非交互式传播。①

五、基于移动终端的网络舆情传播

(一)手机等移动终端：网络舆情传播的新渠道

在传统表达渠道受阻的现实困境下，以手机为主的移动终端成为继因特

① 范鹏，魏胜文，魏琦. 2006—2007 年甘肃省舆情分析与预测[M]. 甘肃：甘肃人民出社，2006：240-241.

网在舆情传播的又一有力突破口。据工信部的统计数据显示，中国手机用户总数在2014年5月底已接近13亿。

著名传播学者利文森预言，手机将超越互联网，互联网将成为手机的副手。传播学者哈罗德·伊尼斯(1894—1952)断言："一种新媒介的长处，将导致一种新文明的产生"。①

(二)手机媒体舆论传播的传播学分析

民意在正常渠道难以获得直接有效的表达后，通过手机媒体推动舆情传播，体现了媒介选择或然率的传播学意义。②

1. 手机媒体人际关系的传播优势

人际传播是个人与个人间的信息传播活动，也是由两个个体系统相互连接组成的信息传播系统。手机媒体人际传播除了具有人际传播的一般特点外，它还带有媒介自身的特点，如传受双方在交换信息时通常是平等参与，手机短信的传播形式是互动的，反馈是即时的，传播过程依附于手机传受双方原有的人际关系，可信度较高。③

2. 手机媒体个体私密的传播特征

如果说网络培养了公民自由言论的公开表达，那么手机将更加充分体现公民个人意见的表达。手机这种新媒介由于它比任何一种媒体都具有个体性，能带来某种程度的匿名状态下的相对安全，使得信息传播者实现自由诉求。

3. 手机媒体滚雪球式的把关模式

手机媒体的信息把关模式由漏斗式向滚雪球式蜕变。当众多的手机用户拥有传播信息的资源和机会，也便成了手机媒体"把关人"的主体。如果公民自我设置的议题能在短期内引起大量公民的关注，那么它也能很快引起传统媒体的关注，甚至进入传统媒体的"议程设置"，冲出虚拟网络，引起社会大众及有关政府部门的关注。

① 哈罗德·伊尼斯. 传播的偏向[M]. 北京：中国人民大学出版，2003：译者序言.
② 罗昕. 公共治理视阈中的手机媒体舆论[J]. 新闻知识，2008(1)：64-65.
③ 匡文波. 手机媒体概论[M]. 北京：中国人民大学出版社，2006：41.

第二节 网络舆情事件成因与治理模式

一、网络舆情事件形成原因分析

随着互联网的不断发展，网民利用互联网表达自己观点的主动性越来越强，社会事件尤其是一些突发事件犹如被置于放大镜之下，网络舆情事件的形成必须具备一定的因素，主要表现为以下七个方面。

（一）社会事件

社会事件或者作为社会热点、难点问题的公共话题出现在网络上。社会事件是网络舆论形成的导火索，其性质往往决定着舆论的热度和影响力。

（二）社会心理

社会公众的不同心理趋向决定着事件可能引发的舆论强度。当前社会中“仇富、仇官、仇警”等情绪较突出，一旦发生相关的事件，就更容易引发网民关注。

（三）重点网站

重点网站如果集中、突出报道某个事件，便会在极短时间内形成网上热点，对形成主流舆论具有巨大作用。

（四）传统媒体

相较于网络，它具有更高的可信度，传统媒体介入是否及时，介入后的报道力度和言论倾向，都对网络舆论走向具有重要引导作用。

（五）政府应对

事件发生后，政府应对措施的适当与否直接影响网络舆论的走向，部分网络事件之所以会引发负面舆情，与地方政府应对措施不当有着紧密关系。

(六)意见群体

网络论坛主、新闻线人等资深网民是影响网上舆论热度或走向的重要因素,许多"意见领袖"的博客、论坛等对网络舆论的走向发挥着重要引领作用。

(七)网民参与

网民既是受众,又是传播者。众多的个人意见经过交流、辩论,少数人的意见被淹没,形成持某种倾向性的多数一方的意见,或在多种观点碰撞下,网络舆情事件变得越来越敏感,最终爆发网络舆情危机。

二、网络舆情治理模式研究

(一)当前网络舆情的治理模式及其问题

目前我国网络舆情的治理模式可以归结为政府主导型网络舆情治理模式和多中心合作型网络舆情治理模式两种。政府主导型网络舆情治理模式存在诸多问题,如管制和对抗的治理理念仍然存在,习惯于删、关等治理手段。

多中心合作型网络舆情治理模式是网络治理的必然选择,然而,该模式源于西方发达的市场经济,强调限制政府的作用,这对于现阶段的中国来说并不适合。①

(二)多元主体协同治理模式的提出

国内学者结合我国特殊的网情,提出了我国网络舆情治理新方式:多元主体协同治理,即各主体之间相互协作,重视公共行政在协同治理中的平等、自由,倡导相互协商、信任的官民共治理念。

(三)新形势下网络舆情多元主体协同治理模式的主要内容

1. 网络舆情治理中的利益协同

在网络舆情治理决策制定中,政府应主动联系网络企业、网民等进行"会

① 徐晓林,陈强,曾润喜. 中国虚拟社会治理研究中需要关注的几个问题[J]. 中国行政管理,2013(11):7.

谈”,促进网络舆情治理共识的达成,制定多元主体相互合作中的利益目标,以平等的网络舆情建设者身份,共同参与到网络舆情的治理工作中来。

2. 网络舆情治理中的资源协同

在网络舆情治理决策执行中,资源协同起着重要作用。多元主体协同治理方式是以人力资源为基础,以相关制度为保障,以电子政务为技术支持,以各主体间信息资源的沟通交流为目的。

3. 网络舆情治理中的政策协同

政策协同是指为了保障网络舆情治理实效,在网络舆情治理中采取的一系列保障政策协同方式。保障政策协同方式既要做到使网络企业、网民等的网络舆论话语权得以保障,又要做到促进网络舆情健康发展。

三、网络舆情综合治理的长效机制

科学有效地应对网络舆情,不是一个单纯的技术问题,也不是单靠短期突击就能解决的权宜之计,而是一项长期的战略任务,需要社会各界协同努力,构建科学有效、可靠实用的长效机制。

(一)建构优化网络与传统媒体互动的舆论新机制

传统上认为报纸是第一媒体,随着社会信息化、信息网络化和全球一体化的发展,互联网正在超越传统媒体成为第一媒体。政府必须在强化网络媒介管理的基础上,整合媒界所有资源,充分利用广播电视等传统媒体,建立网络媒体与传统媒体联合互动机制,营造社会舆论大环境,消解舆情危机。

(二)系统建设预研、预测、预警、预案一条龙的长机制

应对网络舆情必须建立预研、预测、预警、预案一条龙的长效机制,建立常态化、规范化、制度化的网络舆情预研机制、网络舆情预测机制、网络舆情预警机制和网络舆情预案机制,真正形成四位一体的长机制。

(三)加速构建网上治理与网下解决有机结合的大机制

网络舆情发生演化在网上,而其背后和深层原因在网下。只有网上网下有

机结合、协调互动，网络媒体单位与地方各级政府联手，才能真正解决现实生活中人民群众的切身利益问题。

第三节　网络舆情事件处置与应对策略

一、网络舆情事件的政府管控与应对策略

（一）政府在治理网络舆情事件方面存在的问题

1. 应对方法过于简单，缺乏使用“网络技巧”

政府在治理网络舆情事件特别是负面的网络舆情时，往往存在处理方式、方法过于简单、粗暴，轻引导、重处置的问题。[①] 如对网络上出现的负面言论进行“封堵”，利用网络技术，对网络上的负面消息进行“删除”等。

2. 处理事件的“黄金时间”延误

在处理网络舆情事件上，存在最有利于处理事件的最佳时间，即“黄金时间”。[②] 只有在第一时间快速反应，才能占据主动。然而，一些部门在处理网络舆情时却没有应有的敏感性，长时间不做回应，甚至回避，错过“黄金时间”。

3. 群众的知情权难以得到保障

在网络舆情产生后，政府部门应该迅速对事件进行全面调查，让民众获得应有的知情权。然而，在处理一些突发网络舆情事件上，民众的知情权难以得到满足，激发社会各界的愤怒。

（二）政府治理网络舆情事件时存在问题的原因分析

政府在治理网络舆情事件方面出现这些问题的主要原因简单来说主要有：网络舆情管理的法律、法规不够健全；网络舆情事件的预警及监测机制尚未成熟；治理网络舆情事件的意识和能力缺乏；政府在网络舆情搜集监测、研

① 梅松. 政府网络舆情治理中的主要问题及对策思考[N]. 中国青年报，2012(03)：32-34.
② 宋海龙，巨乃岐. 突发事件网络舆情的形成、演化与控制[J]. 河南工程学院学报，2010(12)：12-16.

判引导方面的队伍薄弱;互联网中的"意见领袖"缺位。

(三)政府应对网络舆情事件对策

1. 以人为本,体现民意

政府在应对网络舆情事件时必须坚持以人为本,充分倾听、搜集广大网民的心声,真实体现网民价值。

2. 提高网络发展,规范网络舆情

政府要坚持全面发展,加快网络的普及和发展,特别是对一些不发达地区给予政策上的扶持,推动社会的信息化进程,提高网民的综合素质。政府在治理突发事件网络舆情时应该将"堵"变为"疏",将舆情疏导为民意的表达。党和政府引导和规范网络舆情,使网络舆情常态化、规范化。

3. 提升政府治理网络舆情事件的能力

(1)加快网络舆情事件治理的立法进程,加强网络舆情事件治理的执法监管

目前我国监管网络舆情事件的主管部门较多,操作时易引起不同部门的权力交叉,网络事件处理效果不佳。政府应当进一步明确事件治理主管部门职责分工,发挥各部门的职能优势。

(2)建立政府各职能部门网络舆情事件工作机制,完善网络舆情事件的信息研判机制

政府相关部门要主动融入网络虚拟社会中,研究网民思维方式,不断完善网络舆情的相关工作机制。建立网络舆情事件预警工作机制、明确日常网络舆情工作目标、形成政府各部门间的协作交流机制。①

完善网络舆情研判机制,相关专兼职人员要透过错综复杂的表面现象,把握舆情的本质,获取舆情运动规律性的认识,并据此提出对策建议、达到辅助决策目的的工作运行方式。②

(3)加强网络基础设施和网络舆情技术支持系统建设

网络舆情研判是较为复杂的一项系统工程,这就需要政府相关部门建立起强有力的技术系统支撑。一方面,加快加强网络基础设施建设,组建和培养

---

① 娄天峰. 网络舆情突发事件预警机制研究[C]. 第四届国际应急管理论坛暨中国(双法)应急管理专业委员会第五届年会,2009.

② 董德兵,蔡中华. 网络舆情掌控及妥处机制:概念界定、现实困难与路径突破[J]. 新建社科论坛,2011(08):22-26.

网络舆情技术专业人才队伍。另一方面,通过构建计算机网络舆情监测系统和设备良好的技术平台,辅助政府舆情工作人员对网络舆情信息进行舆情自动收集和处理,建立定性与定量分析网络舆情的指标体系。①

4. 提高政府官员的网络素质,提升政府的网络舆论形象

许多政府官员缺乏媒体素养,面对民众诉求和网络呼声,采取“拖、躲、捂、推”的方式,政府的公信力受到质疑。应强化政府官员网络媒介素养,积累一定的网络媒体基础知识,科学地引导网络舆论导向,提升政府的网络舆论形象。

5. 培育网络舆论引导队伍

建立一支专门的政府发言人队伍,完善网络新闻发言人制度,及时对网络热点、焦点问题进行专业分析,并第一时间发布权威信息,积极回应网民各类诉求。②

组建一支政治素质高、熟悉“网言网语”的网络评论员队伍,努力使其成为网民中具有较强影响力、号召力的“意见领袖”,正确引导网络舆情。

二、网络舆情事件处置预案的制定

全媒体时代下,只有增强舆情意识,掌握网络传播规律,完善处置工作机制,才能有效提升应对能力,遏制网络舆情事件的不良发展。网络舆情事件具有一定的生命周期,经历一个从萌发到消亡的过程,应根据舆情特征、周期及阶段性规律,有所侧重地开展应对处置工作。

(一)质疑期舆情事件的应对处置

网络舆情有质疑期,此时舆情已初露端倪,信息量虽少,但已引起人们普遍关注。应对措施为:更新观念,树立舆情危机意识;健全机制,强化预警分析研判;强化调查,规范情况信息反馈。

(二)爆发期舆情事件的应对处置

对于已然爆发的舆情危机,政府应牢牢把握话语权和主动权,加强舆论引

① 郝晓玲. 网络舆情研判技术的研究进展[J]. 情报科学,2012(12):1901-1905.
② 穆黎. 网络发言人的现状及未来发展[D]. 郑州:郑州大学,硕士学位论文,2011.

导，关注舆情发展，加紧事件处置。应对措施有：健全新闻发布机制，加强沟通协调，加强事实报道；加强舆情实时跟踪，强化舆情监测，关注舆情发展；严格依法处置事件，防止矛盾激化和事态恶化。

（三）高潮期舆情事件的应对处置

应对措施为：及时公布处理结果，给网民留下良好的第一印象；强化舆情危机公关，加强与网民互动；完善与媒体合作机制，加深社会对政府工作的认同感。

（四）消退期舆情事件的应对处置

此阶段应着重加强舆情危机的反思与自身制度的完善，从根本上杜绝舆情危机的发生。要研析舆情事件发生的深层原因；深化制度建设，杜绝舆情事件的再发生；强化正面宣传，提高政府公信力和社会认同感，消除舆情事件带来的负面影响。

三、网络舆情的媒体引导与把关

（一）传统媒体发挥信息权威优势，增强网络舆论导向功能

相对于网络媒体，传统媒体的一大优势就是权威性，传统媒体应充分发挥其舆论监督和引导功能，以媒体的理性引导公众有序合法地表达，培植促进公民自律的强大社会力量，更好地引导健康的网络舆论。[1]

（二）网络意见领袖正向引导网络舆论

德国传播学家诺依曼的"沉默的螺旋"理论指出，人际交往中"劣势意见的沉默和优势意见的大声疾呼"的螺旋扩展，会导致社会生活中占压倒优势的"意见"的诞生。[2]网络意见领袖的作用不容小觑，可引导正确舆论导向，维护正常有序的网络环境。

---

① 董敏. 网络舆论监督的负效应和伪监督现象研究[D]. 河北大学，硕士学位论文，2010.
② 刘海波. "沉默的螺旋"与恶俗广告蔓延[J]. 新闻世界，2009(06)：11-14.

四、网络舆情传播与媒介素养教育

政府要充分发挥其引导者的作用，透过各种教育体系，提升公民的政治素质、道德素养和媒介素养，推动公民对网络舆情现状的认知和参与。

相关政府部门一方面进一步提升网络舆情工作和服务水平，定期与网民群体进行互动、交流、沟通，为公民网络舆情参与创造良好氛围。另一方面应从教育入手，提高公民的网络自律意识和道德修养水平。公民自身素质的高低，对网络舆情参与的公正和客观性具有直接的影响。而教育一直被认为是改变社会道德滑坡现象、提高公民素质的重要渠道。因此要促进网络社会良性秩序的建立，应当大力发展中高等教育和继续教育，从思想观念上、科学文化水平上与媒介识别能力上提高公民的整体素质，形成文明上网、理性发言的良好氛围。

五、网民自律与责任意识培育

网民是网络舆情传播的基础。在当前我国网络社会规范还未真正建立健全的环境下，网民容易受到一些非理性情绪的感染和恶意误导信息的影响，加剧情绪化导向，导致网络舆情事件发展成公共事件。作为网民，应当增强自律与责任意识，不断约束自己的日常网络使用行为，培养自己的理性思维能力和明辨是非能力，警惕陷入虚假信息的传播螺旋，为构建和谐健康的网络舆论环境贡献绵薄之力。

六、网络舆情事件应对的世界经验

目前，国外许多国家对网络舆情事件的管理和引导十分重视，并采取了相应措施对网络舆情事件进行规范。美国、加拿大等国家从法律和技术层面对网络舆情事件进行监控，有很多值得我们学习和借鉴的做法与经验。

(一)美国：完备的法律体系和成熟的技术手段

美国是互联网的诞生地，网络技术发达，网络设施完备，网络信息丰富。美国政府十分重视网络舆情的管理,并且在网络舆情管理方面较为成熟。

1. 完备的网络舆情监控法律体系

美国制定的互联网管理和舆情监控法律十分健全,美国政府已经颁布了近 100 部应急法律,而且还制定了许多规章制度,制定了世界上最完善的信息公开法律。美国对互联网的管理和规范已经覆盖了国家整个的国家安全、基础资源管理、网络安全与网络运行、个人隐私、未成年人上网保护、知识产权保护等。

2. 成熟的网络舆情监控的技术性手段

目前来看,美国是世界上在信息监控方面技术最为先进的国家。利用其自身网络技术的优势,通过设立网络分级标准体系,改革和创新网络信息检索方式,运用先进的内容信息分级过滤技术、网络安全技术和信息屏蔽技术等对互联网信息进行分级过滤与监控,从而实现网络舆情的管理。美国政府为了过滤网络上的不良信息,制定了"互联网网址清单"来封堵用户的访问。

(二)加拿大:健全的应急机构与先进的应急系统

加拿大是一个信息化程度很高的国家,也是世界上少数几个具有完备的互联网监管机构和体系的国家之一。加拿大政府强调政府网络信息应急管理能力建设,能较好地应对网络舆情事件,并实施有效的监控和引导。

1. 加拿大应对网络事件应急组织架构

加拿大的应急事务管理体制分为联邦、省和市镇等三级模式,实行分级组织管理模式。根据紧急事件的不同种类或事件的影响不同,协调中心分工也不同,有专门应对网络突发事件的,如网络警察。

2. 先进的电子政务体系与网络事件应急系统

加拿大政府于 1994 年发布了《运用信息通信科技改革政府服务蓝图》,这是世界上首份国家发布的从运用信息通信技术角度全面改革政府的框架性文件。加拿大政府部门之间在法律框架下逐渐构建了包括信息安全和网络监控等的网络通讯管理体系,还建立了政府紧急行动中心,协调情报局、外交部等多个部门在紧急状态下的行动。

第四节 微信朋友圈人际印象管理

一、朋友圈印象管理研究说明

印象管理是社会互动和人际传播中的一个重要内容，是人们试图管理和控制他人对自己所形成的印象的过程。[①] 人们会根据社会环境的需求、他人的期待以及自我评估，进行相应的社会行为模式，包括自我形象塑造和展示，这种经过改良的自我形象在一定程度上反映了社交平台环境情境的同一性。在可塑造性较强的虚拟互联网社交平台中，在微信朋友圈"强关系"社交人际传播网格的表演场域下，在人际传播品性素质和能力素质水平不完全相同的情况下，进行自我探索和印象管理活动的研究具有时代特色性和实践探究性。

(一)研究假设

研究假设一：大学生的个人因素(包括性别、年级、朋友圈与现实形象一致性)和微信使用习惯(使用微信时长、打开微信次数、微信好友数量、使用微信原因、微信关注人群）会造成其微信朋友圈人际传播素质和印象管理的使用程度存在差异。研究假设二：大学生在微信朋友圈的人际传播素质高低与印象管理程度强弱具有正相关。研究假设三：大学生在微信朋友圈人际传播中运用获得性印象管理和保护性印象管理的程度具有正相关，且前者小于后者。

(二)量表设计

1. 人际传播素质量表设计

总共包含10个题项，采用7分量表的计分方式。如表8-1所示。

① 刘娟娟. 印象管理及其相关研究述评[J]. 心理科学进展，2006(2)：309-314.

表 8-1 人际传播素质量表

变量名	描述
A1	与他人交谈或讨论时如果发现自己说错了什么,我能勇于承认
A2	沟通时很关心对方的问题,对其所说的话表现出很强的兴趣
A3	在与他人沟通时,我会优先给他人机会来表达意见和想法
A4	沟通时,我会根据谈话对象选择合适的语气、用词
A5	对谈话场合很敏感,我不会做出不合时宜的举动
A6	我能用简洁的语言将事情的来龙去脉表述清楚
A7	遇到不清楚的地方,我能通过合适的提问来获得更多信息
A8	沟通时,我会根据与对方的关系类型选择合适的话题
A9	与人交流时,我非常明确自己在关系中的角色
A10	我不仅能听懂对方话的词面意思,而且能理解对方潜在的情绪

2. 印象管理量表设计

根据 Arkin(1981)提出的获得性印象管理和保护性印象管理,将印象管理量表分为获得性印象管理量表和保护性印象管理量表。

(1)获得性印象管理量表设计,如表 8-2 所示。

表 8-2 主动性印象管理量表

变量名	描述
B1	我会经常在朋友圈更新自己的状态,上传图片或发布文字
B2	发布照片时,我会挑选那些可能会引起好友注意的照片发布到朋友圈上
B3	发布文字时,我会斟酌文字,以便更好地吸引别人的关注
B4	对于时下热点新闻或热门话题,我会立即更新自己的状态以保持同步
B5	如果我的某一个朋友圈动态能够引起大家的关注,我倾向于继续发布类似的动态
B6	我经常在很多好友发布的朋友圈下点赞或评论
B7	我有时会在评论里故意透露出有很多人点赞
B8	当别人给我评论时,我会第一时间回复
B9	我对朋友圈非常重视，会将自己的朋友圈和其他人的朋友圈进行对比，并模仿别人发朋友圈的优点
B10	在朋友圈上,我善于展示自己的优点,希望自己能够被别人了解和喜欢

(2)保护性印象管理策略量表设计,如表 8-3 所示。

表 8-3 保护性印象管理量表

变量名	描述
C1	我会根据将要发布的朋友圈状态的性质决定是否对该状态设置为分组可见
C2	我会控制自己发布朋友圈的频率,以防好友对我太高的发布率产生反感
C3	我很少在朋友圈上发泄负面情绪,即便有发布的情况,最后也会删除
C4	对于会给自己带来麻烦的好友朋友圈状态,我选择不做评论
C5	对于自己不太懂的知识领域内的朋友圈状态,我不会不懂装懂
C6	在朋友圈上,如果有好友发布了我形态不佳的照片,我会让对方删除这张照片
C7	当我在朋友圈发布自己的照片,但得到好友的"PS 处理"或"摆拍"等负面评论,我会坚持称这就是我本人的真实写照
C8	当好友对我在朋友圈里发布的状态提出质疑或批评时,我会进行回应,比如删去该状态或者道歉等
C9	如果我对发布的朋友圈的点赞和评论实际值小于期待值,我会思考如何提高关注度
C10	在朋友圈上,我善于弱化自己的缺点,希望自己在别人心目中是完美的

(三)研究方法

采用定性研究与定量研究相结合。以广州市大学生为研究对象,共访谈了20 位学生,运用了微信访谈、电话访谈和面对面访谈方式。采取随机抽样的方式,共发放问卷数为 550 份,有效答卷数为 532 份。

(四)数据统计与分析

不同基本信息的人际传播素质评分和印象管理评分的差异性分析。

1. 不同基本信息的人际传播素质评分比较

比较各组内平均值的大小可得:

(1)性别:女(M=5.18)>男(M=4.96),表现为女性人际传播素质明显高于男性人际传播素质。

(2)朋友圈与现实形象一致性:完全一致(M=5.24)>不完全一致(M=5.

02)＞完全不一致(M=4.25),表现为人际传播素质由高到低,最高的是认为朋友圈与现实形象完全一致的大学生，其次是认为朋友圈与现实形象不完全一致的大学生,最低的是认为朋友圈与现实形象完全不一致的大学生。

2. 不同基本信息的获得性印象管理评分比较

比较各组内平均值的大小可得：

(1)性别:在获得性印象管理使用程度上,男性(M=4.33)大学生的使用程度高于女性(M=4.11)大学生的使用程度。

(2)每天打开微信次数:在获得性印象管理使用程度上,平均每天打开微信 35 次以上(M=4.48)大学生的使用程度最高,5 次以下(M=3.60)大学生的使用程度最低。每天打开微信次数越多,获得性印象管理使用程度越大。

(3)微信好友数量:在获得性印象管理使用程度上,使用程度最高和最低的群体依次为:微信通讯录好友数为 200 人以上(M=4.52)大学生,好友数为 50 人以下(M=3.75)大学生。微信通讯录好友数越高,获得性印象管理使用程度越大。

(4)使用微信原因:在获得性印象管理使用程度上,使用程度最高和最低的群体依次为:为了引起别人注意使用微信(M=5.73)大学生,由于其他原因使用微信(M=3.60)大学生。

(5)微信关注人群:在获得性印象管理使用程度上,使用程度最高和最低的群体依次为:关注商业机构或负责人(M=5.20)大学生,关注其他人群(M=3.52)大学生。

3. 不同基本信息的保护性印象管理评分比较

基本信息中的性别(Z=-0.679,P=0.497)、年级(Z=0.621,P=0.892)、使用微信时长(Z=0.422,P=0.793)、每天打开微信次数(Z=3.645,P=0.456)、使用微信原因(Z=7.668,P=0.568)、微信关注人群(Z=4.196,P=0.757)和朋友圈与现实形象一致性(Z=2.821,P=0.244)对于获得性印象管理评分均没有显著差异。有且只有基本信息中的微信好友数量(Z=10.722,P=0.013)对于保护性印象管理评分均有统计学差异。

4. 人际传播素质和印象管理的相关性分析

人际传播素质和印象管理的相关性分析,采用秩相关,即 Spearman 相关进行分析。[①]

人际传播素质与获得性印象管理和保护性印象管理均存在相关性，相关系数分别为 0.301 和 0.444，均为正相关，表现为人际传播素质评分随着印象管理评分的升高而升高，或印象管理评分随着人际传播素质评分的升高而升高。

5. 获得性印象管理评分和保护性印象管理评分的差异性分析

统计量 Z=-6.878，P＜0.001，说明获得性印象管理评分和保护性印象管理评分有统计学差异。大学生使用保护性印象管理的程度大于使用获得性印象管理的程度。

二、微信朋友圈印象管理制约因素

(一)印象管理制约因素

1. 大学生的部分基本信息对人际传播素质和印象管理运用程度存在差异

对于研究假设一，通过调查研究和数据分析可得，大学生的基本信息中个人因素和微信使用习惯，部分组会造成其微信朋友圈人际传播素质和微信朋友圈印象管理的使用程度存在差异，其中：

(1) 大学生基本信息中的性别以及朋友圈与现实形象一致性对于人际传播素质存在显著差异。从性别来看，女性人际传播素质明显高于男性人际传播素质。(2)大学生基本信息中的部分信息，包括性别、每天打开微信次数、微信好友数量、使用微信原因和微信关注人群，对于获得性印象管理评分均有统计学差异。(3)大学生基本信息中的微信好友数量对于保护性印象管理的运用程度存在显著差异，表现为保护性印象管理的运用程度由高到低。因此，研究假设一部分验证成功，并非所有整体都成立。

2. 大学生的人际传播素质与印象管理存在正相关

对于研究假设二，通过调查研究和数据分析可得，人际传播素质与获得性印象管理和保护性印象管理均存在相关性，表现为人际传播素质评分随着印

① 董洪杰. 网络及时通讯中的印象管理和印象形成——基于腾讯 QQ 用户的研究[D]. 曲阜大学，硕士学位论文，2012.

象管理评分的升高而升高或印象管理评分随着人际传播素质评分的升高而升高。因此,研究假设二验证成功,研究假设二完全成立。

3. 大学生运用获得性印象管理和保护性印象管理的程度具有正相关,且前者小于后者

对于研究假设三,通过调查研究和数据分析可得:

(1)获得性印象管理评分和保护性印象管理评分存在相关性,为正相关,表现为保护性印象管理评分随着获得性印象管理评分的升高而升高,或获得性印象管理评分随着保护性印象管理评分的升高而升高,二者的评分具有一致性。(2)获得性印象管理评分和保护性印象管理评分存在差异性,获得性印象管理评分和保护性印象管理评分有统计学差异,且大学生在微信朋友圈人际传播中运用保护性印象管理的程度大于使用获得性印象管理的程度。因此,研究假设三验证成功,研究假设三完全成立。

(二)塑造大学生网络良好形象的建议

1. 塑造具有个人特色的形象

大学生的部分基本信息对人际传播素质和印象管理运用程度存在差异。大学生应该擅于发掘自身长处,看到自己的闪光点,扬长避短,塑造具有个人特色的形象。

2. 提高自身人际传播素质

人际传播素质越高,印象管理的程度越高。大学生在日常生活中应该主动提高自身人际传播素质,以及内容表达、角色认知、环境判断的沟通能力,以至于更好地进行网络印象管理,提升自己的网络良好形象。

3. 重视获得性印象管理和保护性印象管理两方面

大学生运用获得性印象管理和保护性印象管理的程度具有正相关,且前者小于后者。大学生应该重视获得性印象管理和保护性印象管理两方面,尤其是要加强使用程度普遍较弱的获得性印象管理,多从正面让对方了解自己。

4. 不要过分追求形象完美性

印象管理在大学生的生活中发挥着重要作用,但合理运用印象管理,并不是要人们过分追求形象的完美性。人无完人,过分追求形象完美很可能陷入高压的泥沼和自卑的怪圈。大学生们应将不完美化为动力,往更好的方向去努力。

第五节 大数据背景下的网络舆情管控

数据来源多样化、数据量巨大、处理快速及单位价值量不高是信息时代最主要的特点。大数据的出现为网络舆情的发展提供了强劲动力,同时也不可避免地带来一些问题。如何有效运用大数据进行网络舆情的监测与管理是十分必要的。

一、重大网络舆情事件动态监测与采集

大数据技术使得舆情监测的数据来源大大扩展了。从传统的依靠关键词在网站平台抓取数据信息,到用户生成内容,再到搜索引擎使用数据、电子商务运营数据等,都可以作为数据来源。在电子商务运营中,早已有通过顾客浏览数据和购物记录进行数据挖掘、预测顾客购物行为的应用。对舆情监测和预测来说,通过类似于电子商务中的顾客分析和预测,在舆情监测和预测中完全可以实现,大幅提高监测效率,提升预测准确度。在利用新的数据来源进行舆情监测、预测时,不可避免地会涉及隐私问题。“大数据挖掘极大地冲击了互联网的私密性,使网络逐渐成为某种程度上的透明社会。”① 只有在运用新的大数据技术进行舆情监测的同时,划分隐私界限,兼顾网民隐私保护,才能真正发挥大数据在网络舆情监测中的积极作用。

目前,主要通过舆情在网络中存在的不同空间来采集网络舆情信息的,如新闻网站、论坛等网络空间。针对不同空间所存在的不同形式的网络舆情,使用网络爬虫或 Web 挖掘等技术,有针对性汇集有关信息;作为主动型出击方式的网络调查,近来逐渐进入人们的视线。把调查问卷放在互联网主页上,让网民在浏览网页时主动完成问卷,还可以借助电子邮件进行有针对性的抽样调查;设立社情民意网站来采集舆情。

---

① 朱君玉. 大数据时代:网络安全与伦理问题[J]. 新媒体与社会,2014(04).

二、网络舆情分析与网络舆情事件预警

(一)网络舆情分析

随着互联网的发展,网络舆情复杂性和产生速度等方面发生巨大变化。网络舆情分析方法必须在大数据分析的思维下有所创新。

1. 网络舆情大数据分析方法创新

(1)基于网络日志数据挖掘的隐性舆情分析

网民的浏览日志记录了网民 IP 地址、浏览时间等数据,可通过分析日志,统计某地区、某时间段的浏览热点,如网站推出的“舆情热点排行榜”就是这方面的应用。目前,一些搜索引擎公司已经研发了通过搜索日志挖掘、发现网络舆情的技术和应用,如谷歌公司开发的“谷歌趋势”应用。

(2)基于社会网络分析的舆情主体关系发现

中国工程院李国杰院士认为“数据背后是网络,网络背后是人,研究网络数据实际上是研究人组成的社会网络”。[①] 互联网上不同主体间的互动形成很多社会化网络,这些舆情主体间频繁联系、相互影响,涌现出一些威望较高的舆论“意见领袖”,左右着其他主体的舆论方向,最终影响整个舆论场。同时,关注点相似的舆情主体间也形成了一些联系相对紧密的子群体,在子群体中信息传播速度更快。要管理和引导网络舆情,就必须对网络舆情主体和舆论子群体进行研究,社会网络分析方法就是有效的手段。

(3)关联不同领域数据进行舆情分析

大数据的一个重要特征是数据的混杂性,我们不仅要接受多样化的数据,还要善于利用多样化的数据,将不同领域数据关联起来进行分析。如将网站新闻数据、论坛数据、微博数据等进行对比,可以分析出舆情热点在不同舆论场的传播速度和广度。

(4)基于网络民意调查的舆情分析

政府要进行舆情分析,只被动接受网络舆情数据是远远不够的,需要走出

---

① 甘晓. 大数据成为信息科技新关注点——访中国工程院院士李国杰[N]. 中国科学报,2012,06(A1).

去，主动收集数据。我国缺乏的不是可供收集的数据和收集数据的手段，而是收集数据的意识。只有主动地进行网络民意调查，才能更有针对性地满足对舆情的需求，更准确地掌握舆情动向。

2. 大数据分析需要注意的问题

注意数据的安全性，设立一个隐私保护模式；注意数据的可获取性，大数据时代加大了数据的获取难度；注意数据的代表性，在进行舆情分析的时候，网络舆情大数据只是一个方面，而非全部。

(二)网络舆情事件预警

建立网络舆情事件预警工作机制，密切关注事件进展，及时收集、关注具体信息，定期召开网络舆情分析会议，并针对各种类型的危机事件制定比较详尽的预警方案。

三、网络舆情引导与网络舆情控制

大数据时代，完全意义上的消息封锁是不现实的。如何有效地运用大数据的优势进行资源整合，有目的地对受众进行舆情引导和控制是非常必要的。

(一)新意见阶层的劝服是最理想的引导

大数据时代，建设和完善政府网站、官方微博是明示的新发展趋势，官方网站和微博要善于利用大数据优势，把握数据、预测数据，办实事，取得权威性和公信力。扶植、借助意见领袖，是网络媒体运用暗示这种隐蔽的方式引导舆论的最集中体现。

(二)传统媒体与网络媒体的议程设置是最坚固的引导

大数据时代，也是新老媒体前所未有的互动时代，如要在微博时代重新发挥“议程设置”的主导功能，主流媒体应在网络上发挥长期积累下的公信力与权威性的优势，增强自身的话题把关力度。马利在《大数据时代人民日报社全媒体战略》一文中指出，主流媒体是“领跑”而不是“跟着跑”。

(三)精确专业的把关人是最关键的引导

网络媒体话语权平等,网络传播把关人主体更加多元化。网络媒体要把好关,切实担负起责任;提高网民的媒介素养,对自己发布的信息主动进行把关。

四、负面舆论化解与危机应急处理

负面舆论的负面影响不可小觑,如何应对负面舆论,处理舆论危机,成了政府的必修课。未雨绸缪,坦诚面对,是政府应对负面舆情、处理舆论危机的最起码态度。时间上提前制定好危机公关的应急方案。对舆情进行全面、实时监测,以便第一时间知晓负面舆情。一旦发现负面舆情,及时采取应对措施,第一时间做出回应;态度上要积极应对。真诚面对社会,多与公众交流,听取来自各方面的声音和意见;主动澄清谣言。如果确实存在负面报道中所提及的问题,要及时、诚恳道歉,并将整改措施和正在进行的努力公开告诉广大民众;综合利用各种媒体渠道,在不同平台上想方设法挽回形象,弱化负面效应。

第九章

突发事件中地方政府在线印象管理

第一节　政府在线印象管理概述

一、政府在线印象管理

(一)何为政府在线印象管理

在线印象管理是指在网络环境下，人们之间传递和接受信息大多以计算机为中介，个人可以通过控制自我披露的信息以及信息呈现方式等网络行为控制他人对自己的印象形成过程，包括获得性印象管理和保护性印象管理两个方面。在这个过程中,个人会根据不同的对象与环境,采取相应的策略与行为,从而建立期望的网络印象(Leary 和 Kowalski,1990)。

传统的印象管理理论主要分为印象管理策略、印象管理过程、印象管理风格三个方面。印象管理过程通常包括两个阶段,一个是印象管理的动机,即人们想操纵和控制自己在他人心目中的印象的意愿程度。二是印象建构,即个体有意识地选择要传达的印象类型并决定如何去做的过程。由于网络社会的特殊性,人们之间的交流越来越多依赖网络,以计算机为中介的交往与面对面不同,能够方便人们选择自我想要给别人的印象,并采取相应的策略去构建。对于政府部门来说,有利于政府部门印象的树立与维护。

相对于以往政府网络舆论危机治理中忽视民意，信息公开不及时、不对称,应对极化、处理方式僵化等易加深信任危机的做法,建立在印象动机与印象构建两过程基础上的印象管理是一种积极的管理行为,通过主动传达信息,有利于建立、维持或修复在公众心目中的形象,实现政府绩效最大化。

在网络环境下，在线印象管理对组织而言也同样适用。在线印象管理，指的是政府及其相关组织、部门、机构、系统在网络环境下，通过控制自我披露的信息以及信息呈现方式等网络行为控制网民对自己的印象形成过程，以期建立网民对政府的信任以及获得社会公众较好的社会评价的过程。这一过程分为印象动机与印象构建两个维度，属于一种积极的管理行为，其本质是提升政府的社会适应性，建立、维持或修复在公众心目中的形象，实现政府绩效最大化。政府在线印象管理主要考察突发事件中地方政府官网及官微的管理，以及政府所动用其他网络传播等行为。

(二)政府在线印象管理兴起的背景

1. 网民领风骚，政治参与热情高涨

网络诞生后，为普通大众自由发表观点提供了广阔的平台，中国民众的表达权得到极大的提升，正是这种权利的赋予，使网民对互联网的功能有了新的认识，并逐渐成为公民参与社会公共事务的有效工具。普通民众参与公共事务的意愿，呈现出越来越强烈的态势，网络已成为普通民众行使知情权、参与权、表达权和监督权的重要渠道。尤其是自媒体的崛起，微博舆论呈井喷之势，改变了中国舆论的生成机制，并重塑舆论生态。今天，网友言论之活跃，已达到前所未有的程度，不论是国内还是国际重大事件，都能马上形成网上舆论，进而产生巨大的舆论压力，达到任何部门、机构都无法忽视的地步。重视网络舆情，化解舆情危机，已经成为政府部门的当务之急。

2. 政府在线印象堪忧，恐殃及线下关系

如今，虚拟社会关系与传统社会关系的界限也日渐模糊，两者正在形成一种交叉性的影响。在网络社会中迅速建构、形成的社会舆论对现实中的社会动员有着深刻的影响，甚至是决定性的作用。线上印象不仅开始影响人们对现实的判断，并对现实世界产生巨大的影响。对政府部门而言，良好的线上印象是线下工作开展的基础，线上网民对其印象评价能够直接影响政府工作的顺利开展。

然而，网络中的政府常常处于舆论危机之中，而面对突发事件时，某些地方政府仍难以摆脱陈旧的思维模式，习惯于“捂”“瞒”的应对策略，不少地方该公开的信息不公开。在政府“供给”不足的同时，百姓的“需求”却在与日俱增，这常常使得网民因不了解事实真相而谣言四起。再加上在某些事件上,地方政府应对不及时或不妥当,往往陷于被动局面,严重影响政府部门的工作,极大损害了政府的形象。政府仿佛做什么错什么,处于尴尬两难的境地。这些失信于民的事件,严重损伤了政府的社会公信力。一旦社会公信力受到损伤,便会导致民众对负面消息的接受度不断提高,鉴别真伪的意识受到削弱,久而久之,便会造成较大面积的"信任危机"。在网络时代,如何及时转变观念、提高微博时代突发事件舆情应对水平,是摆在政府面前的一道重要课题。

3. 政府在线印象管理研究的积极意义

将社会心理学、管理学科中已发展成熟的印象管理理论,引入政府网络舆论应对领域,用于解释当前的政治传播现象及问题,有助于拓展传播学研究的视野。拓宽印象管理研究的领域,国内的印象管理研究主要集中在现实生活中个人与组织的印象管理,而网络时代人们主要通过获取网上信息形成印象,从而建立信任。

二、国内外政府印象管理研究现状

在线印象管理的研究在国内处于起步阶段,研究成果较零散,主要以实证研究为主,但可以看出网路印象管理是未来印象管理研究的趋势。国内在线印象管理主要涉及以下几个方面:对某一类群体网络印象管理策略进行研究;研究网络平台的特征在印象管理中所起的作用;在线印象管理与用户性格特征的关系研究;在线印象管理与社会情境关系的研究;在线印象管理与信息呈现方式的研究。

政府在突发事件中的应对一直是国内众多领域学者研究的焦点,这一类的研究主要分为以下几个方面:突发事件中政府的舆情应对;突发事件中政府的新闻发布;突发事件中政府与媒体的关系;政府在突发事件的形象传播;突发事件中政府信息公开问题研究。关于突发事件政府应对的研究,研究内容基本覆盖了政府在突发事件面临的各个方面,研究视角全面,但也存在以下不足:一是实证研究缺乏,大部分研究属于描述性研究,没有有效数据支持验证,不具备说服力。二是个案研究较多,某些应对措施不具有普遍性和可操作性。

第二节 突发事件中政府在线印象管理现状

一、在线印象管理现状研究说明

(一)研究目的与问题

通过对目前政府在线印象管理现状进行调查和数据分析，发现在线印象管理过程中存在的问题，为以后的政府部门进行在线印象管理提供理论与实践指导,研究问题包括：

Q1:突发事件中地方政府是否拥有印象管理的动机?
Q2:突发事件中地方政府采取哪些策略进行在线印象管理?
Q3:突发事件中地方政府进行在线印象管理现状及问题?
Q4:突发事件中地方政府应通过哪些管理策略构建在线印象?

根据调查目的和调查内容的要求,设计收集数据的调查问卷,问卷主体部分由四部分组成。第一部分调查网宣管理人员对印象动机的情况,了解网宣人员是否具备初步的印象动机。第二部分是对印象管理策略进行调查,目的在于了解网宣人员是否能够根据不同的情境采取相应的策略。第三部分是对网宣人员新媒体素养的情况进行调查，了解网宣人员对新媒体的认知及媒体使用情况。第四部分调查网宣人员自我监控能力的水平,在于了解自我监控对印象管理策略的影响程度。

(二)印象管理动机不明确[①]

从调查数据来看,66.7%的网宣人员具备初步的印象管理动机，以省级、市级政府网宣人员为主，但未具备印象管理动机的网宣人员所占比例高达33.3%,以县区级政府部门尤为突出。同时还发现网宣人员受教育程度越高对

① 刘娟娟. 大学生的印象管理及其影响冈素研究[D]. 华中师范大学,硕士学位论文,2005.

网民印象的重视度越高;年龄越小对印象差异性认识越清楚;部门层级越高越能认识到印象管理的重要性。

(三)印象管理策略运用不当

1. 缺乏"演员"意识

在传统情境下，演员会根据表演舞台以及所面对的观众来选择不同的目标形象进行展示，[①]演员通过各种印象管理行为向观众展示出的自我称为线下自我。而在网络环境下,演员的目标印象是建立期望的线上自我。在网络世界中,政府部门的角色就相当于"演员",所有发布的内容都是为了建立期望中的线上自我。然而,调查发现,50%的受调查者缺乏"演员"的意识,导致无法建立期望中的线上自我。

2. 懂得运用联合策略

联合是当个体试图使自己对某一积极结果的责任最大化，或者想让自己看起来比实际更出色时,会使用这类策略。在日常的在线印象管理中,官网或官微运用这样的策略有利于提升自身的形象。调查显示,30%以上的受调查者不懂得运用这样的策略。

3. 主动宣传差

主动制造话题对政务微博来说,是一种宣传的手段,不仅能够吸引粉丝参与互动,而且有利于提升自己的影响力。从调查结果来看,近半网宣部门没有制造话题主动性,错失了许多提升自我印象的机会。

4. 普遍无道歉意识

问及当不良影响明显是所在政府部门的错误造成时，我会在微博中承认错误并承诺不会再出现这样的错误。30%以上的受调查者表示不能确定,25%以上的受调查表示否定。这说明政府部门工作人员普遍缺乏道歉意识。

5. 提供借口策略不当

调查结果显示,网宣人员在突发事件发生后并不愿意提供借口,主要的原因是不懂得如何运用借口。借口的提出主要有以下几种策略:求助于偶然性;求助于不了解情况;推诿他人。[②]

---

① Rosenfeld P. Impression Management, Fairness, and the employment interview [J]. *Journal of Business Ethics*, 1997, 16(8): 801-808.

② 〔美〕保罗·罗森菲尔德,罗伯特·贾卡罗龙,凯瑟. 组织的印象管理[M]. 北京:清华大学出版社,2002.

6. 部分部门层级对合理化理由运用不到位

危机情境之后的补救技术，通过四种方式来避免可能出现的负面影响：减低消极印象，否认消极印象，中和化消极印象，把它重新界定为积极因素。调查显示，合理化理由与所在部门层级在 0.01 水平上显著相关，部门层级越高，越懂得运用合理化理由来维护自己的印象。相反，县区级部门不懂得运用印象管理的策略来维护自身的形象。

7. 事先申明使用率低

事先申明指的是在危机情境出现之前，根据先期预计的情况而提出的借口。为了避免其行为可能带来的麻烦和不便而事先实施的语言控制机制。是一种赶在灾难到来之前购买危机保险的形式。这种方法能把威胁到自己形象的危机情境扼杀在萌芽状态，使未来活动的意义发生改变，避免对自己的形象造成威胁。对于事先申明这种技巧来说，它是否令人感到出于诚心，与它的内容本身同等重要。

8. 不会使用自我设障策略

自我设障和事先申明都是危机发生后有效的应对策略。自我设障是在成功面前设置一些障碍物，这种方式为人们提供了印象管理中的双重利益；如果他们成功，成功的价值将会提高，如果他们失败，所带来的消极影响会减弱。然而，调查发现，80%以上的网宣人员并不会使用自我设障的策略，从而也就加大了负面印象产生的可能性。

(四)网络发布技巧略显纯熟

问卷调查结果显示，网宣人员具备一定的媒介素养知识，能够利用新媒体准确地进行信息发布，并且倾向于采用“接地气”的语言与网络流行语。在工作的过程中能主动吸收各类网络信息，有利于工作的开展，同时会精挑细选符合所在部门形象和定位的信息进行发布。

1. 高学历保障了准确发布信息的能力

网宣人员受教育程度较高有利于政府部门进行在线印象管理。调查显示：准确发布信息的能力与受教育程度在 0.05 水平上显著相关，这说明受教育程度越高，能准确发布信息的能力也就越高。

2. 网宣人员能够与网俱进

网络世界瞬息万变，每天都有很多新鲜事物发生，有许多网络热词诞生，网民的生产力与创造力层出不穷,如果不了解事件发生的背景,很难从字面上猜到背后深刻的含义。从调查的结果来看,90%以上的网宣人员都表示会有意无意吸收各类网络信息,以使自己与时代同步。

3. 具有发布内容表现自我风格的意识

内容的质量不仅非常重要,而且还决定了信息传播的速度和影响力。具有自我风格的信息能很快脱颖而出,被网民识别并记忆。调查显示,60%的受调查者表示,发布内容具有鲜明的风格。这说明了网宣人员已经认识到了鲜明的自我风格能够很快得到网民的辨识,并获得相应的影响力。

4. 多媒体信息手段意识较强

调查显示,90%以上的网宣部门工作人员能够认识到信息呈现方式的重要性,愿意采用多媒体手段对信息进行呈现。对于政府的在线印象管理而言,采用多媒体技术向网上发布信息,同时配以重大活动、突发事件同步传播,在文本、音频、视频、图像等之间,任意转换或兼而有之,能够达到传播效果的多极理想。

(五)印象监控能力水平薄弱

在印象管理中,需要不断地对他人已经形成的印象进行评估,从而调整自己的行为,有助于提升印象管理的效果。印象监控衡量的是根据外部的情境因素调整行为的能力,对印象管理的水平、印象管理策略的选择及印象管理行为的效果有着重要的影响。

1. 对政府网络行为及同类网站或官微的印象监控意识仍不够

通过调查发现, 网宣部门工作人员能够认识到政府的网络行为代表了政府的立场、态度和信念,并认为政府网络行为表现应该符合本部门的身份和定位,这说明网宣人员具有了一定的印象监控能力,并能在今后的工作中主动监控自己的网络行为,维护政府的在线印象,但印象监控意识仍较低。

2. 对自身根据情境反映监控能力较弱

政府网络舆论危机治理中,根据情境的认定选择不同的策略,是印象管理成功的重要方面。这就需要不断提升印象监控的能力,重视危机情境中不同主体已经形成的或正在形成的关于自身的印象, 从而选择合适的策略进行印象管理。在这一过程中,需要根据网民的反应不断地调整自己的行为,而调查结果显示,40%的网宣人员不会根据不同的情境随时改变自己做事的方式,这对于危机情境下政府印象的维护而言是非常危险的。

3. 年龄影响印象监控水平

年龄影响到监控水平,年龄越大越难以改变自己的做事方式,长期以来公权力养成的傲慢态度越难以改变,也就越难以跟网民平等交流,这种做事行为方式很容易于在线管理中体现出来,从而影响网民对整个政府部门的在线印象。

二、在线印象管理现状总结

(一)不具备印象管理意识

网络社会与传统的媒体社会有所不同, 对政府的印象管理方法也应有所不同,印象管理非常适合以计算机为中介的网络社会。进行印象管理最重要的是具有印象管理的意识,在印象管理意识的指导下,将印象管理贯彻工作始终,才能够建立期望的印象。而调查显示,大部分工作人员并不具备印象管理的意识。

(二)印象管理动机不明确

有什么样的印象动机就有什么样的印象建构策略,因此,明确的印象管理动机对政府在线印象管理非常重要。而从调查的结果来看,部分工作人员的动机不明确,不同部门层级之间的印象管理动机的认知情况不一致。

(三)印象建构策略要视情境而定

不同的情境采用的印象建构策略是不同的,目前来看,网宣工作人员选择应对策略不尽如人意,因此应加强这方面的学习及运用能力。

(四)信息呈现方式单一

目前地方政府官网及官微信息发布方式较为单一,对多媒体的使用不到位,对微博功能的运用不全面,没有充分发挥网络媒体的优势。针对网络社会网民年轻化的特点,新颖、活泼的信息呈现方式是提高传播力和影响力的必经之路。

(五)印象监控水平较薄弱

印象监控对于策略选择的重要性不言而喻,根据监控到的网民意见,及时回应质疑点,根据不同的情境及时有针对性地提出相应的策略,都能够火速平息舆论,挽救政府印象于水火。目前,对自身的印象监控能力较弱,对网民情况监控不足,都将会对政府在线印象产生影响,尤其是在突发事件情况下。

第三节　网民对政府应对突发事件的印象

一、政府突发事件应对印象调查

(一)调查目的及研究的问题

从网民的角度,通过调查网民对突发事件中政府在线印象管理的印象,分析网民对政府在线印象的期望与当前政府在线印象管理的差距,为以后的政府部门进行在线印象管理提供理论与实践指导。

Q1:网民在网络中的状态及行为特征是什么?对政府在线印象管理会产生什么样的影响?

Q2:网民获取突发事件的渠道有哪些?通过哪些渠道进行相关信息的传播?

Q3:网民是否会对突发事件发表意见?怎么进行意见表达?

Q4:在突发事件中网民对意见领袖的认同度有多少?

Q5:网民对突发事件中政府应对不满意的原因有哪些?

Q6:网民期望政府建立什么样的在线印象?

(二)问卷设计

问卷主体部分由四部分组成。第一部分调查网民上网行为习惯和性格特征等情况,目的在于了解网民的性格及对网络的认知。第二部分是对网民对突发事件的认知进行调查,了解突发事件发生后,网民获取信息渠道、对信息的信任度以及发表意见情况。第三部分是对当前政府在突发事件中在线印象管理进行调查，了解网民对当前政府对突发事件应对情况的满意度以及不满意的原因。第四部分调查网民对政府官网及微博的期待，了解网民对政府部门在线印象的愿景。

二、网民网络行为特征分析

(一)“沉默的大多数”

“中国的网站十分注重为网民提供发表言论的服务，约80%的网站提供电子公告服务。中国现有上百万个论坛，2.2亿个博客用户，据抽样统计，每天人们通过论坛、新闻评论、博客等渠道发表的言论达300多万条，超过66%的中国网民经常在网上发表言论，就各种话题进行讨论，充分表达思想观点和利益诉求”。但在一个喧嚣的话语圈下面，始终有一个沉默的大多数。① 本调查将网民在网络中的行为大致分为：潜水(只浏览页面，只看帖子而不发表意见)、围观(对某一特定事件的聚焦、评议及传播)、拍砖(看到与自己看法不同的帖子后予以反击)、灌水(向论坛中发大量无意义的帖子)。本次调查的结果显示，其中超过50%的网民处于潜水的状态。

(二)低网络功效感

网络功效感是指网民认为自己可以运用互联网对社会事件发表意见，并能够因此而影响该事件进程或结果的能力。网络功效感越强，网民公开发表自己意见的意愿也就越强，实际的意见表达也就越多。② 相反，网络功效感越低，网民公开发表意见的意愿也就越低，实际表达意见也就越少。20.9%的受调查者表示在突发事件发生后不会在网络上发言的原因是“说了也没有用”，“见多了已经麻木了”，这说明网民的网络功效感较低成为部分网民不发表意见的原因。

---

① 王小波. 沉默的大多数[M]. 北京：中国青年出版社，1997.
② 崔蕴芳. 网络舆论形成机制研究[M]. 北京：中国传媒大学出版社，2012.

(三)高风险表达感

表达风险感是指网民通过新闻跟帖评论、论坛跟帖和发帖的方式公开发表个人意见的时候，对由于公开发言可能带来的个人隐私暴露和个人人身安全威胁和影响的担心。表达风险感越高,发表意见的意愿越低,实际表达的意见就越少。在调查时发现,突发事件发生后,即使在虚拟的网络环境下,网民在发言时同样免不了要考虑风险,他们的顾虑体现在以下几个方面:涉及议题的敏感性,是否给自己招惹麻烦;会不会被网友攻击或者是人肉等等。正是这种担心和风险,使得网民在某些问题上可能保持沉默。相对于男性,女性在网络中发言时顾虑可能更多,越容易选择沉默。

(四)网民渐趋理性

网民在网络中的理性度调查显示,超过60%的网民认为自己在网络中非常理性,随着网络舆论影响力的不断彰显,人们对作为网络舆论传播主体的网民有了全新的认识。正如有人评论的那样,网民,不再只是意味着在烟雾缭绕、光线阴暗的网吧里沉迷游戏的小青年,不再只是意味着钢筋水泥的丛林中那每天焦虑地敲击键盘的白领,不再只是意味着宁愿把心事全部诉诸网上的消闲者,不再只是意味着那些动不动"人肉搜索"喊打喊杀的"愤青",不再只是意味着那些在变化莫测的马甲背后宣扬着陈词滥调的"精英人士"。同时,调查还发现,网络中的理性度与上网时间显著相关,上网时间越长越理性;网民的理性度也与受教育程度显著相关,受教育程度越高、学历越高在网络中越理性;网民的理性度与年龄呈显著相关,年龄越大的网民在网络中越理性,反之,则亦然。"

(五)用围观表达态度

围观多出现于社会突发事件、个体不公事件中,其主要表现形式是大量的转发和评论,借由微博的裂变式传播来形成规模效应,制造出热度极高的话题。应该看到这种围观与现实中的看客、旁观的区别。围观通常也能表达出一个具体的人群对特定的某一人,一群人或者某种特定事物的态度,[①] 并非完

① 吴宗宅,胡若静. 大学生对网络群体性事件的态度及引导沉默的大多数[J]. 群文天地,2012,07.

全麻木、冷漠，在吸引力决定一切的互联网，转发、评论本身就是一种态度，即不愿意让其在信息大爆炸的互联网上沉没；加之互联网相对宽松的舆论环境，多数人在围观的同时常附有评论，而即便是没有评论，单是 @ 别人也表明了某种态度。

（六）戏谑、恶搞的网络话语表达

网络恶搞是互联网繁荣后兴起的特殊现象，是网友以讽刺、幽默的方法来解构传统、消解权威、娱乐大众的运动，旨在颠覆传统权威的中心地位。微博等自媒体的兴起则为网络恶搞的盛行提供了绝佳舞台。微博的高互动性和高参与性为恶搞作品的传播提供了便捷的途径，恶搞形象一旦传入微博，便一发不可收拾，数以亿计的网友主动自发地加入恶搞的队伍中，以此为乐。

三、意见领袖作用不可忽视

微博的兴起和繁荣，为意见领袖的生长提供了肥沃的土壤。微博意见领袖通过实名制认证，将线下的社会资本完整无损地迁移到网络中来，粉丝动辄十万、百万甚至千万，发布的微博往往能够引起广大网民的极大关注，影响舆论的能力日益凸显，其网络上的社会公信力一点也不比传统大众媒体逊色。问卷调查显示，18.9%的网民表示会转发微博大 V、明星的评论，仅次于 21.3%转发报纸等媒体的评论。由此可见，舆论领袖不仅将信息或观点扩散给受众，而且在舆论形成的过程中起着重要的作用，具有很强的舆论影响力。

四、谁赢了网民手中的哪一票

（一）信息获取渠道多元，官网及微博影响力微薄

互联网融合了大众传播与个人传播等众多传播形式，使得网络信息传播与人际互动渠道更加多元。门户网站、论坛、QQ、微博、微信等都成为人们获取信息的渠道。

(二)传统媒体的公信力依然是民心所向

新媒体的发展,缩短了政治信息输入与输出的传播过程,减少了信息反馈的障碍,在短时间内使信息得到最大化、最优化的传播,同时使传统的政治传播方式由单向度转为双向或多向度的沟通。[①] 但新媒体信息鱼龙混杂,尤其是突发事件后谣言满天飞,普通网民很难辨明真假,如何让自己发布的信息赢得网民的信任,这也是网络舆论引导的关键。

此次调查中,针对不同的信息来源,51.5%的受调查者表示传统媒体(报纸、广播、电视)依然是他们最信任的信息来源。这不仅是因为媒体的高覆盖率,更是因为其在网民心中的公信力。因此传统媒体依然是政府发布信息需要借助的强大后盾。

(三)微信崛起,微博势微

2013年,微博发展出现转折,用户规模和使用率均出现大幅下降,造成下降的原因是竞争对手腾讯微信的兴起,减少使用微博的人中,37.4%转移到了微信。微信相对于微博而言更注重隐私,但隐秘性使得舆论暗涌成为可能,如何加强微信的舆情监控将成为政府部门管理舆论的一道难题。

五、网民心中的"美丽新世界"

(一)网络语言易受喜欢和追捧

在网络世界里,传统严肃的、高大上的官方语言,与灵动、活泼的网络语言可谓背道而驰,适者生存的法则在这里依然适用。要进入网民的视野之中,就必须转变话语表达,那些宣教式的报道和难以符合受众社会认知方式的内容应尽量避免。[②] 表达方式的对等,从一个侧面反映出政府的亲民形象,语言风格的转变与平时形象形成反差越大,越能被网民注意,更易于受到网民的喜欢

① 梅文慧. 信息发布与危机公关[M]. 北京:清华大学出版社,2013,第76页.

② 中国媒介受众心理分析. http://www.psychcn.com/news/201010/849245632.shtml

和追捧。调查显示,44%的网民表示乐于看到政府采用网络话语发布信息,这会让他们觉得非常亲切。

(二)七成网民希望信息呈现多样化

调查发现,七成受调查者表示他们更愿意在政府官网或是微博上看到多样化的信息,而不只是单一的文字,图片、视频、数据的加入能让信息呈现更加直观、更便于理解,也更适合网民快节奏的生活及碎片化的阅读习惯。

(三)快速响应,众望所归

应对网络危机,往往是信息提供的比赛,对自己有利的信息能否更快传播?能否满足记者和网民的好奇?能否回答有关质疑?一个被接受的谣言,要付出7倍的努力才有可能清除。如果流言在政府发布信息之前已经流行,在人们已经先入为主的情况下,政府的权威信息就很难获得认可。所以要争取在流言产生之前第一时间发布令人信服的真相,让流言无从产生。85%以上的受调查者也表示在突发事件发生后,希望第一时间能看到政府部门的及时回应。

(四)信息公开呼声强烈

自《中华人民共和国政府信息公开条例》施行以来,我国政府在信息公开方面迈出重大步伐,取得显著成效。但也要看到,与网民的期望相比,当前一些地方和政府部门仍然存在政府信息部不主动、不及时,面对网民关切质疑不回应、不发声等问题。调查显示,80%的网民表示希望政府能够加大信息公开力度,与刻意隐瞒相比,他们更倾向于接受血淋淋的真相。

(五)期望坦诚有担当的印象

突发事件中,当事者往往处于风口浪尖,责任处理方应该果断展开事件的调研工作,详细了解事件背景、原因及过程,了解媒体已有的报道,接受社会合理的批判,对不作为或乱作为的结果及时公开并致歉,如果推脱责任,有限认错,容易引起质疑,激起更大的反感,节外生枝。77%的网民表示,政府部门如果就突发事件中自己的错误进行道歉并问责会给人们留下好的印象,而如果政府部门找借口开脱或是推卸责任,会恶化对它的印象。

(六)渴望平等交流、及时沟通

客观来讲,目前有一部分地方政府部门开微博只是走形式,并未从思想上真正认识到政务微博的作用和意义，反而把这个新鲜事物当成了传统的公告牌。这些政务微博往往更新频率慢、语言风格生硬、自说自话,鲜见与民互动,且无运营制度可以约束。在传统观念中,执掌公共权力的政府和官员总是给人严肃、刻板、程式化的印象。而政务微博特别是一些高级别的政府部门和官员以亲民姿态出现后,在很大意义上颠覆了这种传统印象,赢得了公众的关注和认可。如今随着自媒体的发展,网民开始渴求即时的信息咨询沟通,80%的网民强烈呼吁能够与政府在网络世界中进行平等交流与即时沟通。

第四节　突发事件中政府在线印象管理实证分析
——以“宁波 PX”事件为例

一、案例事件简要回顾

2012 年 10 月 22 日，宁波镇海湾塘等村数百名村民，以该市一化工企业(PX 项目)距离村庄太近为由,到区政府集体上访。10 月 27 日早晨,有超过一千人的民众在宁波市中心聚集,警方带走部分民众。同日,镇海区政府发表《告全区市民书》,呼吁民众理性表达诉求,正确反映民意,维护社会和谐稳定。10 月 28 日,宁波市政府发布通知称,经与项目投资方研究决定:坚决不上 PX 项目;炼化一体化项目前期工作停止推进,再做科学论证。10 月 29 日,宁波公安就“特警打死一大学生”一事辟谣,对散布谣言的史某进行依法处理。10 月 29 日,宁波市政府召开新闻发布会称,镇海 PX 项目群众集聚事件中,公安机关 26 日晚扣留 51 人,绝对没有人员死亡。

二、政府网络传播行为分析

失策之一:初期应对不力,导致“次生灾害”

2012 年 10 月22 日,湾塘等村近 200 名村民,以居住点距离化工企业过近为由，组团拉着横幅集体到区政府上访，要求尽早将村庄拆迁纳入项目拆迁计划，但政府没有同意其要求，出现分歧，于是点燃了宁波反PX的导火索。

10月26日，镇海区公民聚集在公路上游行示威，公民高举标语，[①]26日晚间，警察用警棍殴打示威者和路人。[②]27日凌晨，《宁波日报》称："宁波市公安局镇海分局根据相关法律规定，公告：对于严重危害社会治安秩序的行为，公安机关将实行现场管制，采取必要手段强行驱散，并对拒不服从的人员强行带离现场或者立即予以拘留。"这激怒了民众，各大门户开始再次出现镇海集会的相关新闻。经过网络媒体集中报道，网络民意逐渐形成。

宁波PX事件从拆迁问题转变成反PX群体事件，主要源于政府公权力傲慢，对民众诉求置若罔闻，官方对民众的态度是"对抗"而非"对话"，最后导致事件持续发酵直到最后演变成群体事件。

失策之二：舆情预警能力欠缺，印象监控能力薄弱

从22日开始，网络关注度开始上升。事发当天，国内几大门户网站首页均有报道，微博上开始出现抵制PX项目的消息。但政府部门舆情预警能力较弱，未及时采取相应的措施。10月24日、25日，人民网和新华网分别发表题为《宁波镇海PX项目引发群体上访 当地政府发布说明》和《宁波镇海PX项目官方回应称环评达标》的报道，引发网络媒体100余次转载，扩展了事件在全国范围内的影响。

10月24日，新浪@头条新闻、@人民网、@21世纪经济报道等媒体微博对镇海PX项目事件予以关注，推动了微博平台上的关注度。

通过网络，宁波镇海反PX运动疯狂扩散，成为网上热门话题。与此相关的话题不断衍生，并获得极广的转发传播，它成为网民集体宣泄对环保问题、对官商勾结、对层出不穷的质量问题、对食品安全问题、对事故瞒报等问题的引爆点，网络舆情持续发酵。在网络舆情越演越烈的情况下，迟迟未见政务微博发声，充分说明政府舆情预警机制薄弱，印象监控能力不足。

失策之三：习惯性封堵信息，微博应对慢半拍

在事件发展过程中，政府采取了习惯的封堵手段，控制网络信息、言论和

---

① 宁波镇海PX项目引发群体事件官方回应[EB/OL].(2012-10-26)[2012-12-9]http://news.cnfol.com/img/20121026/4494.html?p=35354.

② 沈泽玮. 宁波民众反PX成警民冲突 [EB/OL]. (2012-10-28)[2012-12-9]http://www.zaobao.com/zg/zg121028_001.shtml.

沟通。22日当天下午各大门户网站相关新闻链接均被删除,23日微博上“镇海”“PX”均成为敏感词,只要出现这两个词就会被删除。27日宁波地区的微博用户无法在微博上发送图片,任何图片的发送反馈信息都是“信息违法”。政府控制信息和言论的举动容易让民众形成政府遇到问题就采取切断信息、控制言论、不对话沟通的方式的印象。这更加激怒了民众,也让许多原本观望或不知情的全国广大网民意见集中:支持宁波民众,反对PX项目。由此事态急转,变成公众环保情绪大爆发。政务微博应对迟缓,网络舆论如滚雪球般越滚越大,让政府的应对陷入更为被动的局面,而强行控制和封锁消息的行为更是雪上加霜。

失策之四:缺乏与民平等沟通,微博问政形式化

宁波PX事件主要原因在于政府缺乏与民众的沟通和互动,依然沿用以前自上而下单向决策和传播信息的模式,镇海炼化建一体化项目的决策过程在一定程度上反映了我国地方政府决策过程中公众参与的一些实际情况:缺位、越位和错位状况。[1]宁波PX项目的政府决策中,网民和政府两个沟通体间的互动程度不够,缺少政治沟通的双向交互,双方缺乏对对方的信任,各自只用自己的沟通方式行事,网络参与和公共决策之间形成冲突,加上政府和民众本身存在权利与权力之间的冲突,所以发生冲突行为不可避免。[2]事件发生以后政府没有建立起与群众的沟通平台,民意无法上达,以致后来官方的解释民众表示坚决不相信。微博问政等互动平台的利用率低,并未发挥其真正的功用。

失策之五:信息不公开,谣言满天飞

PX项目上马初期,政府并没有公开项目相关信息,致使部分群众相信谣言,认为项目上马,其污染将会危及自身生命,措手不及的政府随后公布项目环评合格的事实论据缺乏,并没有专业人士的专业意见,引发群众新一轮的质疑。

网络时代,谣言生长十分轻易且顽强,如何应对颇为棘手。事件发生后,网上开始流传各种谣言,先有“手表反腐”例子,网民开始指向宁波相关负

① 竺乾威. 地方政府决策与公众参与[J]. 江苏行政学院学报,2007(4):86-92.

② 翁士洪,叶笑云. 网络参与下地方政府决策回应的逻辑分析——以宁波PX事件为例[J]. 公共管理学报,2013:26-36.

责人,称他们戴有价值不菲的名贵手表,最极端的消息是有人声称“某大学生被打死”,还有网友贴出照片,给死难者献花圈。尽管这些愤怒的微博有明显夸张造谣成分,绝大多数转发者却都选择了相信。无条件支持民众维权的网络意见领袖们再一次开始密集发表意见。因此,网络时代的信息公开显得尤为重要。

三、政府应对策略总结

(一)警惕不良应对的“次生灾害”

舆论的次生灾害是用来形容某舆论事件或在舆论事件的处理过程中,由于应对不力或各种不确定性的因素而引发的新的,或者更激烈的舆论的产生。在一些舆论事件的应对过程中,舆论主体希望的不仅是事情本身能够得到解决,相关政府部门或者机构的回应速度与态度也成为其附带的诉求,这在一定程度上成为决定舆论事件放大或消解的关键性因素。然而,在这起舆论事件的应对过程中,由于管理者和相关人员不熟悉网络社会的舆论生态,不了解网民的心态,缺乏对网络舆情发展趋势的判断和预测,出现回应速度较慢、应对能力不足等现象普遍存在,甚至引发了舆论的“次生灾害”。

(二)充分发挥政务微博的功用

与之前的厦门 PX 事件和大连 PX 事件相比,本次事件中,政务微博在一定程度上发挥了重要作用。宁波市公安局借助微博呼吁民众理性表达诉求,同时对谣言及时澄清。宁波再次发生群体事件后,@ 宁波公安在微博上连发微博呼吁民众要理性,积极引导网上舆论。29 日,积极对事件中散布谣言者进行处理,使民心得以安稳。

另外,政府透露出了与民众沟通的意愿,这是政府处理类似事件的进步。28 日,宁波市政府在舆情高涨之时,果断做出“不上 PX 项目”决定,顺应民意,也使得可能继续高涨的舆情得以快速下降。同时,召开发布会,澄清事件中人员死亡传闻,有力地回应了谣言。信息发布后,大多数聚集人员自发离去,浙江宁波镇海反 PX 群体事件落下帷幕。

第五节　政府在线印象管理策略

一、获得性印象管理策略

(一)培养在线印象管理意识

进行在线印象管理的第一步应该是培养印象管理意识。政府各部门必须对自身形象有正确而理性的评价,认识到提高政府印象的重要性,将印象管理的理念贯彻到日常工作之中。必须认识到每个公务员的形象不仅仅代表自己,而是代表所在部门、所在系统甚至是整体公务人员的素质与形象。自己的行为偏差可能给政府公信力带来消极负面的影响。因此,加强印象管理意识非常重要。

(二)理性化表演,有选择性的进行自我呈现

戈夫曼把人的日常交往和生活比拟为戏剧表演，认为每个都是剧班中的一个成员在不同的舞台上特定的情境下扮演着自己的角色。就网络来说,在网络上的行为和活动属于前台,而工作区域属于后台。“表演者会掩盖或部分地掩盖与他自己理想的形象不一致的活动、事实和动机,”[①] 以便集中展示自己理想化的形象。因此,台前呈现出的信息应尽量符合自己的定位,对与自己理想形象不相符的行为加以掩饰;只向网民展示行为的结果,而对行为的具体过程加以掩饰。

(三)转变表达方式,多用受网民欢迎的词汇

展开印象管理一个很重要方面就是对民众已经不感冒的旧词汇保持警觉,适时地学会受网民欢迎的新词汇。同样一瓶酒,贴上不同的标签,就足以影

① (美)戈夫曼,冯钢译. 日常生活中的自我呈现[M]. 北京:北京大学出版社,2008.

响人们对它的评价,人也是这样,使用不同的头衔,讲述不同的故事,就能够改变人们对他的想象,从而产生不同的印象。部分官员微博或者公务员的微博在这一方面做得非常突出,受到了网民的欢迎和追捧。

案例:微博"盐城交巡小警 _ 蓝胖纸",开通才一年多时间,却拥有 4 万多粉丝,获得全国公职人员微博影响力季度飞跃奖,也成为盐城市最具号召力和影响力的个人认证"政务微博"。博主被粉丝亲切地称为"蓝警官""胖警官",幽默风趣的"蓝胖纸"语言风格,在王勇的微博上每天都能看到。粉丝们表示,"蓝胖纸"改变了大家对曾经枯燥、乏味、不耐看的官方政务微博的看法,并且乐意互动交流,从中学习交通安全常识。

(四)重视和培养意见领袖,不可忽视的传播魔力

在一些重大舆情的背后,一批学者与知识分子成为网上的"意见领袖",在他们的"归纳""总结"下,舆情被不断放大。网络意见领袖通常是热点事件的利益无关者,中立位置使其更加易于得到公众的支持和信任。[①] 在网络时代,政府要想更好地引导舆论,就必须充分重视和发挥意见领袖的作用。

案例:临武瓜农事件中意见领袖的作用,记者曹晓波发布微博记录临武警方抢尸经过。李承鹏的长微博"瓜农的中国梦"使得微博平台舆情汹涌,把微博平台上网友关注度再次提升。

(五)重视与网民的关系,传递事实不如传递情感

在网络环境下,传播越来越涉及共同价值、情感、信仰的交流及共享。也就是说,在传递事实的同时也夹杂着越来越多的价值判断和态度好恶。在内容俯首称臣,而关系加冕为王的传播体系中,情感因素、态度立场取得了和"事实""观点"等同样甚至更高的重要性。因此,在平时工作中不能忽略了和网民感情的建立和维系,传递道理不如传递感情。

(六)平等交流,互动常态化

微博为官民互动提供了广阔的平台,我们也应该认识到:其一,在微博这

---

① 严宏伟. 微媒体舆论引导策略、方法、案例[M]. 北京:国家行政学院出版社,2013,第 60 页.

个开放的平台上，公权力与个人是对等的状态，双方在平等基础上的理性博弈才能得到民众的认可和响应。其二，重视民意表达，沟通要及时回应，不能让网站或微博形同虚设。其三，沟通制度化才是长远之道，用常态化方式做到取信于民，在网络上保障民众的话语表达权。

二、保护性印象管理策略

危机境地是指有损于行为者的身份、品行、技能或动机的任何事件。相对于以往政府网络舆论危机治理中忽视民意，信息公开不及时、不对称，应对极化、处理方式僵化等易加深信任危机的做法，网络时代的印象管理需要采取更加灵活多变的手段。

(一)火速回应，及时公布事件真相

国内已有两家单位对微博时代舆论引导的第一时间进行了具体的规定。一是南京市。2011 年 6 月，南京出台了《关于进一步加强政务微博建设的意见》，其中明确规定：对于灾害性、突发性事件，要在事件发生后的 1 小时内或获得信息的“第一时间”，进行微博发布。第二是银川市。“问政银川”承诺在工作时间 1 小时内、节假日 8 小时内回复。“问政银川”还创造了政府快速反应的最短时间纪录。2011 年 11 月 26 日，宁夏回族自治区银川市某饭店开业，气势恢宏的祝贺条幅中“银川市人民政府贺”等赫然在列，网民随即拍照并向“问政银川” 爆料，“问政银川”9 分钟后即查清该饭店冒用政府名义的违规行为，并在 20 分钟内赶往现场责令其改正，及时解除了负面舆情。[①]

(二)利用所有平台主动出击，增强突发事件治理的主体性

印象管理强调的是主体性，主动采用策略控制网民对自己的印象。政府作为危机治理一方，需要主动参与，其主动性与主动程度决定着舆论演变的趋势。主体性弱，政府在网络舆论危机中与公众、媒体等其他主体互动中将处于被动，无法进行持续的良性交互，也就无法通过这种持续的交互进行“学习”和

① 邹建华：政务微博的最大价值是与小道消息赛跑，http://news.sina.com.cn/o/2012-11-05/063925507760.shtml

“积累经验”，来调整自身的结构和行为方式，身陷负面舆论无法自拔也就成为常见的一种结果。相反，主体性强，可以凭借掌握信息主导权、权威性优势，在互动中通过对信息的调控、积极的印象管理策略，充分利用所有信息平台发布信息，形成“信息群岛”主动先发，既满足人民群众的知情权，又能够一开始占据信息主动地位，及时有效化解舆论危机，也可以为拉近政府与公民之间日益疏远的距离创造契机。

采用微博直播、多平台联动发布信息的方式主动出击，不仅化解了舆情危机，满足了网民的知情权，更在网民心目中树立了良好的印象，值得各级政府学习和借鉴。

（三）借助传统媒体的公信力

传统媒体拥有网络媒体所不具有的公信力，网民为网络传播不断提供原材料，但对网络信息的真假持怀疑态度，而传统媒体依据其长期形成的公信力资源，报道出的事实可以最大限度地降低网民的怀疑，减少信息传播链条中网民对信息真伪求证的过程，大大提升了信息传播效率。因此，传统媒体依然会继续承担着网络信息传播场域主要信息源的重要作用。

（四）“前台”与“后台”表演的协调一致性

在政府网络舆论危机治理中，“前台” 主要指的是通过信息公开、新闻报道、舆论引导等方式呈现给公众的一种印象；“后台”主要指的是有关实体事件处置的方式及进展。由于政府网络舆论危机具有瞬间爆发性、高度复杂性及难以预测性，在危机治理框架中，“前台 / 后台”转换的不确定性增强，“后台”的放松或滞后随时会转变成“前台”的角色扮演，带给公众的是角色期望的落差以及信任的流失。

在网络社会，政府网络舆论危机治理“前台 / 后台”的界限变得日益模糊，关于“后台”信息的掌控不再是权力部门的特权，信息主导权被分散。因此政府网络舆论危机治理中“前台”与“后台”的表演必须保持持续性的协调一致，舆论危机治理与实体事件处置保持同步，确保以最短的时间、最快的速度发布最新消息，有效引导舆论，最终达到从根本上化解网络危机、倒逼现实深层问题的解决。如在 2012 年“表哥”杨达才微笑门事件中，8 月 30 日，关于杨达才的各种“戴表照”在网上曝光后，陕西省纪委即回应称，将对事件所涉及的问题进行认真深入的调查。然而，直到媒体爆出“杨达才仍在正常上班”，关于将杨达才撤职的消息才火速公开。由于“前台”与表演未能协调一致，网上各种传言四起，对当地纪委的公信力和工作效率进行质疑，直接带来的是政府形象的折损与公信力的下降。

(五)根据情境选择相应印象管理策略

1. 提供合理化理由

一个典型的行为合理化过程包括四个阶段：(1)失败事件。此时，危机情境出现，个体被观察者视为该责任承担人；(2)谴责阶段。观察者做出反应，向个体表达出不满和责备；(3)合理化理由阶段。个体提供了一个合理化的理由，意在降低出现消极印象的可能性；(4)评估阶段。观察者对这一理由进行评估，接纳或拒绝该理由。如果理由被接受，则消极印象会减少。如果理由被拒绝，则形成消极印象，不愉快的结果也随之而来。

2. 提供有效借口，避免过度使用

当一个组织面对会威胁其形象或使其蒙受耻辱的事件时，通常会对这些事件提供解释，旨在把有损于组织形象和声望的危害减至最低限度。一个成功的借口是，人们感觉到借口的充分性、正规性和真诚性。成功的借口可以降低受损一方的愤怒情绪。

3. 巧用自我设障和事先申明

自我设障指的是“当结果的成败不确定时，个体在自己的工作过程中自行设置障碍，从而为随后的结果提供一个外部的解释理由”。简单地说，自我设障是在成功面前设置一些障碍物，这种方式为人们提供了印象管理中的双重利益；如果他们成功，成功的价值将会提高，如果他们失败，所带来的消极影响会减弱。

首先，事先申明是在危机发生前，事先想好借口。闪烁其词是事先申明的类型之一，是一种语言描述方式，它标志着人们对未来行为的“最低承诺”，人们利用闪烁其词来表明，未来的行为对个体的形象来说不十分重要。

其次，提供信任的凭证，在有些情况下，人们知道自己要说的话和要做的事将会引起不良反应。为了避免产生这样的消极印象，人们提出一个特殊的

“凭证”使他们的所作所为不会被消极看待。

使用过失许可证也是事先申明的类型之一,使用过失许可证的人,是试图证明在规则当中还存在着可以商量的余地。为了避免被视为规则破坏者所形成的负面影响,先表达出对规则的尊重。

再次,从认知上给予否认,尽管我们所做的事情可能是荒唐可笑的,但是,好的印象管理能让人们感到这种决策是合情合理的和明智的。认知上的否认手段,试图达到这样的效果,即避免自己被贴上诸如“发疯”或“失去理性”这样的标签。

最后,求助于判断或情感反应的延迟。这种方式试图在危机情境来临时,拖延与危机情境相伴的负面判断和情绪反应的到来。

事先申明和自我设障都是危机发生后有效的应对策略, 应用成功可以减少负面印象。

4. 行动比语言更响亮,用行动来道歉

保护性印象管理的最后一个避风港,是行为者唯一的希望。道歉,即承认自己应负的责任, 并对自己的行径表示自责和悔恨, 以期获得目标观众的宽恕。面临严峻的危机情境,人们常常使用更为复杂的道歉程序:第一,道歉意图的陈述;第二,悔恨的表达,对自己的所作所为羞愧难当并深感抱歉;第三,提出归还和赔偿;第四,严厉的自我批评,认识到自己的错误,而且理解为什么受到处罚;第五,请求原谅,请求别人原谅他的这次过失,并承诺不会再让这类事件发生。

道歉要简短,但要具体,要说明为什么道歉。如果理由过于模糊,就会显得不真诚,起不到什么效果。不要把道歉变成开脱,因为你的目的是取得对方的原谅,不是辩解,所以不要粉饰。一个不真诚的道歉比没有道歉还糟糕。当然,如果可能,尽可能让行动表明你的歉意。在现实世界中,仅仅说“我很抱歉”还不够,除非伴有一些有形的归还或补偿。显然,如果有表达歉意的行为相随,表达歉意的言辞就会达到最佳效果。

(六)建立网络舆论危机预警,提升印象监控的能力

网络舆论危机预警是指从网络舆论危机事件的征兆出现到事件开始所显示出来的、可感知到其损失的这段时间内,对舆情的预报、预测及提供预先处

理操作的机制，以提升网络舆论危机治理的能力。[①] 预警机制的建立，有助于科学研判危机情境的形成，从而提高印象监控的能力，采取有针对性的策略进行印象管理。

(七)积极进行在线印象管理的有益探索

1. 建立政府在线印象管理行为模型

在未来的研究中，首先以前文探讨的政府在线印象管理的策略为依据，对其在网络上建立印象的行为过程进行分析，总结规律，建立在线印象管理行为模型。通过模型来揭示人们是如何进行在线印象管理，以及怎么建立一个理想的线上自我的过程。模型建立后，可以通过调查问卷的形式收集数据，对模型进行检验，确定在线印象管理过程中哪些因素起到了十分重要的作用，从而可以帮助政府更好的规划自己的在线印象管理活动。

2. 建立政府在线印象评价指标

为了进一步提高在线印象管理研究的实际意义与可用性，在未来的研究中，还需要探寻并验证可用于评价政府在线印象管理的指标体系。通过网络印象的评价指标建立，从而判定政府在网络环境下进行什么活动会影响到自己的印象，为政府的网络行为提供更加具体的指导。

① 亢海玲. 印象管理视角下政府网络舆论危机治理[J]. 青年记者，2013 年 9 月.

第四篇

网络虚拟社会中的网络文化

第十章
网络文化生态

第一节　网络文化概述

一、网络文化的概念及特征

(一)网络文化的概念

网络文化,究其根源是“文化”,一种以计算机网络为技术支持,以网络客观物质条件的衍生发展作为奠基石,网络精神文明创造的具有网络社会特征的文化观念和文化活动产品形式的综合体。网络文化在形成发展过程之中,经历了从分散的构成要素到交融统一的精神文明。网络文化有广义和狭义之分,广义的网络文化是指人类在社会实践过程中,依靠信息、网络技术所进行的物质、精神活动及其活动所创造的物质、精神财富总和。狭义的网络文化是指基于信息、网络技术之上的精神生产能力和精神产品。①

(二)网络文化的特征

我们的网络文化体系正在历经萌芽、发展、塑造的过程,网络文化的很多表现特征都处于发展变化之中,特殊的文化必然决定了其特殊的文化特征。当前,网络文化的主要特征表现在三个方面。

1. 交融性

互联网是一个有着巨大诱惑力的虚拟世界,我们可以自由、无约束地在这

---

① 区文伟. 浅谈文化[M]. 广州:花城出版社,2015:3

个平台上表达自己，尽情发挥每一个个体的经验智慧，在这样一个信息交融过程中，相互尊重、彼此情感倾诉过程中去实现自我全方面的发展提高，以去弥补现实生活中许许多多我们现实中接收到的无力感。但是，任何事情都有双面性，网络文化的这种交融性特征，不利的影响是会融合很多人从现实生活中集聚的负面情绪，通过在这样一个虚拟平台上的宣泄，去弥补现实难以实现的很多愿望。另一方面，带来的有利影响是，这样的一个平台，提供了一个不同的社会层次人群宣泄情感的渠道，客观上化解了大量的负面情绪和社会不安定性矛盾。

2. 群体性

在网络这个虚拟平台，具有一种聚合个体行为，放大行为能量的影响，这样能够聚集很多分散在不同地方、被忽略的少数群体，形成一个不断增大的全新群体。网络文化的群体性特征，一方面就是指可以迅速把社会呈现的“善良”放到最大，有利于促进社会美德的形成、推动社会规则建设完善。在现实生活中发生的一切丑恶现象，都会在网上被曝光，迅速淹没在正义的波浪中。

3. 大众性

具有大众特性的网络文化，通过网络介质去筑造整个虚拟社会的系统，作为一个能聚集不同人的智慧的重要途径，将小能量转化为大能量，将小智慧化作大智慧。我们现在常涉猎的百度百科就是一个很好的现实例子。它让每个个体都成为百科全书文本的编撰者，贡献自己在某一领域的专业知识。从互联网上可以及时搜集到大量信息，使得传统的那种少数人对信息和知识的垄断模式难以为继。我们都不再仰视那些权威的专家和学者，而是将他们的观点与自己掌握的知识进行比较、分析，并能从新的角度提出自己的看法。

二、网络文化的构成要素

网络文化因其特殊性质，它的构成要素也属于正在构筑形成之中，认识网络文化，必须将它放在不同层面加以考察评估，这包括几大块的内容：

网络文化行为：网民在网络中的行为方式与活动，大多具有文化的意味，它们就是网络文化的基本层面，是网络文化的其他层面形成的基础。

网络文化产品：这既包括网络个体在网络平台上传播的各种原创，或者引用传统经典的文化产品，例如文章、图片、视频、动画等，也包括一些公司组织或商业机构利用网络传播的文化产品。

网络文化事件：网络中出现的大量的一些具有文化意义的社会事件，不仅对于网络文化的走向起到一定作用，也会对社会文化发展产生一定影响。

网络文化现象：有时在网络虚拟世界里中并不需要发生特定的事件，但是，一些网民行为或网络文化产品等会表现出一定的共同趋向或特征，形成某种文化现象。

网络文化产业：网络文化具有文化产业的主要特征。网络文化产业作为一种新兴的产业，它不仅是文化产业的增长点与制高点，也是推动文化产业和其他传统产业变革的力量。

网络文化制度：网络文化的发展及其影响，也会在社会制度层面反映出来。网络文化所推动的制度发展、变化甚至变革，也是网络文化的重要体现。

三、网络文化的类别及发展阶段

（一）网络文化的类别

网络文化指网络上的具有明显的网络社会特征的文化活动及文化产品，是以网络物质的创造发展为基础的网络精神创造。从另外一个角度而言，网络文化也是人们与网络相关的生活、学习、娱乐、工作方式及其产物，网络文化建设与管理的对象，主要是指网络相关活动中的道德伦理、社会行为、语言、文学、艺术等精神活动及有关的产品、服务。[①]

网络文化分为两种，一种是网络生产文化，一种是网络精神文化。计算机、网络科技文化是生产文化的具象化，现实生活中融合的思想文化是网络精神文化内涵。任何网络文化都是为实在的生活所用，没有不为现实生活所用的文化。网络文化展现了一种全新的生活生存的理论和方式、理念和认识。从网络文化的内部结构进行分类，主要有四个模块：网络物态文化、网络制度文化、网络行为文化、网络心态文化。

① 谭福强. 论网络文化对我国大学生思想品德的影响及教育对策[D]. 武汉大学，硕士学位论文，2005.

1. 网络物态文化

网络物态文化是网民在网络这个虚拟空间里呈现的物质生产活动方式和产品的总和，是可转换为现实生活中可以直接感知、接触的具有实体物质的网络文化事物。网络物态文化以电子技术和信息产业为物质基础，传递信息、接收信息反馈，实现了瞬时联系沟通，颠覆了普通民众的生活和思维方式，呈现的是在计算机时代所代表的一种新的文明成果与状态总和。

2. 网络制度文化

网络制度文化是人们在网络世界中，通过线上的一些行为实践创造完善的各种社会行为规范，这也是基于计算机技术而产生的以虚拟世界、网络空间生活为核心内容的新的社会文化生活现象。它主要是由网络技术文化、网络规则文化以及网络观念文化(思想、态度、价值观等)所组成，其核心是网络观念文化。网络制度文化遵循一定的网络规范，以多种多样的网络产品为物质基础，实践组合成各种与虚拟网络世界有关的精神国度。

3. 网络行为文化

网络行为文化指的是人们在网络平台上进行虚拟世界里的人际交往中形成的一种约定俗成的，以礼俗、民俗、风俗等形态表现出来的网络行为模式。在互联网这个平台上，随着网络技术的不断发展，以数字形式存储和传播的能够在全球资源共享的网络行为文化。

(二)网络文化发展阶段

网络文化的发展阶段和计算机网络技术的发展阶段是紧密结合在一起的。不同时期，依靠能实现的网络技术，也相应地影响着那个时代的网络发展脉络，构筑着有特色的文化形式。

1. 网络文学

网络文学兴起于20世纪末，网络文学突破了传统文学发展流程，革新了传统的文学作品形式。对于网络而言，这是一块向公众开放的平等言论世界，只要你喜欢写作、拥有表达自我的欲望，你就会有发表作品的机会，随时随地，更原生态，贴近现实，不同阶层有不同的表达自我的形式。

2. 博客

博客起源自英文“weblog”，与论坛等以往的网络文学发布形式相比，，博客本身具备更大的优势。网络论坛都设置了管理员,对发布的内容进行管理、推荐和删改,博客的话题由博主控制,不用考虑版面的主题或是网站的偏好,文章内容也无须他人的审查。在这个世界里,自我表达能力不再由技术提供者拥有,而是个人思想展示的空间,体现出独特的价值。

3. 客文化

有学者提出说,网络文化是“客文化”。黑客、红客、维客、掘客、博客、播客、拍客、闪客、炫客、拼客、晒客、换客、印客、粉客等,这些“客”们一起营造出多姿多彩的网络文化环境。正因有这部分人群做出的努力,网络文化在构筑过程中形成了全新的形态和特殊的价值。

四、网络流行文化的特征表现及影响

(一)网络流行文化的特征

网络流行文化本身就具有鲜明的特征,网络文化本身就具有独立的技术语言,拥有独特的思维方式,网络文化同时也改变了传统文化的交流习惯、表达方式和文化载体。网络流行文化在形成过程中,其特征也在变动构筑过程中,主要表现在三个方面:开放和虚拟性、自由和个性化、交互性和跨文化性质。

1. 开放与虚拟

互联网世界是一个没有围墙的天地,开放的环境无人能掌控,也没有单一的权力机构去掌控管理。网络上一系列的行为互动都是在自由的状态下进行的,不存在时间、空间客观情况的限制,网络流行文化在这样一个全新的世界里,没有种族、经济、文化教育、宗教信仰的限制,本身也就具备一个开放的格局,导致网络文化的不真实性和虚拟性。

2. 自由与个性化

网络文化传播在虚拟网络世界是自由开放的,在网络世界,每个人地位平等、自主而自由,任何人都可以自由地表达自己。网络文化的开放和自由性质,提供了一个良好的平台,每个人都可以根据自己的兴趣、爱好去选择文化交流的内容、进度以及交流的对象,在这个广阔的信息海洋,你可以自由大胆地展现自己。

3. 交互性与跨文化性

互联网文化的交互性给我们带来了一个信息传播的互动性变化，我们信息的传播与交流都不再受到客观条件(例如:时间、地缘、身份)的限制,我们信息普及的受众本身的主体地位也得到了肯定的体现。网络流行文化的传播交流是多向的,每个人都可以自由地参与文化的交流与对话。

(二)网络流行文化的影响

网络流行文化具有积极影响和消极影响两个方面

积极影响方面表现在:

1. 推动了人类社会经济、文化的发展

随着计算机网络革命带来的一系列社会变革,使得我们现在的社会经济、政治、文化都历经一场颠覆性的转变革命。这样的结果就是创新带来了人性化的体验,我们生存发展的文化氛围有利于激发本能的善良与激情,从美好的角度去实现人生价值。在因特网这个虚拟平台上所创造出来的不仅仅是全新的技术,还有颠覆的虚拟经济形态,以及一种全新的文化,网络文化是在网络这个载体上实现的,是对传统文化模式的一种颠覆性的转变。

2. 实现了时空超越者与压缩者的角色

网络最强大的功能莫过于能连接任何时空遗留下来的痕迹。无论是什么时期的生活方式,抑或是人们想象中的生活方式、环境形态都可以融合在互联网这样一个虚拟的国度里,能够把可能变成现实的、不可能变成现实的都重新摆出来让人们加以选择。

3. 促进人类智慧挖掘的无限可能

网络文化的魅力在于能将人与人之间、社会与社会之间连接在一起。在这样一个虚拟世界的平台上,创造力和想象力无处不在,在这种环境激发下,每天都会有全新的技术、理念诞生。网络平台已经是一个人类可以最大限度地爆发自己的创造力和想象力的海洋。

(三)网络文化的消极影响

1. 冲击国家主权形象

西方发达国家由于自身发展优势，能够很好地利用自己在信息技术上的强势,向许多国家灌输思想理念和价值标准,文化侵袭会让很多发展仍旧比较稚嫩的国家丧失掉文化控制权。

2. 带来强势文化侵略

当前我们的网络平台世界里,还是大多数为西方文化信息,这一优势渗透到世界的各个地方,传播西方立场的价值观。众所周知,没有坚定信念和文化程度比较低的人们容易受到网上内容所隐含的意识形态的影响,对西方价值观念逐步产生亲近感和信任感,并最终认同,而对于一个国家和民族来说,这种倾向非常可怕。

3. 对人们的心灵造成不良影响

随着互联网本身的不断壮大发展,网络文化也呈现了其阴暗面,会对人们的心灵造成不良的影响。互联网上信息垃圾污染日渐增多;互联网上出现了一大波欺诈行为,虚假信息无处不在;计算机病毒危害公共信息安全;侵犯知识产权现象严重;个人信息、人隐私难以得到保护。

第二节　网络文化与人的发展

一、网络文化中人的主体意识

在网络虚拟世界里,每个人都承担着自己的角色和定位,有对世界的主体意识,与网络世界也处于一种互动状态。每一个人不仅承担着网络文化不断完善的责任,同时也在这个过程中不断确立自己的角色定位。个体在和网络文化进行交流融合的时候,也在不断地表达自己的主观意志,这种方式既能不断促进网络文化系统的构筑,也能增进人与网络文化的良好互动。在人类进步的过程中,网络文化也会随着人类的进步而前进,最终实现人类与网络文化共同发展。

网络文化中人的主体意识一方面表现在人类的发展唤醒了网络文化的觉醒。古往今来,人类世界的前进,最开始的出发点都在于内在本质的发展;每一个生命个体的主体意识也会表现在对各种客观社会和宇宙万物之间关系的调和控制能力;从某种程度而言,生命个体是通过本能主体意识对自然、社会和自我本身的塑造。

二、网络文化中人的社会关系

社会关系包含着人与社会、人与自然、人与自我等关系。丰富人的社会关系的网络文化也就从这几个方面展开。

(一)网络文化拓展人与社会关系层次化

网络文化在拓展人与社会关系层面上主要体现在以下六个方面:第一,可以充分发挥网络的互动交流作用,有利于我们去学习掌握各种知识技能,全面提高自己;第二,充分提高网络的合作交流能力,去促进和适应科技发展综合化和高度社会化的需求;第三,通过网络信息纽带,去寻求优质的信息资源,在这个基础上进行决策;第四,网络关系的发展,在广泛的成果和实验的基础之上去实现自我价值;第五,网络文化也在深化自己的民主网络关系,实现民主权力和参与民主社会生活;第六,网络德育理念不断协调发展。

(二)网络文化促进了人与自然和谐发展

第一,推动网络民众构筑人与自然和谐的生态意识和思想文明,能够用辩证思维去认识人与自然的关系,实现人与自然的和谐发展;第二,在网络世界里,不断地提升正确的责任感;第三,网络文化在另一方面也是在协调人与自我关系的发展。

(三)网络文化能不断提高人的自主性

我们对自己的行为能够具有掌控能力主要体现在三个方面:第一,网络文化能够提升网络民众自主意识;第二,网络文化能提供一个很好的途径和方法去提高人们的自主性;第三,网络文化构筑了一个自由发展关系的网络。网络文化能够调动人们的能动性,能动性是指人在社会实践中表现出来的认识世界和改造世界的特性。网络文化发挥人的能动性主要体现在网络文化能够体现人的能动本质特征和意义,在表述主客体之间关系的时候,还能发挥网络民众的能动性防止形成网络成瘾;网络文化充分激发了人们的创造性,创造性是指人具有超越现实的特性，它是能动性的发展，也可以说是能动性的最高表现。网络文化能够不断的刺激人们进行创新的网络文化作品塑造,并且可以充分利用创新技术去实现网络文化的发表。

第三节 网络不良文化

一、网络不良文化类型及特征

(一)网络不良文化类型

1. 违反法律类

网络不良文化内容违反了《中华人民共和国宪法》和《全国人大常委会关于维护互联网安全的决定》《互联网信息服务管理办法》所明文严禁的信息内容以及其他法律法规明文禁止传播的各类信息内容。

2. 违反道德类

网络不良文化中违反道德类的是指这些文化的内容形式都违反了我们国家社会主义精神文明建设的基本要求，与五千年沿袭下来的优秀文化传统相背离,违背了社会主义公共道德观念。法律,是我们正常生活最基本的道德底线,在我们传统的理念中,道德也是最高标准的法律准则。网络上蔓延的文化类内容违背了道德准则,会受到相应的既有的一些道德规则的谴责和约束。

(二)网络不良文化特征

1. 客观特征性

技术特征。网络不良文化本身也是一种技术文化,也是在新时代计算机技术和网络技术进步下构筑出来的一种文化。每一次有新的、技术的、革命性的突破性进展,都会成为一股力量,也会在不同程度上推动网络不良文化的产生拓展。技术特征是网络不良文化最基本的特征,其他特征都是建立在这个基础之上的。尤其是,从技术特征层面上来说,网络不良文化更多展现的是网络虚拟世界本身就具有的特征,最主要的是虚拟性、交互性、共享性和时效性。

虚拟特征。网络不良文化的产生依赖于网络空间的虚拟性。网络成就了一个全新的生存空间,在这个虚拟的世界里,每一个人都可以自由地去表达自己,实现自己在现实生活中难以实现的梦想行为。在现实生活中已经建构出的行为规则和习惯被改变。每一个人都具有双重身份,可以在不同的时空里自由地转换,现实世界里很多局限性和内心世界无限的渴求在网络平行世界体现出来。

交互性。网络不良文化具有交互性。交互性是指人们在网络活动中发送、传播和接收各种信息时表现为互动的操作方式。网络文化是计算机时代一个全新的媒体介质,于传统媒体而言,交互性也是网络不良文化的一大特性。网络不良文化的交互性表现出多方向、大范围、深层次的特征,使人们的沟通交流方式面临深刻变革。在虚拟网络世界里,每一个网络民众在搜索文化信息的同时,也在创造着自己的知识资源。每个人获取文化资源的方式已经具备很高的自主权。在沟通交流中相互支持,提高了资源传播效果。

2. 精神特征

开放性。网络不良文化中,开放性是最深刻而且最具体的一种体现,网络公众可以随意自由地搜索网络信息文化内容,也可以借助这个平台自由地表达自己。网络虚拟世界里不同主体的网站、新闻组、论坛、聊天室、博客等,基本上都是开放的,每个人都可以根据自身的实际情况去获取想要的信息资源,借助网络,每个人都可以实时与世界进行联通交流。在这个空间里,任何观点、思想、文化,无论正确的还是虚假的,好还是不好的,都可以在这里找到属于自己的立足点。

平等性。我们都身处21世纪的计算机网络时代,这个世界的网络文化,包括不良的网络文化在社会参与度上都是垂直的,在沟通交流过程中都是保持平等的态度的,在选择上也能保持高度的自主性。网络沟通交流可以隐藏客观主体在现实社会中的实际身份,因此每个人都可以在这个虚拟世界里构造出一个全新的身份,每一个人平等而且自由。

二、网络不良文化危害及影响

任何事物都是“双刃剑”,给人们的生活带来巨大颠覆的网络也是一样。互联网构筑了一个美好但是暗藏危险的虚拟世界,它在开拓我们普通人的视野,提供了一个高科技下的高度便利和丰富情怀的同时,也带来了传统价值观、道德观和犯罪行为等方面的危机。

(一)人生观、价值观发生扭曲

由于发展机缘的因素,以美国为首的西方资本主义国家以绝对的优势占据了当下全球网络信息资源的主动地位,垄断主要的网络信息资源道路。网络不良文化的侵略也直接造成了很多可怕的后果,网络民众会受到潜移默化的影响,尤其是一些刚刚走进网络虚拟世界的人们,他们在网络上的思想价值观念正在构筑发展过程中,假如长期沉浸于网络世界,会受到很多不良意识形态的毒害,这些与传统教育中的人生观、价值观是有冲突的,会动摇网络民众正确的信念。优秀文化是一个国家、一个民族的根基,一旦不良文化占据了时代的主旋律,会造成国家和民族的巨大灾难。

(二)道德观和道德行为上出现错位

网络虚拟世界因其拥有海量的信息资源而备受推崇,这些为每个民众的学习发展提供了很好的资源分享机会,同时也极大地拓展了人们的眼界,打开了新世界的大门。网络上的文化信息有很多都是没有经过把关人精细加工、控制选择过的,良莠不齐。网络上的不良文化包括黄赌毒都会对一些自我掌握能力不够的人造成很严重的精神污染,尤其是网络不良文化中掺杂的很多黑色信息会毒害人们的精神世界。其中,网络暴力文化的泛滥也造成了对现实生活中人们行为的误导示范作用,而网络虚拟世界本身的强大诱惑力往往超越了人类的一些本能自控能力,一旦失控,将造成严重的后果。

(三)影响网名健康成长

在虚拟网络世界里,每一个人都可以自由地享受到文化资源,并且可以自由地去交流共享。网络的虚拟性质也使很多民众沉迷于其中不能自拔,从而逐步与现实客观世界脱节。如果人们在虚拟网络世界里拥有的精神满足高于现实生活,可能会造成一些不良的后果,网民会将更多的精力耗费在虚拟世界中,当现实生活给了他们挫折打击的时候,更多地会选择逃避、放弃,沉迷网络虚拟世界。

(四)滋生犯罪行为

网络虚拟世界的不良文化中暗含很多色情信息的刺激和诱惑、暴力内容的裹挟和诱导,不断地处于这些不良文化的刺激下,会导致很多人产生犯罪的心理,如果没有有力、有效的引导管制,会极大地诱发自控能力差的民众实施卖淫嫖娼、强奸等违法犯罪行为,造成对社会秩序的严重危害。网络世界上的暴力内容的不断传播,会造成很多团伙利用网络论坛结成犯罪团伙。

三、媒介素养与网络不良文化

随着网络世界的不断发展,网络作为媒介身份的崛起,我们早已置身于媒介化的空间里。随着时代不断地大步向前,社会文化本身也面临一场革命,这呈现了一个新的格局,整个时代参与的新文化现象。在这样的文化氛围里,网络媒介构筑了一种全新的媒介素养方式:培养全新的媒介素养,不再以传播受众所具备的“媒介批判意识”为内在精神支撑这种媒介素养为主流,而是要培养一种全新的网络媒介素养,要让“媒介参与”为主要内容,这就是我们面临的一个在网络不良文化盛行的当下要做的紧迫任务。

(一)网络崛起与文化转型

计算机网络革命的到来,带来了数字网络时代,使得人们进入到了一个全新的数字化、网络化时代。网络的崛起,不仅是一个全新的文化交流传递的媒介,而且在深刻地改变民众的文明传播格局,涉及的领域是方方面面的。网络虚拟世界正在以一种颠覆的方式去构建大众文明,迅速地形成一种全新的文化表征。互联网时代的来临,使得我们社会的话语表达方式呈现出一种全新的特点。互联网虚拟世界给我们带来一个全新的话语交流的自由时空,每一个人都可以在这种结构开放、自由无障碍的交流中形成自我的认知,打破现实种种局限,开拓人们的视野,增加人们认知的无限可能。

网络媒介的不断更新,也在为网络不良文化的蔓延提供了足够的便利性。人们的自由普遍交往,虽然为不同文明的传播交流提供了足够的空间,但也正是在这样的一个没有中心和深度化的世界里,话语表达渠道的多样化都在消解传统中很珍贵的一些文化价值理念。网络文化中的恶搞现象，呈现出来的就是对杜甫、李白等这些传统的文人大家的敬畏之心的丧失状态，每一个人都可以娱乐文化，无论这种文化本身严肃与否。网络强化了这种不良文化素养的盛行，并且不断让其声势浩大。

(二)媒介批判与媒介参与

互联网媒介素养在这样一个全新的网络文化氛围下尤其应该得到重视。在大众媒介主导的大众文化的冲击下，诞生了媒介素养理念，长久以来，这种理念都在大众媒介不断被各类社会文化学者争议和批判。世界上的媒介素养教育都是在媒介批判的基础上不断拓展延伸，尤其重视对传播受众的培养，培养人们对于不断出来的媒介素养批判意识。随着互联网技术的不断发展，媒介技术的不断兴起，传统的媒介素养培养思路已经和当代的媒介网络素养道路相悖了，无论是从传播形式还是传播的文化内容而言，互联网媒介都已经产生了翻天覆地的变化。传统的受众角色不断被更迭，一批又一批强大的网络新生力量已经在崛起。

(三)生活政治与社会建构

随着互联网媒介的分化和社会脉络的凸显，网络不良文化也参与到媒介素养的内容之中。网络媒介素养研究的理念也逐步由批判到参与，对内容的建设日益着重。网络不良文化借助不成熟的媒介素养环境，将信息内容不断渗透到网络各个脉络里，影响着人们对于时代社会的看法。说到底，网络媒介的主要参与人员还是网络民众，没有这些角色的参与，整个网络世界也没有其存在的意义。网络虚拟世界是一个自由没有约束的空间，每个人都可以伪装自己，自由地表达自己，在畅所欲言的同时，也制造了强大的舆论氛围，构筑着自己的话语权力。

四、"实名制"与网络不良文化

互联网世界本身的虚拟性造成的不安定性一直为人所担忧，随着它的日渐普及，人们对于其在社会中的真实性一直有着迫切的需求。尤其是网络不良文化不断侵袭着互联网世界，带来众多危害，实名制的呼声越来越高。每个人都是真实而具体的，实名制之后，每个网络民众在网络虚拟世界里都可以实现在现实生活中一样的角色担当,受到网络法律法规和道德准则的约束,降低和避免网络犯罪的发生,维护网络世界的美好和谐。

只有一个全新的规范性的秩序去管制，网络民众才能保护自己最大的权利,网络虚拟世界也不能例外,实名制是建立网络生活新秩序的必然之路,网络社会成员必须受到约束。这些都不会构成网络自由言论的阻碍,因为,每个人身处社会,就必须遵循一个最基本的法律约束。每个人在自由表达自己的同时要保证不能损害到他人的利益。实名制会大大增强人们的责任感,正确地连通虚拟世界和现实生活的轨道,毕竟,虚拟世界只是暂时的时空,每个人最终还是要脚踏实地。由于网络普及时间不长,很多人过度片面地去理解网络,但是当互联网跟我们的社会生活越来越融合的时候，人们就会逐步认识到网络在一个有约束的氛围中会有更大更理性的交流力量。

任何事物都是“双刃剑”,实名制也是如此。实名制的出现,会有可能导致网络民众的隐私泄露、个人名誉受到侵犯以及名字身份被盗用等,给实名的人带来麻烦。网络实名制是时代的潮流走向,随着网络技术的不断发展,会有各种各样的合法监控手段出现,实名制也会受到越来越多的保护。国外的一些成功先进的经验给我们提供了很好的范本。分析其他国家的网络管理情况,有利于我国对网络进行更全面有效的管理。实行网络实名制,一方面有利于现实社会的稳定发展;另一方面也有助于形成一个规范有序的网络社会。

五、网络不良文化治理与应对策略

网络不良文化在互联网虚拟世界里泛滥成灾，严重危害到了正常的文化秩序,毒害网络民众的精神世界,必须要加以应对和管理。

从国家层面上而言,要积极出台相应的法律政策,对网络不良文化进行监督管理,从大的层面上进行约束和清除,对在网络上宣传不良文化的违法分子进行严厉的打压监管、收容教育。从社会组织机构角度出发,网络不良文化一般都有一些想谋取不法利益的出版机构、社会团体进行后台操控,因此,要对这些机构组织进行教育普及,从发布的源头上清流。从个人角度而言,每一个参与互联网络世界的民众都要树立正确的世界观、人生观、价值观。积极面对虚拟世界的诱惑,自觉清除不良文化的影响,从自身做起,发扬积极先进的文化理念。

第四节 网络文化冲突与管控

一、网络文化冲突的表现

作为一个开放的信息交流平台，网络使用者可以利用互联网自由地进行信息的传播和交换，在新媒体环境下更是如此。移动互联网的便捷性，保证普通民众进行权利表达和信息获取时更加便利，但带来便利的同时，也带来文化冲突的问题。概括而言，网络群体性事件中的文化冲突类型主要有：

（一）网络文化与传统文化

网络文化从产生时就表现出与传统文化截然不同的表现形式，主要是在产生发展、传播方式、内涵层次等方面，这必然导致两者产生冲突。传统文化因其继承性，主要源于人们在长期的实践活动中的经验，反映的是人们对世界由浅到深不断认识的过程。而作为新兴的文化形态，网络文化主要是信息时代的产物，它打破了原有体制对固有文化的限制和束缚，可以使公众自由地参加各种文化活动，为提高公众科学素质提供了广阔的空间。这与信息时代下传统文化在横向空间上表现出来的封闭性和等级性有很大差别，因此就当前环境下，网络文化更能使个人价值得到凸显。

（二）主流文化与大众文化

在当前的网络虚拟空间里，共同存在着两种基本的文化形态：代表着国家利益的主流文化与代表着草根阶层的大众文化。相对大众文化而言，主流文化在网络空间的文化生活中占据主导地位，它所反映和代表的是占据主流的意识形态、文化取向和价值观念，因此主流文化具有一定的排外性，不容许其他的意识形态和文化价值取向存在，具有权威性、严肃性、责任性和统一性的特点。大众文化因其源于草根文化，往往比较迎合公众自身的趣味，注重通过多种形式来满足公众的需要，但也因为过于注重个人体验，忽视了责任意识，而先天带有娱乐性、普及性、逐利性和分散性特点。虽然如此，但大众文化兼收并蓄，可以容纳多种价值取向，产生了去中心化的效应，致使主流文化无法充分发挥应有的主导作用。

(三)物质文化与精神文化

由于追求的目标不同，分属于不同文化层次结构的物质文化和精神文化也具有一定文化冲突。虽然两者分属于结构的外部和内部，天然也具有一定联系，但两者之间的冲突由来已久。由于近年来这种文化冲突越发凸显，并伴随着一定程度的文化低俗、庸俗、媚俗现象，使我们意识到这种文化冲突并非是一种积极冲突，其带来和反映的是社会的非健康心态，让精神文化受到了污染，同时也背离了主流文化的发展方向。

二、网络文化冲突的积极意义

(一)促进文化交流，推动世界文化发展

唯物辩证法认为，矛盾的同一性和斗争性都是推动事物发展不可缺少的因素和力量。[①]其中任何一种属性都不能单独对事物发展起推动作用，只有两者的辩证结合才是推动事物发展的源泉和动力。网络文化的冲突来源于文化的交流，同时，通过不断的冲突，人们又能更加积极地进行交流，明辨是非，从而不断地推动整个世界文化的发展。

(二)加速全球一体化的进程

文化的冲突从另一个方面讲也是不同文化之间的交流与碰撞，在这个过程中，促进各个国家人民之间相互了解，不断扩充影响，进而对全球一体化有所裨益。

(三)网络文化冲突有利于对传统范式的突破

旧有的范式因其对当前互联网环境的适应性比较差，自然就会产生新的范式来适应新的环境。网络文化具有平等、开放、自由和互动的特点，它可以带

① 孟庆楠. 如何理解矛盾的同一性和斗争性[J]. 北方经贸. 2012(12)：19–23

来新的文化平等和民主，在冲击旧有思维范式、工作范式和社会结构范式的同时带来真正的自由平等。

三、网络文化冲突带来的挑战

（一）对各民族历史传统文化的消解

在网上占绝对统治地位的是以英语为标志的西方文化势力。阿尔温·托夫勒曾说："世界已经离开了暴力与金钱控制的时代，而未来世界政治的魔方将控制在拥有信息强权人的手里，他们会使用手中掌握的网络控制权、信息发布权，利用英语这种强大的文化语言优势，达到暴力金钱无法征服的目的。"①

（二）对人们精神领域的毒化与污染

目前在网络冲突中占上风的很难说其就是完全正确的或者完全是健康的。网络传播因其自身所具有的技术倾向与工具价值，从很大程度上对人们既有的人文价值和理性带来了较大冲击，导致很多人成为技术的狂热追求者，沉浸在网络提供的虚拟世界不能自拔，而对真实生活缺乏必要的责任感和参与感，严重的甚至开始逃避现实生活。

（三）助长了无政府主义风气，削弱了国家对精神领域的控制

现今的世界，不存在绝对的自由，任何自由都具有某种程度的相对性。然后，由于互联网的飞速发展，相应的政策规制还不健全，缺乏必要的管制和约束机制，一段时间内出现了互联网"放任自流"的现象。如果任由这种现象滋生壮大，必然会导致一种缺乏理解的集体"惰性"的产生，所以，我们一定要尽力扭转，培养网络主体的独立思考和创造力，不能任由这种无政府主义的歪风邪气滋生，增强国家在精神领域必要的控制。

四、网络文化冲突与政府管控

文化生活渗透在社会生活中的各个领域，即文化是社会结构中的深层存

① 王文宏，许萍丽. 网络文化与文化霸权主义[J]. 北京邮电大学学报(社会科学版). 2004(1). P22-23.

在,影响并制约着社会冲突的发生和消解。对于网络管理者来说,要妥善处理好网络文化冲突,就要坚持弘扬优秀文化,反对低俗文化,化解、融合、规范各种文化冲突。

(一)坚守核心价值,引领网络文化的发展方向

1. 要用主流文化引导大众文化

上文中也有提及,大众文化因其具有较强的适应性和对传统文化的巨大冲击力,从而很快地占领了文化市场。但是,大众文化也有责任感低、逐利性等缺点,甚至有些时候传播危害主流文化价值形态的言论,对社会的主流意识形态和道德秩序构成严重挑战。因此,在现实生活中,我们也要鲜明地树立正确形象,坚持正确的价值引导,并主动地融入大众、走进大众,与大众文化进行沟通,发挥先进文化的社会引领和整合作用。

2. 要用价值理性引导经济理性

市场化的大环境,导致很多人追求财富、创造财富,而忽略更高层次的价值追求。在社会经济快速发展的同时,人们也要牢固树立文化层次方面的正确理念,不能被经济的大手所左右。要坚信价值理性可以带动经济理性,从而更好地促进社会大发展。

(二)政府要及时疏导网络舆论,争夺话语权,抢占制高点

1. 及时公开回应

从权力和权利的来源来讲,公共权力是人类文明发展到一定阶段的必然产物,来源于民众对自身权利的让渡。[①]因此,政府是公众的服务者,“职责仅仅是执行公意”,政府和民众的关系是服务与被服务的平等关系。因此,如果有突发事件,政府应该及时去了解事件真相和历史渊源,并针对事件向民众做出及时公开的回应。

2. 保持良性互动

传统的信息传播模式是单向的信息传递,主要传播形式是传者传递信息,受者接受信息。在新媒体时代,互联网和移动设备的快速发展,传统的“传者—

① 郝其宏. 文化冲突视角下的网络群体性事件分析[J]. 中国人民大学学报. 2015(01):126–132.

受者”型传播模式不再适应网络传播，传者和受者是一种动态的互动关系。因此，在网络引导的过程中，网络管理者要善于了解和把握网民的真实意图，及时准确地对网民的问题进行解答，始终与公众保持良性的交流互动。

3. 妥善公正处置

公正是指正当合理地处理社会问题的态度和行为，是政治制度、行政系统的重要取向，也是社会具有凝聚力、向心力和感召力的重要源泉。[①] 在对危害网络文化安全的事件进行处理时，应该坚持公平公正的处理原则，确保各种不良文化事件都要得到公正地处置。

（三）加强法制建设，规范网络文化冲突的言论

互联网的匿名性大大削弱了对网络环境的社会控制力度，许多信息的发布没有事先经过“把关人”的把关而直接进入社会环境进行自由传播，使得互联网这个“公共空间”越发的自由和不受约束。但是这种自由也产生了大量的社会问题，大量不实信息的传播极易对民众的情绪进行引导，使得公民的负面化情绪得到大量不正当宣泄，比如“钱云会是被人摁在地上让工程车压死的”“被公安机关拘押的胡斌是个替身”等等。这些情绪直接导致了不正当的媒介审判，导致冲突愈演愈烈。因此，我们要将网络言论控制在合法、有序的范围之内，防范网络文化冲突演变成现实中的冲突而影响社会政治秩序的稳定。

五、网络文化冲突与媒体“把关”

新媒体环境下，虽然“人人都有麦克风”“人人都是传播者”，但是作为有责任的网络社会管理者，媒体也必须要做好以下工作：

（一）提高网络编辑业务素质

网络编辑是网络文化传播的“把关人”，其职能主要在于对网络文化内容进行收集、整理和优化，并通过网络向公众进行发布，利用网络的互动性及时接受公众们所反馈的信息，从而达到良好的传播效果。网络编辑可以控制网络

① 郝其宏．文化冲突视角下的网络群体性事件分析[J]．中国人民大学学报．2015(01)：126–132.

上相当一部分信息的流向与流量,通过对网络编辑进行业务素质能力的培养,提高他们控制网络中文化导向的能力,进而维持网络文化环境的和谐。

(二)通过强化媒体社会责任

积极培养网络媒体的社会责任感可以很好地约束其商业化倾向,也更容易通过自律来适应新形势下网络传播的发展特性。强化网络媒体责任,增强网络媒体的职业自律,可以比政府的约束更加细化和更具弹性,也更加可以坚持正确的网络文化传播方向,更好地防止网络冲突走向极端。

六、网络文化冲突中的网民自律

一般而言,匿名性越强,对参与者释放本能冲动的诱惑就越大,个体行为自由化的可能也就越大,网络文化冲突中比比皆是的非理性表达早已证明了这一点。[①] 为了维护网络市场的正常运行,对抗不断滋生的负面情绪,网民就需要不断提高自我的控制力,将网络上文化冲突控制在合理、理性的范围内。

首先,网民要唤醒自身主人翁的意识,清楚了解网络社会与现实社会中人的本质是一样的,网络公共空间与现实生活中的公共场所性质是一样的。作为一个有责任的主体,任何时候都要有清醒的道德自觉意识,遵守网络空间和现实空间的道德准则与规范,坚持网络的公共场所要比现实的公共场所更要自觉的意识,以责任为前提维护网络环境安全。

其次,网民应当具备社会责任感和民族自豪感,牢固树立与主流价值观一致的道德情感。以公平、公正、客观的原则来处理网络事件,发布积极、负责的意见,确保网络文化冲突可以得到合理、有效的解决。

再次,道德意志是调节道德行为的内部力量,是人的意志过程或主观能动性在品德上的表现。[①] 网络主体要不断培养和提升自身的道德水平,并坚持在任何情况下都以严格的标准要求自己,坚守自己的道德信念。

① 郝其宏. 文化冲突视角下的网络群体性事件分析[J]. 中国人民大学学报. 2015(01):126-132.
② 郝其宏. 文化冲突视角下的网络群体性事件分析[J]. 中国人民大学学报. 2015(01):126-132.

第十一章
网络语言暴力

第一节 网络语言暴力概述

一、什么是网络语言暴力

在西方国家,“网络暴力”一词很早被提出。麦克卢汉给网络舆论暴力进行界定:根据道德,在网络上对当事人蓄意审判;在网络公开个人隐私信息,用暴力言语对当事人施加舆论压力;通过网络暴力行为使当事人受到重大伤害或巨大压力、威胁。①

随着中国网络媒介时代的到来,网络暴力开始盛行,成为研究领域的关注重点。我国研究者指出,媒体暴力包括电影、电视、电子游戏、报刊等媒体含有暴力内容,并带给人们某种不良影响的暴力现象。②中科院陈宪奎将媒体暴力划分为真实暴力与幻想暴力,前者是媒体对城市秩序骚乱、游行示威、战争展示等;后者是娱乐节目中暴力场景如电视的暴力镜头。③有些研究者将媒介暴力对现实的影响划分为显性暴力和隐性暴力,前者是不正当、非法的暴力行为,如校园暴力、家庭暴力、电视暴力等;后者是被合理化的暴力行为,如游戏暴力、图像暴力、语言暴力等。④针对网络与语言暴力,李哲认为网络语言暴力是以网络为载体,用言语攻击的形式侵犯公民的合法权益,从而在思想或心理上对他人产生某种程度的伤害的行为。⑤有研究者提出,网络语言暴力指在互

---

① 埃里克·麦克卢汉,弗兰克·秦格龙. 麦克卢汉精粹[M]. 南京:南京大学出版社,2000:61-62.
② 赵允芳. 解剖媒体暴力现象[J]. 传媒观察. 2004(6).
③ 陈宪奎. 美国市民社会研究[M]. 北京:中国社科院出版社,2004:15.
④ 贾碧峰,雷黎萍,贾媛,杜向涛. 媒介暴力的表现形式及其类型[J]. 今传媒. 2007(9).
⑤ 李哲. 透视网络语言暴力[J]. 青年记者.2009(5).

联网空间中，发生以语言为媒介、对特定他人辱骂的攻击行为，分为原发性语言暴力和继发性语言暴力两种。[①]网络语言暴力是发生在网络中的，以言语为主要攻击形式，侵犯公民的合法权益，从而在思想或心理上对他人产生某种程度的伤害的行为。

二、网络语言暴力的特点

从某种层面上说，我们所指的“网络语言暴力”比喻网络中带有“暴力”特征的语言，这个定义具有比喻性。[②]学界有很多关于暴力的界定，综合来看，大致包括以下两个方面：

其一，暴力是施暴方的一种故意的行为，受方本不想承受，但却不得不承受，显得无可奈何。

其二，通过暴力行为，施暴方给受方造成了很大的伤害，主要表现在身体或者精神上。

网络暴力语言的基本特点体现在简单、形象、口语化、网络化、负面化等方面，其表现形式主要表现为字词、数字、符号、谐音、外文等。在语言层面是简单化、口语化、修辞化、多样性、形象化、含蓄化；在暴力层面是暴力程度逐渐加深、暴力词汇的附会性[③]、暴发时间的紧凑性、暴力形成具有突变性。网络暴力的基本特点：一是使用门槛低，传播范围广；二是公众极度情绪化；三是意见领袖影响凸显。

三、网络语言暴力的类型

网络语言暴力分为语言层面和暴力层面，在语言层面，网络暴力语言是一个有着丰富内容、繁多语义、迥异形式的网络语言体系。据网络语言暴力语义内涵的不同，将其分为性语、贬称语、诅咒语、人身攻击、地域攻击和威胁语五类。[④]

① 戴玉磊. 浅析网络语言暴力的心理机制[J]. 开封大学学报. 2009(1).
② 李宪玲. 网络语言暴力的成因分析及对策研究[D]. 华中师范大学，硕士学位论文，2010.
③ 李宪玲. 网络语言暴力的成因分析及对策研究[D]. 华中师范大学，硕士学位论文，2010.
④ 李宪玲. 网络语言暴力的成因分析及对策研究[D]. 华中师范大学，硕士学位论文，2010.

在暴力层面可大致分为:有些暴力语言常沿用“十年动乱”时期流行的暴力词语,有许多带有明显十年动乱时期特征的暴力词语被网民们大量、直接地使用。沿用十年动乱时期流行的暴力词语,如“打倒什么什么汉奸”;[①] 大量使用谩骂型语言;肆无忌惮地散布谣言、中伤;人肉搜索的滥用。这些网络语言暴力往往是当代文化趣味粗俗化的直接体现,一个社会人的行为模式无不是这个社会文化的产物,并折射出社会文化的特色,而中国互联网上语言暴力的大规模暴发就是我们这个社会文化现状的真实反映。

第二节　网络语言暴力的原因及其影响

一、网络语言暴力产生的深层次原因

(一)社会层面

1. 社会现实与虚拟网络世界的矛盾

生活环境、认知方式的不同,人们对客观事物的态度也不同,网络虚拟世界也是如此。现实社会矛盾在虚拟网络世界发酵,现实社会矛盾对虚拟网络世界产生影响。网络语言暴力体现人们现实生活中的心理、愤怒、厌恶、憎恨和不满等不良情绪。虚拟的网络世界对现实社会矛盾产生影响。暴力语言在网络中的一些不良新闻和交友聊天网站的蔓延,也逐渐影响到人们的日常生活。人们利用网络带给自己的便利,但又过于相信网络,没有自己的主观意见。

2. 社会文化、社会心理

社会文化与人们生活密切相连,社会文化的德育、熏陶使得网络语言暴力现象无法大规模发生。网络语言暴力“井喷式”爆发是对社会文化现实的反映。从社会心理角度来说,“特定的时期内存在于社会群体中的社会心理状态,是整个社会的情绪基调、共识和价值取向的总和,是社会意识的一种形式”。社会舆论一方

① 李宪玲. 网络语言暴力的成因分析及对策研究[D]. 华中师范大学,硕士学位论文,2010.

面可以较好地反映群众意愿，表达群众心声。另一方面也导致网络语言暴力滋生。网络语言暴力者多会有盲从、情绪化、缺乏正确的判断力的表现。[①]

3. 法律制约

语言暴力者在虚拟网络世界中的言行自由、无约束，使得网络语言暴力时有发生，在虚拟的网络世界里，由于目前缺乏相应的法律法规，即使有相关的法律，也会因为网络法制体系的不健全让暴力实施者有机可逃，这就使得网络语言暴力者肆无忌惮地施暴。因此，要加大社会监管和法律约束力度，推行实名制。

(二)网民层面

1. 网民个人心理机制

网民大多以年轻人为主，情绪化较强，在思维方式上易为情绪所左右，容易感情用事，逃避现实，排遣化解一些内心的郁闷、孤独和烦躁的主要途径是网络。面对纷繁复杂的现实世界，常常处理不好自身与社会的关系，易将这些不良情绪发泄到虚拟网络中。

2. 从众心理

网络是一个公共平台，基于群体结构性压力和场论左右，这个平台也是网民释放压力、宣泄情绪的场所。网民的不满情绪会影响周围人，容易激发他们的暴力语言行为，会导致集体施暴。在从众心理的影响下，群体的压力导致了“人肉搜索”等行为的加剧。

3. 网民素质

中国互联网络信息中心发布的《中国互联网络发展状况统计报告》显示，网民中初中文化程度比例最高，这一报告体现了我国网民整体素质不均衡，文化水平普遍低下的现状。这些网民的感性思维大于理性思维，对事物的看法过于表面化，不能够深入思考问题，易于被群体情绪影响，这些因素都在一定程度上致使网络暴力语言频现网际。

(三)网络层面

1. 网络的虚拟性和自由性

网络的虚拟性导致了网络暴力语言的使用者恣意妄为。网络的虚拟性和

① 金君俐. 网络语言暴力的成因和对策初探[J]. 新闻实践. 2009(4).

匿名性为网民提供了自由广阔的天地。一些网民认为在网上交流,他人不能够真正地了解其身份和背景,就不必要受到日常生活中那些条条框框的束缚,也就没有过多的顾虑,可以随心所欲、为所欲为,于是我们经常在网上看到恶毒的谩骂和攻击,所用的语言带有侮辱性,甚至杀气腾腾的。

2. 大众传媒的影响

随着人类社会的不断发展和进步,网络媒介的传播范围也越来越大,大众传媒的影响力也越来越强。有许多大众传媒在报道新闻事件时喜欢走极端,有的为了迎合市场,追求效应,故意夸大言辞。有一些新闻报道会有暴力场景夹杂其中,这种报道尤其会对青少年造成一定程度的影响。此外,网络编辑者也是暴力语言的制造者。

二、网络语言暴力形成的制约因素

(一)法律法规

近几年,网络中暴力语言的出现引发了多起案件,严重侵犯了公民的民主权利。韩国在2008年开始执行《信息通信法网施行令修正案》,我国也需要建立健全规范网络言语交际行为的法律法规,提高网民的自律意识,使网民有更好的、文明的上网空间。

(二)网络交流平台管理

互联网作为交流分享的平台, 方便了人们相互沟通和交流的同时也带来一些负面影响,对于这种问题,有关部门应加强对网络的监管,加强与网络服务运营商和网络公司的合作和交流,对网络语言暴力等行为进行管制。

(三)舆论引导

网络语言暴力的舆论引导与治理是当下急需解决的问题。在网络传播中,舆论被扩大化,不满情绪被无限放大。网络舆论有时对一些重大案件起着很大的作用,网络暴力的推波助澜,加大了司法公正的难度。因此我们要加大管理力度,给人们一个绿色的网络空间。

(四)网络文明

近几年,倡导文明上网的口号喊得越来越响,这有利于网络语言的健康传播。全国互联网界发出倡议:“坚决抵制与社会公德和中华民族优秀传统美德相背离的不良信息,自觉抵制网络低俗之风,远离网络暴力语言,净化网络环境。不在网络社区、论坛、新闻跟帖、聊天室、博客等中发表、转载违法、庸俗、格调低下的言论、图片、音视频信息,积极营造网络文明新风。”

三、网络语言暴力对社会的影响

(一)影响青少年的健康成长

从道德伦理的层面看,网络情绪适度发泄并无任何不妥之处,但凡事皆有个度,一旦过度,就会给他人、社会造成伤害,同时会给自身带来危害,这在青少年中表现得尤为明显。有调查显示,在英国 12～15 岁的青少年中,有 11%的人曾遭遇过网上骚扰或欺凌,让人担忧的是,出于嫉妒、厌恶或者好奇,借此来缓解各方压力的心理,发起网络暴力的绝大多数是与受害人同龄的孩子。长此以往将不利于青少年的健康成长,无论是对于网络语言暴力者还是被迫害对象。

(二)阻碍网络健康发展

网络的虚拟性、匿名性给造谣中伤者提供了舞台, 在网络中发表不当言论,散播虚假信息,制造网络混乱,不仅影响广大网民的切身利益,也损害了网络自身的良性发展。再加上有些网红、娱乐人物甚至是网络工作者,借助网络的虚拟性,大肆炒作,制造话题,博取眼球,长此以往,网络会逐渐丧失社会公信力,最终会影响网络自身的长远、持续、良性发展。

(三)污染社会环境,影响社会和谐

互联网强大的搜索、存储能力给个人数据的搜集与利用带来方便和快捷,但同时也加大了个人信息外泄,隐私被侵犯的可能。暴力、色情、犯罪等问题也随着网络时代的到来而加重,网络语言暴力会严重影响社会风气,污染社会环

境;不良信息的传播,在毒害青少年的同时也影响着社会的稳定,如暴力犯罪组织利用网络语言的传播特性组织暴力犯罪等。网络的不文明、暴力也会对现实社会带来危害,影响着网络和现实社会的和谐。

第三节 网络语言暴力的传播特征及传播效果分析

一、网络语言暴力的传播发展阶段

网络暴力包括网络语言暴力，其发展分为两个阶段：第一是文字使用阶段,带有攻击性、侮辱性等,如网络谩骂;第二是语言暴力作用阶段,其能够激发人们的情绪,进而采取相应的行动,如人肉搜索。交互网络时代下,网络语言暴力呈现以下特征:审判意识、匿名环境、放大的视觉和传统媒体的被动。[①]

二、网络语言暴力的传播特征

人民日报曾分析过网络暴力的三大特征:一是以道德的名义,恶意制裁、审判当事人并谋求网络问题的现实解决；二是通过网络追查并公布传播当事人的个人信息、隐私,煽动和纠集人群以暴力语言进行群体围攻;三是在现实生活中使当事人遭到严重伤害并对现实产生实质性的威胁。[②] 常见的网络暴力具有四大特征:一是极端不负责任,不去考虑自己行为的后果;二是网友争抢道德的制高点,一旦占据了所谓的道德高地就开始用合理、合法的语气攻击他人;三是非此即彼的圈子文化,不做朋友就是敌人;四是煽动者从不列举事实,只凭臆断宣泄感情和煽动网民情绪。[③] 在一定程度上,这容易引发一些越轨偏差行为的出现,如以伦理道德的名义恶意批判当事人;通过网络来搜寻当事人的隐私并进行传播,引发网民攻击当事人;网络暴力者的行为带给当事人

① 肖洋,谢红焰. 网络语言的传播效果及语言暴力探究[J]. 今传媒. 2012(1).
② 网络舆论暴力来势凶猛如何向它说不[N]. 人民日报. 2007(8).
③ 王曦想. 网络追杀令背后的网络暴力[N]. 钱江晚报.

不可预料的伤害。在网络语言暴力心理机制方面,大部分研究者将其归纳为:阴影原型的爆发、自卑感的驱使、社会无意识的释放、自我在群体中沦丧、从众心理、广场狂欢式的场效应等心理机制的作用。

三、网络语言暴力的传播效果分析

对于网络语言暴力的传播效果,以个案《网络语言暴力对初中生的传播效果研究》为例,该研究采用问卷调查的方法来研究网络语言暴力对初中生的传播效果,分析了广州地区6所中学初中生的心理特征,并运用涵化理论、社会学习理论、互相决定理论、认知发展理论、一般攻击性模型和媒介素养理论,进一步分析了网络语言暴力对初中生的基本认知与认知发展、基本态度与暴力态度、基本行为与攻击行为的影响维度、程度与差异。

(一)网络语言暴力对初中生的认知效果分析

1. 初中生对网络语言暴力的基本认知

针对网络语言暴力对初中生的认知效果调查中,涉及了以下三道题:一是多选题"你认为以下哪些是属于网络语言暴力";二是单选题"你有没有听说过佛山小悦悦事件、林妙可微博受辱事件、舒淇网络骂战事件";三是单选题"对于以上任何一个网络报道,你是",以下是对这三道题的统计分析。对网络语言暴力的认知程度:大部分初中生对于网络语言暴力类型的认知程度较好;对网络语言暴力报道的熟悉程度:大部分初中生对网络语言暴力事件有一定的认知。

2. 初中生的认知发展与网络语言暴力

针对初中生对于网络语言暴力的认知发展的调查,涉及的有两道题:一是"对于以上任何一个网络报道,你认为";二是"当你接触网络语言暴力时,你是否能记起类似的行为事件"。以下是对这两道题的统计分析。对网络语言暴力的认知真实程度:初中生对于媒介有一定的认知能力与辨别能力;对网络语言暴力事件的再次记忆程度:大部分人能够记起类似事件报道的标题,男生比女生更容易记起,对网络暴力事件有关报道,成绩优良的初中生记忆程度更好。

(二)网络语言暴力对初中生的态度效果分析

1. 初中生对网络语言暴力的基本态度

在网络语言暴力对初中生的基本态度调查中,涉及的有两道题:一是“你对曝光明星住宅、在论坛发脏话、名人公开对骂任一种新闻事件感兴趣吗”,二是“你浏览曝光明星住宅、在论坛发脏话、名人公开对骂任一种新闻事件的目的”。以下是对这两道题的统计分析。

对网络语言暴力的感兴趣程度:绝大部分初中生对网络语言暴力不感兴趣;浏览网络语言暴力的主要目的:大部分初中生浏览目的是“关注新闻信息”“娱乐休闲”。

2. 初中生的暴力态度与网络语言暴力

在暴力态度调查方面,主要涉及四道题:“你认为哪一种行为对你的影响比较大”;“当浏览网络语言暴力时,你的感受”;“当你被网友骂你王八蛋、狗崽子,你的感受”;五点量表题“以下是有关网络语言暴力的说法,你如何看待”。以下对这四道题进行统计分析。网络语言暴力对个人的影响:总体上,对初中生影响较大的是“侮辱他人、揭露他人的隐私的行为”,其次是“侮辱他人”;对网络语言暴力的赞同程度及社会影响:大部分初中生赞成“易诱发犯罪,伤害大众利益”,其次为“误导真实,污染社会”,少数为“彻底瓦解正常的语言生态”。

(三)网络语言暴力对初中生的行为效果分析

1. 初中生对网络语言暴力的基本行为

这部分主要涉及的有五道题:“最近一个月内搜索网络语言暴力事件的频率”;“当你在浏览网络语言暴力事件,你通常会”;“你每次浏览网络语言暴力事件的停留时间”;“你是否会转发网络语言暴力报道”;“你会加入有关网络语言暴力报道的讨论中”。以下是对这五道题的统计分析。搜索网络语言暴力报道的频率:大多数初中生选择“偶尔不固定”“只在周末看”和“没有”;浏览方式及停留时间:由数据可知,选择“挑选感兴趣的”“粗略地看标题”“随意”这三项的比例相差不大;是否二次转发和加入讨论:大部分初中生持理性态度,不会随意转发。

2. 初中生的攻击行为与网络语言暴力

在攻击行为方面,主要涉及的有三道题:单选题“你被网友骂你贱人,你会”;单选题“你会在日常生活说脏话”;多项题“在日常生活中,当你被他人用一些较难听的话语骂,你会”。以下对这三道题进行统计分析。是否产生言语攻击行为:当在网络上被网友骂时,大部分人都会有臭骂对方的情绪行为;是否产生身体攻击行为:较多人会选择“用脏话骂过去”“气得发疯,自我发泄”。

(四)网络语言暴力的传播效果个案研究结论

1. 初中生对网络语言暴力的接触与使用行为特征

在对网络依赖程度方面,绝大部分初中生认为上网是为了消遣娱乐,表明他们都属于从众型。“上网时间”与“父母的监管程度”有一定的相关性,影响上网时间可能与初中生的自我认知程度、学习、外界环境等因素有关。在接触程度方面,绝大部分初中生曾经接触过网络语言暴力,也说明网络媒介时代存在网络暴力等不同程度的不良文化现象,网络媒介环境的生态令大家担忧。在接触渠道方面,初中生最常通过“QQ、微博”“网络游戏影视”等渠道接触网络语言暴力。网络游戏类的不断闯关、网络电影的暴力美学、网络动漫中的攻击血腥美化,都满足了青少年好奇、爱刺激的个性。在某种程度上,媒介潜移默化地影响着青少年的社会化过程。

2. 网络语言暴力对初中生认知效果是正向的

在认知程度上,大部分初中生对于网络语言暴力的认知程度不高。在网络暴力报道的熟悉程度方面,少数初中生选择“了解报道中事件人物”,说明他们对于网络报道的熟悉程度不高。

在认知发展上,大部分初中生表示网络行为事件报道不太真实。大部分初中生能够回忆起类似网络语言暴力报道信息,说明他们对于事件有一定的记忆能力。性别、学习成绩在对网络行为事件记忆程度上有显著差异性。男生的记忆能力比女生好;学习成绩越靠前,对于网络行为事件的记忆能力可能越强。

3. 网络语言暴力对初中生态度效果是负面的

在基本态度上,绝大部分初中生浏览网络行为事件是出于关注新闻信息、娱乐休闲。仅有少数初中生表示对其感兴趣,绝大部分初中生表示不感兴趣。这表明初中生对于网络语言暴力持有理性的态度。

在个人情绪影响方面,大部分认为“揭露他人隐私”和“侮辱他人”这两种事件行为对自己产生影响较大。性别对网络暴力行为类型的选择有显著的差异性,即男生更倾向于选择“在网络使用人身地域攻击用语”“在网络中擅自揭露他人隐私”。性别、学习成绩在网络阅读感受上有显著的差异性。男生在阅读时更容易产生敌对、恶意的情绪;学习成绩越靠后,其阅读感受为“愉快”的可能性较大。性别、学习成绩在网络被骂时产生的情绪上有显著的差异性。表明性别、学习成绩对暴力态度有显著的差异性。

4. 网络语言暴力对初中生行为效果是正向的

在基本行为上,大部分初中生主动搜索频率不高。浏览方式为粗略或随意,性别在浏览方式上有差异性,大部分女生选择“随意”。感兴趣程度越高,初中生在阅读网络语言暴力信息的停留时间越多。感兴趣程度与是否加入讨论之间存在明显的正相关关系。在攻击行为上,大部分初中生表示有臭骂对方的冲动行为。性别在是否产生敌意情绪上有差异性,男生更倾向于选择“有臭骂对方的情绪”。由调查数据可得,在网络语言暴力对初中生的传播效果影响方面,行为效果的影响较大,其次是态度效果,再次是认知效果。

第四节　网络语言暴力传播失范的应对策略

一、建立保护青少年网络机制,重视不良网络文化

有关青少年网络安全保护的信息传播一直备受国内外专家学者的重点关注,尤其是近年来网络语言暴力的事件频频发生。有关此方面的法律监管等一直未能得到进一步的完善,特别是新媒体方面,因此专门性治理法律的完善问题成为目前亟待解决的问题。本书认为可从建立专门网络暴力法规、儿童少年网络保护机制和倡导网络文明入手,尽量减少网络语言暴力在媒体上的传播。在法律方面可以从以下两个方面入手:

(一)政府完善相关网络暴力的法规

从现行的法律方面看,我国与互联网相关的法律法规等约有 200 多部。其主要包括:一是以互联网为内容进行补充,并结合《刑法》《未成年人保护法》

等;二是以管理法规、保护条例等形式存在。如《互联网电子公告服务管理规定》《互联网信息管理办法》。但是缺少专门针对网络暴力行为的相关法律和有关保护青少年网络安全的法规。因此,有必要建立健全有关网络语言暴力的相关法律,营造良好的网络舆论环境。

首先,以法为核心,针对网络语言暴力传播类型、传播行为主体特征、青少年的权益而制定律法,细化条例规则,对专有新名词范畴进行界定,将流程细节化。例如,美国1999年出台了一部限制网络有害信息法规《儿童互联网保护法》;该法律规定美国公立学校、图书馆有义务屏蔽对青少年有害的网络信息;有专门针对网络欺凌的法律条规,称之为"梅甘法",各州分别依据各自地方条件而制定适合本州的法律。①

其次,针对目前行政规则的缺失,加快建立网络隐私权、过滤条例和实名制等规则。例如,德国部分网站都必须应用"成人认证系统",通过输入个人信用卡信息、身份证等不同方法来确认访问者的年龄,否则将被视为违法。②

(二)专门设立保护青少年网络的机制

目前,我国有3亿多的儿童少年。网络媒介在不同程度上潜移默化地影响着我国这些儿童少年00后。特别是在网络暴力不良文化领域,我国缺少专门的保护儿童网络机制。

第一,政府成立一个特别保护儿童少年的工作小组,专门开通相关的热线通道,监管有关涉及儿童少年色情、暴力等不良文化等网站。例如,英国积极制定相关的法律来促进问题的解决。如开通网络热线鼓励举报涉及儿童色情等网址;内政部设立儿童网络保护特别工作组;出版应对"网络欺凌"的指导册子;明确规定网络服务提供商为其网站承载的内容负责。

第二,促进未成年保护协会、教育专家与法律专家之间的交流,研讨应对网络不良文化的对策,如日本文部科学省在2006年设立了"建立保护孩子体制的有识者会议"机构;制定保护儿童少年的监审分级制度。根据目前网络暴力情况细化分级管理,对各种类型标准评比,针对青少年的年龄和特征形成分级指导意见,可以尝试在院线、电视、互联网等视频播放平台上予

① 杜海清. 澳大利亚、欧美国家应对网络欺凌的策略及启示[J]. 外国中小学教育. 2013(3).
② 董金秋,邓希泉. 发达国家应对青少年网络欺凌的对策及其借鉴[J]. 中国青年研究. 2010(12).

以实施。

第三，发挥政府“晴雨表”的主导功能，加强各协会、行业对网络暴力的引导工作，保护儿童少年的权益。主张行业自律，做好相关的引导工作，充分利用各种社会资源。如美国从2005年起每年的11月举办全国性的反欺凌周活动，举办各种宣传活动，提高人们对儿童少年网络欺凌问题的重视程度。

二、承担网络监管责任，提高网络自律和责任意识

（一）社会行业积极参与，共同抵制网络暴力

CNNIC第33次中国互联网数据调查研究显示，10～29岁青少年用户成为手机上网的第一大群体，其中初中学历手机网民占比36.9%。《2013年中国青少年上网行为调查报告》数据显示，中国青少年手机网民规模达1.96亿人，同比增长5.9%；平均每周上网时间达18.4个小时；中学生群体有71.3%使用微博。[①] 以上数据表明，儿童少年对于新媒体的依赖性日益增强。面对监管网络不良文化这一重大项目，社会行业应该积极参与，共同抵制网络暴力。

（二）共同承担保护青少年责任，研发应用产品

一是建立未成年多元化的上网监管体系，让政府、学校、家长、电脑等媒体营运商共同承担社会责任。加强各社会行业之间的交流，专门协会可以通过针对网络不良文化对未成年影响的调研，制定应对措施，相关行业辅助实施。二是研发未成年人的网络应用产品和服务，满足该群体多样化、个性化的发展需求，并鼓励未成年人拓展商务交易和信息获取等网络应用，使该群体从单一的娱乐应用为主向媒介信息和生活助手转移，转移未成年对网络不良文化的注意力。如德国学校联手为学生在网络和手机上安装一种过滤软件。三是扩大网络覆盖范围，提升网络的安全与质量，警惕网络暴力事件的发生，如媒体服务商加强后台操作审核制度，抵制网络不良文化的传播。

① 第33次互联网络发展统计报告[EB/OL]. http://news.xinhuanet.com/tech/2013-01/15/c_124233840.htm.

三、重视学校道德教育和教师培养

学校是青少年提高科学文化教育、德育教育、性教育、价值观教育等的重要摇篮。在20世纪30年代,欧美等国家开始重视学校的道德教育,开展以媒介素养为核心的较成熟的教学模式。媒介素养教育是一项旨在培养和强化受众,特别是儿童少年在获取、分析、评比、传播各种媒体信息能力的教育。

(一)重视道德教育,增设媒介素养教育课程

校方重视学生的道德教育,提高儿童少年的媒介素养能力。在网络暴力频繁发生的网络信息时代,借鉴欧美媒介素养课程设置优势,在我国开展媒介素养教育课程,有着一定的积极意义。例如,英国将媒介素养列入国家义务教育教学实践内容,其与英语、艺术、信息课程等结合,以小组合作评价、老师教学等形式呈现,并以青少年对于媒介语言的了解、价值取向等作为评价指标。[①] 媒介素养教育的课程基于参与式和体验式来开展素养教学,提高学生对于媒介信息的判断能力与辨识能力,对于减少网络暴力信息有重要的意义。

可以在沿海一线城市的中学如北上广设置媒介素养教育课程的试点,培养一批师资力量和投入先进的设备,以一线城市中学作为教学试点,增设媒介素养课程,并定期到国外考察培养师资,初步形成具有中国国情的媒介素养的特色教育。接着,以点扩展到面,不断推广教学模式,形成一定的体系基础。

(二)教育局重视教师培养,增设"善良教育"

当地教育局应该统一教师的培训,鼓励学校采取安全的应对网络不良文化的干预政策,增强教师对网络不良文化的认知。如英国教育局重视教师在服务管理学生行为上的地位与作用,并拨付专项经费用于教师的培训,帮助教师掌握识别有关欺凌行为与矫正的方法。挪威政府鼓励学校采取安全的干预措施,如制定规则,组建教师职业发展小组,提供心理咨询等,并定期派送人才到欧美学校进修或引进国外优秀人才,为学校之间分享教学模式提供较多的机会。

---

① 董金秋,邓希泉. 发达国家应对青少年网络欺凌的对策及其借鉴[J]. 中国青年研究. 2010(12).

注重儿童教育，提高孩子的自律意识。预防网络不良文化对孩子产生负面效果，校方对孩子使用互联网的情况进行监督并指导。建议在试点学校增设"善良教育"，注重儿童少年的各种课外户外的实践活动。在校外建立实践基地或采用校企合作模式，让儿童少年在基地得到更多的实践机会，加深儿童少年对社会的认知，帮助他们树立正确的人生价值观，接受良好的社会化教育。或举办周末派对、音乐会、运动会等，培养学生专长，提升青少年对于自我的认识，同时通过定期交流会促进师生交流，注重学生的多元化智慧发展教育，建立良好的人际关系。如德国重视从源头入手，寻找问题的解决之道，从幼儿园和小学开始，对孩子进行"善良教育"，如爱好小动物、同情和帮助弱小者；将道德教育渗透到各项实践活动中，重视学生的自律意识。

四、推动爱的家庭教育，减少孩子沉迷网络的机会

(一)重视孩子的人格培养，警惕孩子沉迷网络

父母应该重视青少年的人格培养，承担起父母角色的责任。一是及时了解自己孩子在各个阶段的心理发展特点，选择合适的教育方式与孩子沟通。对孩子上网进行及时的监管，解答孩子的疑惑，警惕孩子沉沦在网络不良文化之中，特别是网瘾。二是建议家庭设立"亲子家庭日"，带孩子到户外活动，增加与孩子的互动，取得孩子的信任。在家里制定奖励规则，如每天上网时间规定、当天的表现、家庭说爱的话语等，针对具体情况设置不同的奖励制度，让孩子在和谐的家庭氛围中受到良好的熏陶。

(二)推动爱的教育，加强沟通

父母重视亲情教育，用爱去教育孩子，培养孩子的能力、思维方式、人生观等。在孩子需要父母时，及时为孩子解决问题，适当对孩子进行监督，警惕孩子出现网瘾综合症，并将爱的教育推广。建议减少孩子独自面对网络的机会。如在家庭设立爱的墙，上面写满今天互相鼓励的话语；父母与孩子一起观看电影或电视；当观看到网络不良信息时，父母应该及时为孩子解答并正确教育。

五、提高自身媒介素养，辩证看待网络语言暴力

(一)增强自我认同，学习优秀同侪

一个人要经历婴幼儿、儿童、少年、青少年和成人五个时期。在生理方面，处于青少年时期的人往往会表现出不安或对社会充满好奇的心理。青少年处于这段时期容易表现出迷茫，因此需要得到爱、亲近等各种需求。在心理方面，青少年的认知、情感与行为能力发生了变化，容易受到外界因素的影响。特别是近年来，网络暴力事件在各媒介之间盛行。

因此，青少年应该增强自我认同感，学习优秀同侪的特质与价值观，保持积极良好的心态。在本我、自我、超我层面，青少年应该认清自我特性，勇于承受压力，积极面对现实，做一个好榜样。在学习发面，努力学习各种理论知识，勇于挑战与尝试，学会做出选择，提高自我的认知辨别能力。

(二)学会辩证看待，保持理性心态

在当今网络新时代，青少年应当保持理性心态，辨别网络中的真与假，培养良好的媒介素养。学会从辨证的哲学角度去看待网络语言暴力这一领域，提高自身的自我辨别能力。任何事情都有一定的矛盾性，包括网络语言暴力。虽然网络语言暴力带给青少年较多的负面影响，但不能否认其正面的部分。我们可能看到网络语言暴力有攻击血腥化、暴力语言的一面，但从另一面来看，在受到网络语言暴力影响的过程中，可能我们会从中学会一些保护自我的动作与手势语言，懂得在适当的时机保护自我，免受伤害。

第十二章
虚拟社区、虚拟社群管理研究

第一节　虚拟社区、虚拟社群概述

一、虚拟社区、虚拟社群概念

目前,对于虚拟社区这一概念学界并没有一个统一的界定。虚拟社区还是要从传统社会学意义上的“社区”出发,是指“聚集在一定地域范围内的社会群体和社会组织根据一套规范和制度结合而成的社会实体，是一个地域性社会生活共同体”。网络打破了地缘关系、血缘关系,使得人类交往破除了地域的限制,不同地域、肤色、种族的人相互联结,从而组建了一个“社会”,这个“社会”存在着情感的交流甚至现实物质交易,人与人之间接触频繁、互帮互助,形成了一种“虚拟存在”,我们可以把它称作虚拟社区(virtual community),也可叫作网络社区、虚拟社群。

尽管学界对虚拟社区有着种种界定,但不难发现其共性:虚拟的空间、共同的需求、人际互动、不同属性的群体。虚拟空间是群体在网络中交流的场所和平台,社区成员在虚拟平台进行交流缘于其共同的需求。因此虚拟社区是一种群体关系的总和。

虚拟社区可以定义为:基于计算机网络技术的虚拟空间,它以成员间的人际互动为中心,成员生产社区内容,在人际交流和协作的过程中,成员间建立起一定的关系。

二、虚拟社区、虚拟社群特征及类别

(一)虚拟社区、虚拟社群的特征

作为网络时代的一种标志性新兴产物，虚拟社区是传统意义上的社区概

念在网络背景下衍生发展而来的，这也意味着其有着自身的特色，一般来说主要表现在以下几个方面：

1. 跨地域性

地理因素不再成为制约人们活动的重要因素，通过网络，打破人际交流的空间距离限制。

2. 去时间性

网络技术结合了实时通信和非实时通信，人们可以通过即时互动、留言等方式摆脱时间限制自由交流。

3. 互为主体性

与传统媒体传播的单向性不同，虚拟社群成员之间可以进行平等的双向沟通，每个成员在传播中都具有主体性。

4. 技术性

虚拟社区的成立依赖于计算机网络技术，虚拟社区要发展，必须要有一定的技术来作为支撑。

5. 开放性

网络最大的特点之一在于其开放性，虚拟社区以网络为载体决定了其成员限制较少，一个虚拟社区内允许存在各种不同群体。因此与传统社区不同，虚拟社区成员流动性较大，社区的加入与退出具有随意性。

6. 人际关系松散性

虚拟社区成员可以自己选择不同的身份、立场，建立的关系相对不是那么稳定，同时，社区成员一定程度上摆脱了现实世界强大的社会性力量制约，所以虚拟社区的组织和制度处于一种松散状态，维系力量较弱从而导致人际关系的松散。

7. 虚实结合性

早期虚拟社区并不限制成员是否以实名身份或虚拟身份加入虚拟社区。在国家推行网络实名制之后，类似新浪微博、腾讯等较大的虚拟社区已经实行实名注册，虚拟和现实紧密相连。

8. 共享精神是虚拟社区最大的特点

这继承于共同体的精神。虚拟社区中存在的主要为信息和知识，任何人都能够使用其中的内容。

虚拟社区的这些特点使得它的运作机制和人们在其中的合作机制不同于传统的现实版的社区，需要我们去认真研究。

（二）虚拟社区、虚拟社群的类别

Armstrong 和 Hagel 根据社区形成的原因将虚拟社区分为交易社区、兴趣社区、关系社区和幻想社区。交易社区为物品的交易买卖提供了便利；兴趣社区通过相同的兴趣，把分散各地但对某一类事物有相同兴趣或特长的人聚集在一起；关系社区中归属感和认同感成为纽带把成员聚集在一起；幻想社区通过为其成员提供一个虚拟空间，使他们能够扮演自己想成为的角色。互联网发展日新月异，不断有新的技术出现，这使得虚拟社区的具体形式变得更加丰富。

三、虚拟社区中的身份管理

虚拟社区网民与现实社区公民最明显的区别在于虚拟社区网民是匿名的，大部分人会选择使用与现实生活取名习惯不一样的名称。由于网络社会的匿名性特点，网络秩序成了人们所担忧的一个问题，这种担忧合乎常理。社会心理学的研究发现，一个人在一个完全陌生的环境中会产生去人格化(impersonal)，而去人格化的个体隐匿掉自己的身份后社会的监视功能将大大减弱，匿名后的个体摆脱了现实社会的束缚，从而更容易产生过激行为。匿名的网民其行为也与现实生活中的行为有很大区别。

随着社会的发展，在社会城镇化过程中，人们慢慢离开了原来的家庭、氏族式、乡村式、人口密度较低的社会环境，进入陌生的、高人口密度的社会环境，人的匿名性也因此而升高。因为商业和政治的发展，社会成员身份确认的需要，从而有了身份证制度、户籍管理制度等社会管理手段，以降低社会成员的匿名性。而网络中去身体化使得网民身份的不确定性增加了。

社会心理学的社会认同理论认为，人们会采用自己或他人在某些社群的成员资格来建构自己或他人的身份，而依据社群成员资格来建构的身份被称为社会身份(social identity)，依据个人的特征而建构的身份被称为个人身份(personal identity)。虚拟社区使得网民社会身份和个人身份的建构有了更大的自由度，现实社会中的各种因素不再对网络虚拟个人身份的建构产生决定性影响,网民可以按照自身意愿进行建构。

虚拟社区身份管理的要点在于公民身份与网民身份的统一。这一类措施在我国的网络管理中并不少见,如最早的网络游戏实名制,各大网站注册时与手机绑定及最近不久的新浪微博实名制,这些都是虚拟社区身份管理的有效措施。

四、虚拟社区中的交往与自我表达

虚拟社区中的交往即社区成员之间的互动。在虚拟社区中的人际互动利用虚拟的、独创的网络语言和虚拟的表情符号等进行彼此沟通。米德称这种能力为角色领会——一种视他人态度和部署而行动的能力。人类在虚拟社区中正是通过对他人语言、行为、态度的理解,进行自我交往从而建立起虚拟自我的观念和形成群体的规范。虚拟社区成员通过发表帖子、回复评论来构建和认知他人的虚拟身份。

自我表达是公民诉求利益、参与社会的一种重要方式。网民虚拟社区里的自我表达如果涉及社会热点问题,很容易快速传播,并产生很大的舆论影响,进而影响到事件的进展。另一方面,如果对社会热点问题中网民的自我表达引导、处理不当甚至会影响社会安全稳定。与传统社区中自我表达不同,虚拟社区里网民自我表达有着其不同的特点:

(一)内容丰富,信息传播呈现“网状化”

网民的观点存在多元化的特点，对于外界事物的关注点也容易形成自己的看法。在前互联网时代个人表达的信息传播路径是“个人—媒体—个人”,个人表达的诉求得不到很好满足。我国网民表达自我、利益诉求以微博、论坛等虚拟社区为主要渠道。在互联网世界里,网民通过微博、BBS等进行自我表达,信息传递呈现出“网状化”的特征。

(二)自我利益诉求与关注社会公共事件并重

虽然网民在虚拟社区里进行自我表达时内容多样，但是网民会持续关注并进行讨论的话题大部分还是与其自身发展相关度高的问题，例如工作、个人发展途径等。社会热点事件也是网民在虚拟社区中自我表达的一个主要话题。对社会热点事件进行讨论时，弱势群体往往容易得到网民的声援，而强者则会遭到强烈谴责。网民自身的社会责任感使得他们去关注社会热点事件，网民通常会把自己与弱者联系起来，所以在他们的表达过程中容易出现“抑强扶弱”的情况。这也是网民会关注社会热点事件的重要原因之一。

(三)存在不理性和极端化的倾向

由于网络的匿名性，网民所受约束较少，自我表达易欠缺理性。每当网民们在网上谈及“官二代”“富二代”时通常采取一致的声讨口径，即便他们自己可能也知道这样对于那些人来说是不公平的。“群体极化”(polarization)这一概念是美国学者凯斯·桑斯坦提出的，其定义为：“团体成员一开始即有某些偏向，在商议后，人们朝偏向的方向继续移动，最后形成极端的观点”。“群体极化”体现在网民的自我表达中一般表现为网民的观点逐渐变得统一，如果这种观点与事件的真实情况不符，必定会使该事件朝着负面发展。

(四)虚拟与现实联系紧密

现实生活中的问题常常能够引发网民在网络空间里进行自我表达的行为，可以说网民的自我表达是现实中存在的问题在网络虚拟世界的映像。网民就现实问题进行热烈的评论、探讨之后，现实问题与网民在虚拟社区的自我表达依旧存在着紧密关联。第一，现实中事件的进展对网民的讨论产生直接影响。第二，网络中的声音同时也对现实问题的进展产生影响，有的时候甚至可以起到决定性的作用。第三，宏观的政策环境也影响着网民在虚拟社区中的自我表达。随着我国民主法治建设，网民在虚拟空间中有了更多的话语权。第四，传统媒体对网民在虚拟空间中的自我表达仍然有着一定程度的影响。首先，网民在网络中进行自我表达的话题部分来自于传统媒体所报道呈现的事件。其次，纸媒、广播电视等传统媒体与网民对事件的发展也同样起着重要作用。

第二节 虚拟社区、虚拟社群现状与面临的问题

一、虚拟社区、虚拟社群发展现状分析

根据第35次《中国互联网络发展状况统计报告》显示，截至2014年12月，我国网民规模达6.49亿。截至2014年12月，我国手机网民规模达5.57亿，较2013年增加5672万人。其中，截至2014年12月，我国博客用户规模为1.09亿，较2013年底增加2126万，增长率为24.2%。网民中的使用率为16.8%，比2013年底增长了2.6个百分点。①

博客在中国已有近13年的历史。随着SNS服务技术的日趋成熟，博客的交互功能逐渐转移到微博、各类社交应用上。博客越来越趋向于专业化，博主多为学者、企业家、各类专家等精英群体，创作主体决定着其所生产的内容属性，博客中的内容多为专业性较强的文章。网民在浏览时主要把博客当成一个信息渠道，并不会有太多交互。

当前，微博作为新兴的自媒体平台，受到网民的强烈推崇，截至2014年12月，我国微博用户规模为2.49亿，网民使用率为38.4%，其中，手机微博用户数为1.71亿，使用率为30.7%。2014年上半年的"马航事件"和2014年下半年的"冰桶挑战"凸显了新浪微博作为社交媒体的快速传播速度、深远的传播范围和积极的社会影响力。②

同时，2014年总体网民中有46.3%的网民遇到过网络安全问题，我国个人互联网使用的安全状况形势严峻。③

网络物质层面快速发展的背后是互联网对整个社会的发展产生更为深刻的影响，互联网为社会发展带来了一次深刻变革，人类的生活方式、人与人之间的关系、社会管理体制都发生了极大改变。网络虚拟社区发展至今已经形成了相当规模并慢慢对现实社会的管理产生一定影响。社会管理主体与网络"虚

① 罗宇凡. 第35次《中国互联网络发展状况统计报告》发布[J]. 青年记者，2015，06：17.
② 罗宇凡. 第35次《中国互联网络发展状况统计报告》发布[J]. 青年记者，2015，06：17.
③ 罗宇凡. 第35次《中国互联网络发展状况统计报告》发布[J]. 青年记者，2015，06：17.

拟社区”的联动已经成为一种趋势,网络与现实社会之间的互动关系逐渐成为社会公共管理者必须面对一个重大现实问题。

二、虚拟社区、虚拟社群发展所面临的问题及表现

现实社会与虚拟社区的关系密不可分，虚拟社区被现实社会所影响的同时,其内容公开、成员匿名、社区开放自由等特征也对现实社会起着深刻的反作用,进而改变人们的现实生活。

基于计算机网络技术构建的虚拟社区同样具有现实社会的部分属性,一些虚拟社区成员很容易将网络上的价值观和想法与现实生活中的价值观等同,以致在现实社会不能被理解和接受。过度沉迷虚拟社区还会导致他们现实中人际关系的疏离,在网络中迷失自我。此外,当虚拟社区成员对现实社会问题进行讨论时,由于无法鉴别那些信息的真假,有意或者无意都有可能会造成谣言的传播扩散。当网民在虚拟社区中发布内容时,是以其虚拟身份发布的,受现实社会中的规则束缚很少,靠自身的道德修养来进行自我约束,这远远不够,产生的问题也很多。这些问题总结起来主要在三个方面:

1. 虚拟社区具有很强的开放性及信息内容的共享性

要对网络信息进行完善的监督和管理难度很大，类似信息污染这样的问题越来越严重,如网上出现的各种“门”事件,“优衣库不雅视频事件”,数不胜数。

2. 虚拟社区中的违法问题日益突出

网络虚拟社区是现实社会在计算机网络上的映射和延伸，违法犯罪活动也开始向网络迁移。主要表现在:一是生产并传播虚假有害信息,损害他人名誉;二是通过网络来实施传统的违法犯罪活动,如利用网络进行黄赌毒交易、诈骗、传销等;三是通过网络漏洞窃取各类商业机密、国家机密,对网络系统进行攻击,侵犯他人个人隐私、知识产权等。

3. 虚拟社区管理的分散性和无序性

虚拟社区的管理可以从两个层面来看,一是从整个社会层面来看,如何让各类虚拟社区有一个良好的发展秩序;二是从微观层面看,如何使一个虚拟社区管理更加完善、发展更加健康。虚拟社区管理的主体主要有三个:政府、虚拟

社区的直接管理人员以及社区成员。从政府角度来说,在虚拟社区管理方面仍然没有形成较为完善的法制法规体系;从虚拟社区管理者的角度来说,虚拟社区的运营管理是否与规范相符有一部分取决于管理者的个人思想素质水平;虚拟社区的管理还在很大程度上受社区成员个人素质的影响,当发生群体事件时,社区管理者此时采取约束措施并不会有太大效果,这个时候成员的自我约束的作用凸显出来。

三、虚拟社区、虚拟社群群体事件案例分析

虚拟社会中的各种活动是现实社会的一种反映和延伸。虚拟社会中的活动以网络技术为基础,其匿名、自由开放的特点使如何有效管理虚拟社会成为一个我们所面临的问题和挑战。

本书将以"小悦悦事件"为案例来分析虚拟社区中的协作对现实世界造成的双面影响。

(一)"小悦悦事件"解析

两岁的王悦于2011年的10月13日在佛山广佛五金城连续被两辆车碾压,事后7分钟内路过的18人对小悦悦都视而不见,直至一名拾荒者上前对小悦悦施以援手。这件事在网络中曝光后网友们对那些冷漠的路人展开了猛烈地道德谴责。对当时各大虚拟社区的帖子进行分析后得知,在这次事件中,网友们围绕道德、法律、慈善的讨论最为激烈。人民网强国论坛作为此次网络讨论的主要阵地,网友们在虚拟社区中各抒己见,激起了一波"拒绝冷漠、温暖你我"的舆论浪潮,经过社区成员的网络协作讨伐,那18名路人经不住良心的谴责,纷纷主动出来为自己的冷漠行为道歉。网友们在网络虚拟社区中的议论对现实社会也产生了巨大影响,人们开始反思,更愿意去关爱帮助陌生人。在"小悦悦事件"中,网络将素不相识的网友们联结起来,虚拟社区为他们提供了这样一个平台,大家纷纷向小王悦伸出援助之手。

但是网络协作也存在着不理智的一面。随着事件的进展,网友又在虚拟社区联合起来对小悦悦的父母口诛笔伐。王悦被送到医院进行治疗之后因伤势过重而离开人世,此时网友们开始将视线转移到王悦父母手中的27万捐款

上,王悦的父亲王持昌成了舆论议论的焦点。此时在虚拟社区中网友都采取批判口径一致质问王持昌如何处理这笔钱，即使后来王持昌表示会将这笔钱捐给那些更需要帮助的人,网友们还是继续质疑,在承受刚刚女儿死去的痛苦的同时还要承受网友们的舆论质疑，对于他们来说未免有些残忍。在这种情况下，虚拟社区中的网络协作似乎又因为其匿名性和广泛性使得网友们可以抱着法不责众的想法而发表一些不负责任和缺乏人文关怀的言论，当这种言论被相互转载多次后就会变成一股巨大的舆论浪潮,给当事人造成压力。

可以说“小悦悦事件”是虚拟社区中网络协作的一个典型案例,网络协作的利弊都显现出来。对“小悦悦事件”具体到虚拟社区中的网络协作分析可以得出正面和负面两方面影响。

1. 虚拟社区中网络协作的正面影响

通过网络协作,网友们可以在虚拟社区中伸张正义,还原事实,扶持弱者。在猫扑论坛上,从网络虐猫事件、陕西周老虎事件、杭州70码事件开始,大量网友团结一致,在最短时间内揭露背后真相,那些有悖于道德的事件最容易激起网民的群情激愤。在发生这类事件的时候,网友通常都会站在道德的制高点来发表言论,谴责事件当事人。

可以说弥补现实缺憾、维护社会公平正义等都是虚拟社区中网络协作的优点,然而事物都是一分为二,网络协作有时也会因为网民的不理智而产生一些消极影响。

2. 虚拟社区中网络协作的负面影响

弱势群体是网络上永远的谈资。在传统媒体上报道过的事件很容易在网络中引起讨论,面对网民各种有意或无意的曲解,被报道者此时往往没有太多的话语权,尤其对于弱势群体来说,他们的社会经济地位使他们没有任何反抗的能力,只能默默承受网络带给他们的二次伤害。网络暴民以他们自认为正确的责任感和思想对新闻当事人进行不负责任的随意评论。在“铜须门”事件中,在没有了解真实情况的前提下虚拟社区中的网友妄自下定结论，合力制造舆论,极大程度上伤害了当事人。在“范玮琪阅兵时晒娃”事件中,网民对范玮琪进行抨击谩骂,她迫于舆论压力第二天在微博中道歉。这次事件中范玮琪并没有错,但是在网络暴力面前,她也成了弱势群体。在虚拟的网络社区中,往往会因为“群体极化”现象给现实世界造成恶劣影响。如果每个网友在发表评论之前都能多花点时间去了解事情的真相,多从当事人的角度去出发,也许就会少一些网络暴力,多一些人文关怀。

第三节　虚拟社区发展的制约因素与管理策略

一、制约虚拟社区、虚拟社群发展的因素

近年来,虚拟社会在互联网通信技术的支撑下飞速发展,虚拟社区发展到一定阶段也出现了各种制约因素,这些制约因素主要是虚拟社区的管理问题,集中体现在如下方面:

(一)虚拟身份管理问题

在互联网发展初期,虚拟身份剥离了真实身份,使得互联网有了良好的匿名性和开放性。但随着互联网及虚拟社会用户的快速增长,网络虚拟和现实社会之间的联系越来越紧,现有的虚拟身份管理体系已无法满足现实需要。各类矛盾在网络中凸显出来,经常会有一些用户的过激行为对其他用户造成伤害的现象,加强虚拟身份的管理有利于利用法律法规对相关行为进行规范,更好地保证虚拟社会有序发展。虚拟身份管理已成为解决虚拟社会管理诸多问题的关键一环。

(二)舆论引导与监管问题

目前,互联网的舆论地位不断增强,甚至有超过传统媒体的趋势。据统计,2014 年,我国互联网用户已突破 6.49 亿,其中微博 / 博客用户已达 2.49 亿,互联网为网民开拓了一片影响巨大的舆论阵地。由于虚拟社会行为仍缺乏有效的监管,个别人不负责任的行为可能给其他人、其他机构甚至整个社会带来严重伤害。近年来,虚拟社区中谣言四起、各类舆论事件不断,特别是随着微博、微信等社交网络的出现,信息传播速度以几何级增长。为了确保虚拟社区能够稳定、有序、健康发展,关键问题之一就在于虚拟社区的舆论引导与监督。

二、虚拟社区、虚拟社群管理策略初探

虚拟社区是网民因相同兴趣或需求而聚集起来进行人际互动，从而形成的具有一定社会属性的网络聚集地。虚拟社区要健康有序的发展就必须采用多层次多主体的管理模式。

本书针对虚拟社区中虚拟身份管理、舆论引导、网络信息安全等问题提出如下管理策略：

(一)虚拟身份管理

根据虚拟社区的发展状况，应从以下几个方面强化虚拟身份管理工作：1.加强统一虚拟身份管理基础设施建设。网络应用商要能够独立完成核实、保存和保护用户的身份注册信息。对身份认证信息进行集中管理，保障用户个人信息安全，加大虚拟身份管理基础设施的建设力度。2.加强虚拟身份管理法律法规、技术标准体系建设。法律法规和技术标准既是约束虚拟社会参与者行为的重要准则，也是指导虚拟社会如何实现安全、有序管理的重要基础。3.加强用户意识教育。虚拟社区中所建立的各项规章制度需要社区成员的配合才能发挥作用。强化虚拟社区成员的网络安全和法律观念，为各种网络服务的使用者、提供者和监管者履行各自的职责提供相应的技术或管理手段支持，从源头上解决虚拟社区中可能出现的问题，有利于各项虚拟社会身份管理措施发挥有效作用。

(二)舆论引导与监管

针对基于SNS应用技术的虚拟社区中舆论传播所呈现的新特点，应加强虚拟社区中舆论传播的监督引导工作：1.着重建设重大事件预警能力。对例如微博、微信等网络平台要重点加强舆论分析与监督，对于突发性的热点事件要及时发现、跟踪。2.完善信息发布机制，加强舆论引导。当虚拟社区发生重大事件或群体活动时，虚拟社区管理者应根据舆情进展，及时发布相关有效信息，对舆论进行积极引导，掌握舆论的主动权。针对虚拟社区中舆论传播的路径规律，建立一套后台的舆论监控机制，提升对虚拟社区的舆论掌控能力。

(三)网络信息安全

从我国的实际情况来看,需从以下几个方面来开展网络信息安全工作:1.提升网络犯罪检测和取证的技术能力。大力支持网络攻击检测、恶意代码分析、网络取证技术、数据来源追踪等技术手段的研究和相关工具的开发,支持具有自主知识产权的技术、工具、设备与系统的推广应用,有效提升网络犯罪的防范、侦察和取证能力。2.加强针对网络犯罪的法制法规建设。制定完善的网络行为规范和网络犯罪惩治法律体系,通过规章制度约束网络用户的行为,明确界定违法的网络行为及其需要承担的法律责任。

三、虚拟社区、虚拟社群发展前景展望

在过去的两三年里,互联网中社交媒体、社交网站取得了巨大的发展,以网络社交应用为基础建立的虚拟社区也在经历着巨大的变化。虚拟社区属于虚拟社会中的一部分,可以说,虚拟社会今后的发展方向也是虚拟社区的一个发展方向,总结有以下三点:

(一)现实化

社交网络在经历了长足的发展之后,正在朝着现实化发展。换句话说,就是虚拟社会与现实社会将不再是映射与被映射的关系,虚拟社区也将由更真实的人、更真实的人际关系网络组成。

目前国内的很多网站已经呈现出现实化的形态,如新浪微博、微信注册实名制。虚拟社区中的个人身份与现实社会中的个人身份将更加统一,在前台以网名呈现,后台采取实名跟进。在网络发展初期的去身体化到如今推行实名制,网民由初期的完全匿名转到前台匿名后台实名,这使得虚拟社区中各种不负责的言论和行为大大减少,将使得虚拟社区中的交往更为理性。

虚拟社区的不断成熟使部分现实社区开始向互联网迁移,同时,网络虚拟社区也开始了线下实体化,虚实结合更为紧密。虚拟社区中的人际关系也随着虚拟社区朝线下转化为现实的人际关系。现实化带来的信任感将会对虚拟社区的发展产生巨大的促进作用。

(二)垂直化

随着虚拟社区的发展,信息量呈几何倍数增长,此时虚拟社区如何增加社区成员的归属感，增加社区的用户黏度是一个虚拟社区要继续发展的重要方面。在虚拟社区发展的这个阶段,成员将更关注内容本身的价值,也更关注自身与谁共同被连接在一个网络中。

所以每个社区成员都在寻找一个具有真正归属感的虚拟社区，在这样的虚拟社区中,他可以与他人进行更加顺畅地交流,同时,也可对他人的生产内容进行分析、评价。

虚拟社区垂直化发展得目的在于将虚拟社区成员的需求进行细分。市场需求各有不同,任何一个虚拟社区都无法完全满足,但是当虚拟社区着眼于提供专业的服务来满足个别群体需求的时候,社区成员就会愿意留下,会对虚拟社区产生群体情感。虚拟社区只有准确把握自己的定位,突出差异化,才能留住用户。

(三)移动化

在智能手机普及之后,手机上网已经成为大部分人选择的网络接入方式。虚拟社区在经历了较长时期的发展后，向移动平台迁移是虚拟社区继续发展的重要一步,通过与移动平台结合,使虚拟社区用户产生更强的依赖性。虚拟社区成员将网络上的虚拟人际互动转移到移动平台上，用户可以利用碎片化时间来参与虚拟社区,在时间和空间上都有了更高的自由度。

第四节 虚拟社群信任网络个案研究

一、信任网络研究描述

(一)理论基础

1. 虚拟社群的特征

社群图以及相关指标计算结果显示，这些群体主要建立的都是以弱连接为主的社会网络,总体呈现出较低的网络密度和松散的结构特征,而核心部分则出现一个较为紧密集中的小核心(沈冯娟,2008)。① 大多数的虚拟社群处于“有机团结”的联系状态,总体缺乏同质性,社群成员以其占有的资源决定在社群中的地位。②

2. 虚拟社区意见领袖

基于论坛的虚拟社群意见领袖年轻活跃,具有优于其他成员的专业水平,积极发帖引发主题讨论,热心与其他成员互动(李会颖,2009)。③ 虚拟社群的意见领袖形成条件主要是线上活跃的表现且形成时间较短，也失去了传统意见领袖形成条件中对于“接近信源”和“善于交际”的两个特征描述(武超群,2012)。④

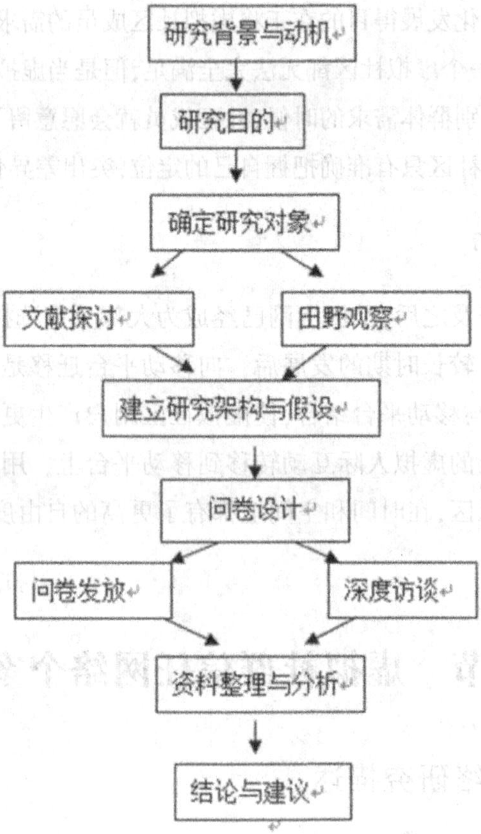

图 12-1

① 沈冯娟. 虚拟社群中的社会网络[D]. 兰州大学,硕士学位论文,2008.
② 彭小川,毛晓丹. BBS 群体特征的社会网络分析[J]. 青年研究,2004,04:39-44.
③ 李会颖. BBS 中的意见领袖分析[D]. 河北大学,硕士学位论文,2009.
④ 武超群. 青年网络社群中舆论领袖的特征研究[J]. 中国青年研究,2012,02:80-83、47.

3. 虚拟社区的发展模式

针对基于微博的网络社群研究，学者提出单一微博社群模式、主题微博社群模式以及相同应用平台微博社群模式等三种发展趋势（梅泽勇，高舒，2012）。①

(二)研究内容、思路

主要是探讨兴趣型虚拟社群信任网络的构成和影响因素，进行各构面与相关因素的文献探讨，经对国内外文献进行搜集、研读和整理后，梳理出各因素间的关系，推导出研究框架。

(三)研究设计

1. 研究对象

在大中城市，基于“圈子”进行集中锻炼已成为全民健身的一大特点。热衷于某项运动的人们相约活动、相互信任、共同提高，逐渐形成了一种新的健身与生活方式。笔者选择了两个研究对象，分别为广州珠江跑群和士巴拿跑步俱乐部。

2. 研究架构

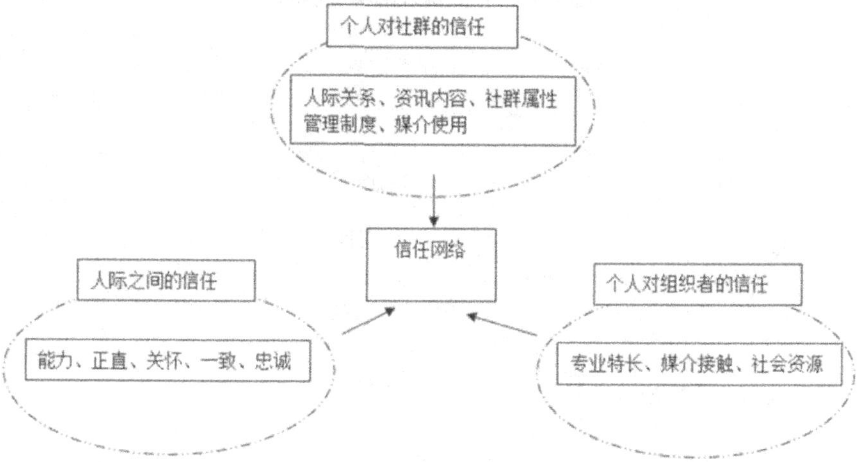

图 12-2　研究架构

① 梅泽勇，高舒．基于微博的网络社群研究[J]．图书馆学研究，2012，05：2-4.

二、信任网络研究发现

采用社会网络分析法对数据进行分析,得出社群图分别如下:

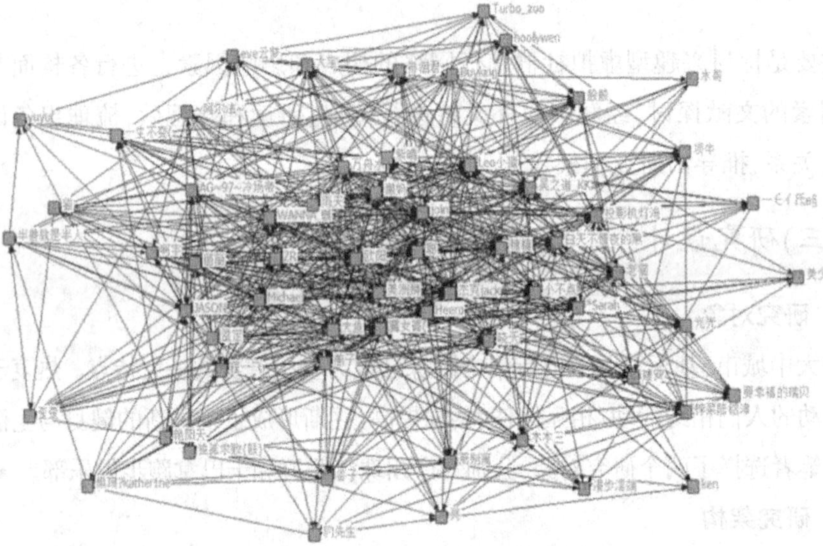

图 12-3　广州珠江跑群社群图

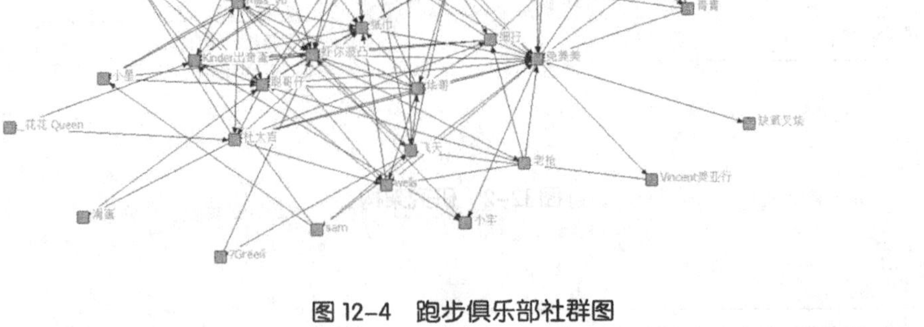

图 12-4　跑步俱乐部社群图

整体信任网络方面,个人对组织者信任关系链条比重最大。社群组织者在维系社群成员关系、巩固社群组织、促进社群发展方面起到了重要的作用。在个人对社群的信任关系链条构建上,交流环境因素分数较高,但组织管理因素分数较低。媒介使用没有得到较好满足,组织管理机制应更加灵活。在个人对组织者信任关系链条构建上,社群成员对组织者的专业能力和与成员的交流互动行为普遍满意。在人际间信任关系链条的构建上,社群成员对忠诚度的认同度较高,说明有一定的从众心理表现。而一致性行为的表现较差,需要加强团队建设。单因素变量分析法结果显示,上线时间与线下活动两个使用行为因素对虚拟社群整体的信任程度有显著影响。上线时间越长,线下活动参与越多,认同程度就越高。除此之外,其他人口统计变量与使用行为变量也对某个方面的要素有显著影响。入群时间长能够加深社群成员对社群交流环境的了解和感受,进而产生信任感。上线 2 个小时是一个时间节点,社群若能够增加成员的上线时间,加强组织者与社群成员之间的互动交流,促进社群成员对组织者的了解,对社群成员的信任度提高有一定帮助。人与人之间,白领相对于自由工作者对兴趣类虚拟社群的忠诚度方面认知较好。社群加入时间的长短在忠诚度认知方面也有很大影响。

三、虚拟群体管理思考与建议

通过对两个社群 4 个月深入的观察,结合对社群组织者和成员的深度访谈,发现目前兴趣类虚拟社群的发展有以下几个趋势:定位多元化,有收费服务型、盈利分成型、专业培养型、休闲娱乐型;多媒体分层管理,虚拟社群进行交流活动和维系关系的媒介从单一走向多样化,多渠道的沟通为网络社群的成员管理、规范遵守带来了更为便利灵活的条件,利于群体势力的巩固,进一步扩大了其社会影响力;公共事务参与,兴趣类的虚拟社群虽然是以兴趣为主题的社群组织,但也开始逐渐参与到公共事务的讨论中来,尤其是与公民精神文化建设相关的社会性话题。

个人对社群的信任:交流环境因素是较为重要的部分。从问项分数来看,社群成员普遍重视社群提供的资讯以及使用的社交媒体。在个人对社群的信任方面,需要从加强社群成员对社群的使用黏度上下手,主要包括丰富资讯内容、多元化媒体使用和制度化管理。

个人对组织者信任关系链条的构建上,数据显示,社群成员对于组织者的专业能力和成员的交流互动较为看重,而社群组织者在人际关系方面的优势不够突出,社群成员认同度低。建议从三个方面着手:开发人才资源,让群体内相关知识丰富的成员作为专业人才与其他成员积极互动;强化组织与个人互动关系,在组织内发起多项话题以保持成员的参与感;避免利益冲突,虚拟社区很多朝着商业化发展,其中必然会涉及组织者与成员之间的利益关系。

在人际间信任关系链条的构建上,社群成员对忠诚度的认同度较高,而一致性行为的表现较差,需要加强团队建设。建议如下:调整线上互动时间,提高社群成员与社群在线上活动的频率和增加交流时间;增加线下互动频率,线下互动比线上互动无疑更能够加深社群成员的信任,打破匿名和虚拟的不真实感,以真实身份进行互动更容易消除彼此间的陌生感;成员分层管理,对于新入群的成员实行辅导制,针对个人的需要提供相关的辅导和帮助,增加社群成员离开社群的成本,积极引导老成员加入社群的管理和发展事务中,巩固他们对社群的忠诚度;丰富社群功能,若社群能够在兴趣交流的基础上,开拓更多的功能,集合到一个平台上,并使社群成员得到满足,必然能增加社群成员的使用满意度;社交圈融合,社群成员之间可能缺乏相互之间的进一步了解,关系仅仅停留在浅层的兴趣交流方面,普遍为弱连接关系,总体成员表现出的一致性较弱。将成员的社交圈融合是成员快速建立强关系的"捷径"。

第十三章

SNS 虚拟社区中用户的自我呈现与政治参与行为

第一节　虚拟社区政治参与概述

一、何为政治参与

政治参与，顾名思义是参与政治生活，可以简单理解为，在政治语境中，公民通过一定的方式和程序、途径，参与到国家的具体政治生活中去。“所谓政治参与，就是指公民通过一定的方式和程序，展露政治意愿，表达利益诉求，从而参与国家政治生活，影响国家政治决策过程的行为。这既包括合法的参与，也包括非法的参与，既包括自愿参与，也包括动员性参与，既包括规律性的参与，也包括突发性的参与。从本质来讲，政治参与属于民主政治的范围，是民主政治的一个核心概念”。①

从广义来讲，政治参与包含政治参与态度和参与行为，其参与对象不仅仅是政治人物，还包括一般民众。公民的政治参与行为大致包括政治意愿的表达、利益诉求的表述和国家政治生活的参与；其中，国家政治生活的参与又可分为直接参与决策行为和通过各种途径表述自己的政治意愿和诉求，进而影响政治决策的间接参与行为。这些政治参与既包括政府框架内的政治参与行为，也包括政府话语框架外的政治参与行为，而这些分类又各自有对应的限定：政府话语框架内的政治参与行为一般是要求政治参与的合法性和有序性。“当指一般公民影响政府领域内的参与行为时，它更依偎于合法的和不法的、

① 金毅．当代中国公民网络政治参与研究——网络政治参与的困境与出路[D]．吉林大学，博士学位论文，2011.

个体的和团体的，有效的和无效的，自发的和操纵性的，以及规律性的和突发性的参与行为之间。”①

政治参与行为《当代世界政治实用百科全书》界定为：“政治参与是指社会成员按照一定的法律程序参与政治生活的政治行为。”②《布莱克维尔政治学百科全书》则将政治参与界定为，“参与制定、通过或贯彻公共政策的行动。这一宽泛的定义适用于从事这类行动的任何人，无论他是当选的政治家、政府官员还是普通公民，只要他是在政治制度内以任何方式参加政策的形成过程。”③

二、虚拟社区与政治参与

随着网络社区技术的高速发展和社区应用的普及成熟，互联网正逐步跨入虚拟社区时代。Web2.0 技术的发展，使得更多的虚拟社区在互联网上涌现出来。例如 Facebook、Twitter 等全球范围内知名的虚拟社区；论坛、贴吧、天涯、猫扑、人人网、开心网等大型综合社区。除了这些传统的虚拟社区，社会化网络服务（SNS）作为近两年新兴的虚拟社区类型，也得到了迅速发展，如大家熟知的微博、微信等。来自国家互联网信息办公室最新信息显示，目前，我国政务微博账号达 24 万，政务微信账号逾 10 万，政务客户端发展迅猛，“两微一端”成为政务新媒体发展新模式，其沟通、便民、施政价值日益显现。政务新媒体不断释放“指尖上的正能量”。利用虚拟社区参政议政在促进政务公开、推动舆论监督中发挥着举足轻重的作用。

SNS 虚拟社区为政治参与提供了许多便捷途径，用户通过 SNS 虚拟社区上网参政议政，在程序、时间、反馈效率等方面更加方便。随着政务微博、政务微信的推出，参与方式更是变得随时随地，方便快捷。了解当下 SNS 虚拟社区用户的自我呈现与政治参与行为，对于进一步明晰平台的建设，使政策有针对性地贯彻落实，推进网络民主具有重要作用，与新形势、新需求相适应，推动政务新媒体的跨越式发展。

① 郭秋永. 当代三大民主理论[M]. 北京：新星出版社，2006：134。
② 当代世界政治实用百科全书[M]. 北京：中国社会科学出版社，1993：173.
③ 戴维·米勒，韦农·波格丹诺，邓正来主编. 布莱克维尔政治学百科全书（修订版）[M]. 北京：中国政法大学出版社，2002：608-609.

我国SNS虚拟社区政治参与还处于一个发展的初级阶段，同时，又处于一个飞速发展的过程中，一系列新的问题和挑战也随之而来。政府如何规范SNS虚拟社区的发展，用户如何利用SNS虚拟社区进行政治参与，用户在虚拟社区的自我呈现和其政治参与行为的关系如何，怎样提高用户政治参与的积极性与有效性，SNS虚拟社区如何适应、加强和创新社会管理等等方面的问题，都需要学者们的深入思考和研究。

三、虚拟社区政治参与行为研究描述

（一）政治参与有关理论

1. 印象管理理论

最早提出印象管理概念的是戈夫曼（Goffman），他在《日常生活中的自我表现》一书中提出，“印象管理就像戏剧”，把人们看作生活舞台上的演员。他认为互动中一方的兴趣在于控制别人的行为，使对方通过对自己行为的理解，做出符合自己计划中的行为反应，并且把社会互动和戏剧表演结合起来，指出每个人均在扮演一个“行当”（line）。一个行当是一套细致的对言语和非言语行为的选择，是应环境和人际的交互作用做出的，不以个体的心理状态而存在。[①]

通过对SNS虚拟社区用户的自我呈现进行调查与分析，调查用户的自我呈现要素，分析自我呈现作为影响SNS虚拟社区用户政治参与的因素之一，在SNS虚拟社区政治参与上起到的作用，探讨印象管理理论对SNS虚拟社区用户自我呈现的实际指导意义，深化印象管理的理论研究。

2. 网络民主理论

“网络民主”一词最早于1995年由美国学者马克·斯劳卡提出，并把其理解为以网络为媒介的民主，或者在民主中渗入网络的成分。[②]同年，美国学者马克·波斯特在《网络民主——因特网和公共领域》中界定网络民主为“公民借助网络技术，通过网络公共领域加强和巩固民主的过程”。

---

① 朱艳霞. 网络时政论坛中舆论领袖的印象管理研究[D]. 华中科技大学，硕士学位论文，2009.

② 马克·斯劳卡. 大冲击——赛博空间和高科技对现实的威胁[M]. 黄错坚（译）. 南昌：江西教育出版社，1999：71.

通过梳理我国SNS虚拟社区用户的政治参与现状、参与行为特点，发现参与过程中出现的问题，描绘出网络民主视野下的中国镜像，推进网络民主理论在SNS虚拟社区的理论应用，在中国社会主义特色道路的框架下，网络政治参与是否会带来网络民主？官方话语与民间话语的两个舆论场有多大的重叠空间？媒体的话语体系是否为两个舆论场提供了交流和妥协的空间？这些对于丰富网络民主理论，推进网络民主在社会主义国家的进步，具有重要的研究意义。

3. 公共领域理论

汉娜·阿伦特最早开展了公共领域理论研究，她认为人们的生活主要存在于两种领域中：一是私人领域，以家庭、私有财产为主要内容，保证人类基本生存需求，构成了公共领域的基础。二是公共领域，以公共参与、政治活动为主要内容，是展现个人见闻，体验公共生活的公共空间，其超越了物质和生命，具有永恒意义。尤尔根·哈贝马斯对公共领域理论研究的影响极大，在《公共领域的结构转型》中，他认为在自由资本主义社会中存在私人领域和公权力领域之间的公共领域。[①] 在这个空间，公民可以聚集在一起，通过政治建构之外的公共交往，理性讨论共同关注的公共事务，并取得一致意见，达成理论共识，进而形成社会舆论，从而维护总体利益和公共福祉。[②]

(二)研究内容与思路

以SNS虚拟社区用户的自我呈现为出发点，观测它与政治参与行为的相关关系，通过文献研究、网络田野考察和访谈建立研究假设，对SNS虚拟社区所涉及的用户的自我呈现现状、政治参与行为的现状以及二者的相关关系进行探讨，主要分为：

1. SNS虚拟社区用户的自我呈现分析

SNS虚拟社区政治参与的要素由主体（即信息发送者和信息接收者）、客体(政治信息)和渠道(如SNS虚拟社区)构成。用户作为SNS虚拟社区的沟通主体，其自我呈现的多样化，也造成了不同的身份识别，并在社区中扮演着形形色色的角色，以保证社区的正常运营。本书根据Pittman《自我呈现战略走向的一般理论》将自我呈现方式分为五种：逢迎讨好、能力显示、威逼强迫、榜样示范和示弱求助。

① 林乐心. Web2.0背景下我国公民新闻传播形态研究[D]. 复旦大学，硕士学位论文，2010.

② 童春花. 微博环境下我国公民政治参与研究[D]. 上海交通大学，硕士学位论文，2012.

2. SNS 虚拟社区用户的政治参与行为分析

研究基于扎根理论,并通过网络田野考察法与社会网络分析法,了解 SNS 虚拟社区用户个人与群体之间的联系,解剖用户在微博中的政治参与行为方式,如电子投票、发表议论见解(点赞、评论、转发、图文发布、@某人等),分析用户参与政治行为的特征,发现其中存在的问题。基于对自我呈现与政治参与行为的研究,提出研究假设。

3. SNS 虚拟社区用户的自我呈现与政治参与行为相关分析

利用统计分析软件 SPSS 和 Amos 对数据进行处理,验证自我呈现与政治参与行为之间的相关关系。定量研究部分涉及的分析技术主要有描述性统计、信度分析、效度分析、相关分析、方差分析、回归分析、结构方程模型、访谈法、案例分析法。

4. 对利用 SNS 虚拟社区进行政治参与的启示

基于前期研究,规范用户政治参与行为,提出 SNS 虚拟社区用户政治参与机制;根据用户在 SNS 虚拟社区自我呈现对政治参与行为的影响,从宏观和微观等角度提出促进用户政治参与的积极性和有效性的策略。另外,SNS 虚拟社区政治参与建设中存在着形式主义、经营管理不善、更新回复不及时等多方面的问题,通过分析政治参与行为,为 SNS 虚拟社区的政治平台建设提供切实可靠的建议。以期为相关部门利用 SNS 虚拟社区沟通政治问题、规范网络政治参与提供一定的参考。为虚拟社区的政治平台建设提供发展思路,发挥 SNS 虚拟社区在政治参与中的中坚作用。

第二节　用户的自我呈现与政治参与行为关键要素分析

一、用户研究的要素构建

(一)用户特征

以新浪微博中的微博用户作为内容分析的对象,研究微博用户这一群体如何应用新浪微博平台进行自我呈现和政治参与。新浪微博无论是从用户数量和活跃度上，都堪称国内目前最火的微博客应用。因此，选取新浪微博作为研究对象，能够代表目前国内用户使用微博的基本情况，具有较高的研究价值。

（二）用户分类

1.根据是否认证可以分为认证用户（加用户）和非认证用户，其中认证用户由可以进一步分为个人认证用户和机构认证用户。

2.根据活跃程度不同可以分为意见领袖和“僵尸”用户，意见领袖活跃度较高，经常发表、评论、转发一些微博，有着较大的粉丝群，他们的意见往往能影响或者代表一批人的意见。“僵尸”用户指那些虚假用户或者不活跃的用户。

3.根据微博用户的实体类型，可以把微博用户分为个人用户和机构用户，个人用户又可以分为明星用户和普通用户，机构用户又可以分为政府机构、公益机构等类型。

4.从信息交流的角度来讲，微博用户可以分为信息发布者、信息共享者、信息管理者，很多时候微博用户集信息发布者、信息共享者的身份于一体。

5.根据粉丝数量多少可以分为明星用户和草根用户，明星用户粉丝数量众多，和现实中明星一样，受关注度比较高、影响力较大；草根用户多为普通用户，粉丝数量较少，粉丝多为现实中的亲朋好友，关注度不高。但事实上，新浪微博大部分都是普通用户，这部分用户的微博使用行为才是微博大部分用户的真实反映。因此，选取草根用户对其进行自我呈现的研究，更能体现普通公民通过 SNS 虚拟社区进行政治参与的行为特征，且具有比较普遍的代表意义。

（三）用户行为

微博作为一个社交网络平台，自上线以来短短时间内用户数量呈几何倍数增长。微博的诞生对社交网络具有里程碑式的意义，用户通过此平台可以进行很多操作，微博用户的行为主要包括以下几种：1.发表；2.转发；3.评论；4.私信；5.浏览；6.添加关注；7.开发应用；8.使用应用。①

① 党永杰. 新浪微博用户关系研究[D]. 华中师范大学，硕士学位论文，2013.

二、自我呈现研究的要素建构

(一)自我呈现的类型

Pittman认为,自我呈现是"调整自己的行为以给他人创造某个特殊的印象"的过程,它泛指一般人行事时表现自己的方式,是社会行为的普遍特征,该研究总结了人们在网络空间中自我呈现的五种方式,分别是:逢迎讨好、能力显示、威逼强迫、榜样示范和示弱求助。[①] 本文根据Pittman的五种自我呈现类型,分别探讨其与政治参与行为的相关关系。并检验这五种类型是否符合虚拟社区中用户的自我呈现特征。

(二)自我呈现影响因素

任何人的社会行为都受到个体自身、观众和所处社会环境的影响。从戈夫曼的框架看,呈现者自身的内在因素,其所处的社会情境以及这个情境中观众的存在和反应,都影响着自我呈现的内容和方式。在SNS虚拟社区中同样受到这三种因素的影响。首先,自我呈现的方式受到个体自身因素的影响,个体自身的特征如性别、年龄、学历、职业、经济收入,都会影响个体在网络环境中自身呈现的动机与目的。其次,在SNS虚拟社区中,人们在选择角色扮演类型时,会更多地先从自我需要出发以获得更多的自我满足,再想象该情境中潜在受众对自己的角色期待进而选择将要扮演的角色。再次,情境因素即网络虚拟社区情境,由于其内在的虚拟性使得人们在进入虚拟情境时,会对这种情境进行判断与认知,从而确立该情境中的自我呈现方式、内容和安全性等。自我呈现还受到自尊、利益、自我建构、社会交往等因素的影响。

(三)自我呈现变量设计

本书在进行自我呈现的变量设计时参考了前人的研究成果,并结合自我呈现类型的定义与内容,确定了研究变量:1.逢迎讨好,对于"逢迎讨好"的测

---

① Pittman. Toward a general theory of strategic self-presentation. *Lawrence Erlbaum Assoc Inc*, 1972: 231-262.

量指标包括:迎合、友善;2.能力显示,在 SNS 虚拟社区,用户可以展现个人的学习、工作等方面的能力,从而得到自我满足感与成就感;3.威逼强迫,在 SNS 虚拟社区中,对于“能力显示”的测量指标包括:威慑、强迫;4.榜样示范,榜样示范是虚拟社区自我呈现的另一个主要形式;5.示弱求助,对于“示弱求职”的测量分为“示弱”“求助”两个维度。

三、政治参与行为研究的要素建构

(一)政治参与行为的类型

政治参与行为就一般范围来讲,包括显性行为,如投票、集会、游行、选举等;也包括隐性的行为,如一个人的信仰、态度、立场等。

本书研究的 SNS 虚拟社区用户的网络政治参与行为,是以微博用户作为行为主体,在一定的政治观念的支配下,基于特定的政治需要,为实现特定的政治目的而利用网络平台进行的一种政治实践活动。它包括用户内在的政治态度和外在的网络政治活动。

对网络政治参与行为的研究,不同研究角度有不同的分类标准。

1.从性质上分,有理性的政治参与行为与非理性的政治参与行为。

2.从政治主体角度,有主动政治参与行为、被动政治参与行为。

3.从表现上来说,有显性政治参与行为和隐性政治参与行为。

4.从参与程度,有浅度的政治参与行为和深度的政治参与行为。

(二)政治参与行为的影响因素

Bimber 等于 1998 年开始立足于互联网,从新兴媒体角度研究网络政治参与的影响因素。他先后提出了使用工具性模型、政治心理模型分析网络政治参与:在工具性模型中,利用互联网使用时间、信息接触、互联网使用功能解释政治参与;在政治心理学模型中,利用个人政治兴趣、政治参与经验等因素建立模型,有较好的解释力。李斌在分析网络政治参与影响因素的时候,指出网络政治参与受到经济因素、政治因素、政治机制、网络环境、网民自身条件的共同作用。

(三)政治参与行为变量设计

1. 政治参与行为的广度

SNS 虚拟社区政治参与行为的广度,指的是微博政治参与量的问题。第一层涵义主要就参与主体而言,侧重于考察参与某一具体政治过程的社会成员的比例,强调参与主体的数量。第二层涵义侧重考察政治参与的范围,涉及公民的参与面,强调参与对象领域的广泛程度。具体表现在对微博政治参与的主体和参与内容两方面的考察。

(1)参与主体的潜能

当前,我国的 SNS 虚拟社区政治参与的主体数量已相当庞大,以微博为例的 SNS 虚拟社区用户数量持续呈上升增长趋势,并且覆盖到各个行业和群体。在微博政治参与中,不管是网民的人数比例还是参与的形式都体现出微博政治参与已在一定程度上实现了量的突破。

(2)参与内容的广泛性

参与内容具体广泛性,参与议题多样化。在参与内容上将议题分为:①对社会突发事件的"围观"。②对公权力的监督。③对社会公正、公民权利的伸张。④对社会诚信、社会公德的担忧和呐喊。⑤对社会深层矛盾及国家政治命运的思考。

2. 政治参与行为的深度

政治参与的深度主要考察的是公民在政治参与过程中的自主程度和充分性。另外活跃度越高,用户参与的政务活动越多,就越能说明该用户组织观念强、政治觉悟高、政治参与行为强。①

3. 政治参与行为的效度

微博政治参与的效度是指公民通过微博进行政治参与的正面作用,主要表现为利益表达实现的程度、公民影响公共政策的效果两个方面,共同组成变量"影响能力"。本书结合用户对自身政治参与行为的认知,作为效度判断的另一个基本要素——"行为认知"。

---

① 姚会亭,马敬民,赵更英,段培荷. 九三学社社员贡献度及活跃度指标体系的研究[J]. 河北省社会主义学院学报,2014,1(1).

第三节　自我呈现与政治参与行为的定量研究

一、研究描述和分析

(一)研究设计

在确定了研究架构以及研究对象后,主要以问卷作为衡量工具,参考国外文献并根据研究目的和假设,将问卷设计为三个部分。第一部分为自我呈现的影响因素;第二部分为政治参与行为的影响因素;第三部分为用户特征变量。

1.自我呈现的影响因素:测量的因素有逢迎讨好、能力显示、威逼强迫、榜样示范、示弱求助。

2.政治参与行为的影响因素:广度、深度、效度,其中广度变量包括参与主体、参与内容;深度变量包括活跃度、自主性和充分性;效度变量包括行为认知和影响能力。

3.用户变量因素:性别、年龄、受教育程度、社会经济地位(包括职业与收入)、粉丝量。

发放问卷205份,回收205份,其中有效问卷201份,问卷有效率为98%,并进行信度效度检验。

二、基于SEM的自我呈现与政治参与行为关系模型

从自我呈现的五个变量:逢迎讨好、能力显示、威逼强迫、榜样示范和示弱求助,探究自我呈现与政治参与行为的路径关系。将自我呈现、政治参与行为作为潜在变量,其中自我呈现是外衍变量,政治参与行为是内衍变量。将自我呈现、政治参与行为作为结构模型,其中自我呈现包括5个观察变量:逢迎讨好、能力显示、威逼强迫、榜样示范和示弱求助;政治参与行为包括的3个观察变量为政治参与的广度、深度和效度。

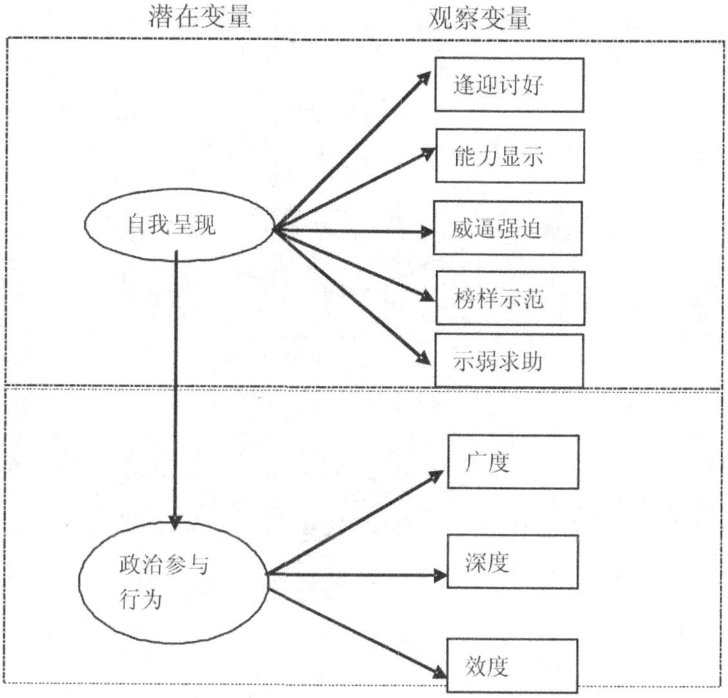

图 13-1 构念模型

基于 SEM 的自我呈现与政治参与行为关系模型的观念架构，分别对自我呈现和政治参与行为进行变量设计，如下表：

表 13-1 各变量构成表

	潜在变量	观察变量	具体测量指标
外衍变量	自我呈现	逢迎讨好	迎合力 Q1；友善性 Q2
		能力显示	能力感 Q3；成就感 Q4
		威逼强迫	威慑力 Q5；强迫性 Q6
		榜样示范	榜样性 Q7；示范性 Q8
		示弱求助	示弱性 Q9；求助力 Q10
内衍变量	政治参与行为	参与广度	参与主体的潜能 Q11、Q12、Q13、Q14；参与内容的广泛性 Q15、Q16、Q17、Q18、Q19、Q20
		参与深度	活跃度 Q21、Q22；自主性 Q23、Q24、Q25；充分性 Q26、Q27、Q28、Q29
		参与效度	行为认知 Q30、Q31、Q32；影响能力 Q33、Q34、Q35

经过 AMOS 的运算,建立了自我呈现对政治参与行为影响系数模型。

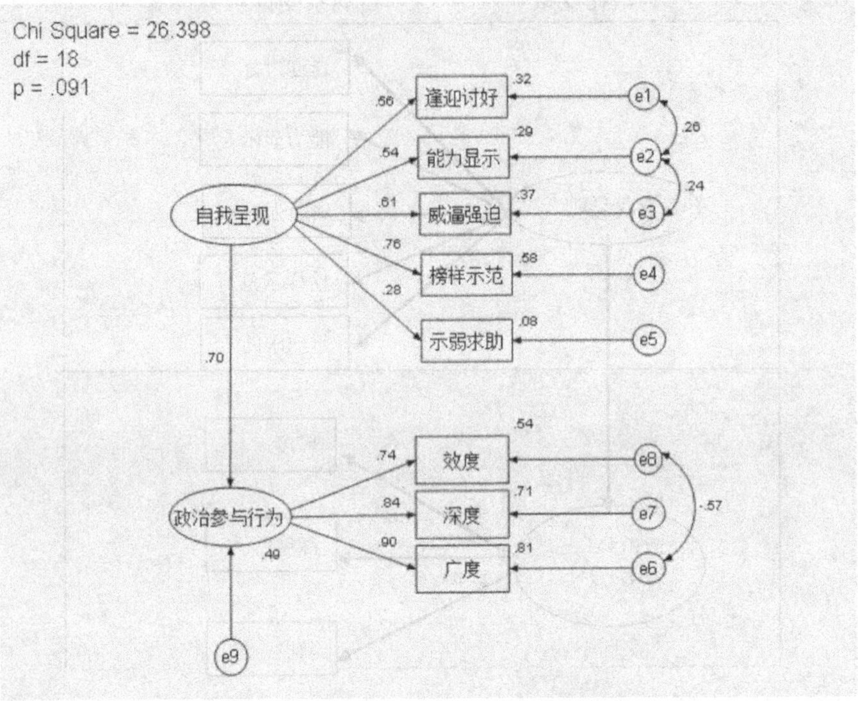

图 13-2 自我呈现对政治参与行为影响系数模型

第四节 自我呈现与政治参与行为的定性分析

一、自我呈现与政治参与行为的访谈分析

(一)访谈设计

为了更具体深入了解自我呈现与政治参与行为间的关系，了解用户进行自我呈现的动机,分析用户的自我呈现对政治参与行为广度、深度和效度的影响程度。结合访谈研究进行结果检验。访谈提纲主要包括:1.受访者在进行自我呈现时,是否感知到自己的网络行为;2.受访者在参与 SNS 虚拟社区政治活

动中,是否会有意提升表现自我;3.受访者在政治参与中,对现实社会生活的影响。通过网络田野观察法,用一周对15个目标用户进行在线观察。

(二)访谈结果分析

1. 自我感知行为

逢迎讨好类用户在SNS虚拟社区进行自我呈现过程中,对自身行为影响力的感知相对较低;能力呈现类用户在SNS虚拟社区中的自我呈现,表现得比较积极;威逼强迫类用户在呈现自我时,表现得直率和冲动,他们希望获得同伴的支持,但是手段未免有些强硬;榜样示范类用户感知行为的能力很强,他们会在SNS虚拟社区中传播积极、阳光的思想;示弱求助类用户感知自身行为的能力也比较高,他们知道自己在SNS虚拟社区中只是一个普通的成员,并没有太大的号召力,因此他们大多会是“潜水”族,表现为隐性的政治参与。

2. 行为反映自我

逢迎讨好类用户在进行政治参与过程中表现自己的欲望不大;

榜样示范类用户,多为官方机构或者时政评论员和知名度高的用户,在政治参与中,会有意表现自己的洞察力和敏锐力;威逼强迫类用户在政治参与过程中,希望受到关注,因而会有意表现自己;能力呈现类用户在政治参与过程中,通过频繁与人交流,他的受关注程度不断增加;示弱求助类用户表现自己的积极性不高,但是一旦有需要,他会通过图片或者文字的形式,来表现对社会对生活的不满。

3. 参与效果分析

逢迎讨好类用户在SNS虚拟社区参与政治的积极性不高;能力显示类的用户在SNS虚拟社区政治参与中,能够丰富现实生活,他们认为这种参与形式能够促进政治的民主化;威逼强迫类用户因为在现实生活中找不到政治参与的途径,转而在SNS虚拟社区中积极参与;榜样示范类用户的参与效果较好,他们以较大的政治热情参与SNS虚拟社区政治,同时这种政治参与给他们的生活提供了精神营养;示弱求助类用户在参与过程中,认为集思广益、众志成城可以保障个人的权益,通过适当地示弱和求助,会获得他人的关怀,从而获得自己需要的政治成果,其参与效果反而比较好。

二、“两会”期间用户政治参与行为的案例分析

为进一步了解自我呈现与政治参与行为在SNS虚拟社区中的实际发生情况,笔者选取了2015年新浪微博关键词“两会”作为分析案例,具体探析用户如何如何在“两会”期间进行自我呈现与政治参与。

通过对在参与“两会”话题的用户进行网络田野观察,发现自我呈现的五种方式对应着五类用户,他们在自我呈现过程中,基本符合量化研究中所证明的相关关系。前述量化研究已经验证自我呈现中的威逼强迫、榜样示范和示弱求助,对政治参与行为具有较强的影响。案例分析发现,用户在使用威逼强迫、榜样示范、示弱求助这三种方式进行自我呈现时,积极参与SNS虚拟社区政治活动。而以能力显示方式进行自我呈现的用户,其政治参与行为也表现得比较积极,但是积极性并没有预想的要高。而所选取的个案,即逢迎讨好类的用户在政治参与活动中,表现得较为消极。

通过案例也验证了自我呈现与政治参与之间的关系。通过案例分析显示了用户如何在SNS虚拟社区中进行自我呈现,并通过自我呈现这一显性因素来窥探他们在政治活动中参与行为的变化, 以期通过透视自我呈现与政治参与行为在网络环境中的具体运用,为分析用户的网络政治行为,提升网民政治参与素养打开一扇大门。

第五节　虚拟社区中用户政治参与效能提升建议

一、从用户出发,调动政治参与的积极性

提高用户的活跃度、参与热情,对于加强政务微博的亲和力、影响力都有帮助。当前SNS虚拟社区政治参与的热情还不高,用户对网络政治参与形式持认可和肯定态度,形式、内容也基本得到满意,但很少转发、评论,并积极有效地参与其中。

(一)从用户兴趣出发,注重用户体验

影响用户关注内容的主要是个人的兴趣度,转发、评论的微博内容都是和自己的生活切实相关的,并希望政务微博、网络政治活动、网络参政议政等内容能够与大众生活有足够的接近性。有专家指出,新媒体传播方式是全新的,表达方式也必须创新,既不能居高临下空洞说教,语言生硬以势压人,也不能曲意迎合,低三下四,"讲人话,不讲官话,平等是政务新媒体表达方式的灵魂"。"上海发布"办公室主任丁利民认为,从用户需求出发,注重用户体验,用群众易懂的表达方式,用符合网民阅读习惯的表达方式,才能做好权威发布。"上海发布"通过微直播、微访谈,利用图示、图解、视频等网友喜闻乐见的形式解读专业政策,使政务信息更有效地到达受众,更好地引导舆论。这就要求SNS虚拟社区要多从用户的角度出发,了解用户的行为特征,加强与用户的沟通、交流,把握政治建设中的基础性工作。

(二)重视用户需求,注重实用性

从用户的需求出发,内容坚持实用性为主,兼顾趣味性。粉丝对政务微博的关注和扩散,主要动力在于SNS虚拟社区所呈现内容的实用性。实用性体现在对用户关注的社会新闻、会议精神、政务通知等一系列细节上。因此,要加大对政务微博实用性的建设,从政务部门自身的职能定位出发,衍生一系列和本部门相关的职能信息和科普常识,立足本职工作,高于本职工作,切实给粉丝提供有用、有益、可行的帮助。

二、完善SNS虚拟社区政务平台建设

近年来,政务新媒体数量显著增长,功能不断提升。从中央到地方再到基层,影响力强、活跃度高的政务平台不断涌现,"百花齐放"的局面已然形成。SNS虚拟社区作为活跃的舆论场,有利于征求民意,保障公民的主体性地位。因此SNS虚拟社区政务平台的建设工作仍需完善。平台的建设有利于将政府与公民置于相对平等的地位,有利于意见的双向沟通,实现服务群众零距离。

(一)保障政府与网民的双向平等沟通

人民网舆情监测室秘书长祝华新说:“移动互联网时代，舆论场在每个用户手中生成,呈现出小微化、个性化趋向。‘两微一端’已经成为中国网民新的信息源和舆论发动机。”单一的信息发布功能已经不能适应新媒体时代的需要,要通过顶层设计,从国家层面,以政府主导方式,大力推动 SNS 虚拟社区政务平台建设。

如以政务微博为例,政务微博不是独立的个体,其在网络上的影响力与现实中部门的属性密切相关。构建政务微博品牌,要在线上、线下双管齐下,从用户的角度出发,线上活动线下辅助推广,线下活动线上配合完成,在两条线上与网友进行直接的沟通、交流,多一些回复和评论,少一些敷衍和视若无睹,让用户有被重视的感觉。

(二)主动设置议题,积极拓展线上活动

政务新媒体主动设置议题,与网友积极互动形成新话题,越来越多地成为其他新闻媒体的第一信源。政府部门在线下举办的政务性、社会性活动,如果受到公众的关注,具有较大的影响力,可以充分发挥 SNS 虚拟社区平台的作用,提高政治参与的深度和广度。

(三)打造政务新媒体矩阵,推动政务平台融合发展

在飞速发展的移动互联网时代，仅靠单个政务微博或微信单打独斗已然不行。国家网信办移动网络管理负责人徐丰表示,必须打造横向到边、纵向到底的政务新媒体矩阵,推动政务平台融合发展。

例如,“泛广东发布”政务微信矩阵,整合、优化全省政务信息资源配置,将1600 多个各级政务微信公众号悉数囊括,“指尖上的正能量”呈现裂变式传播效果。比如“广州妇幼保健院”开展“指尖上”的医患对话,以网上互联赢得心灵互通。一位员工坦言:“有了这个平台,医闹少多了。”

“贵州发布”实现“一号进入、尽知贵州”,涵盖近 90 个全省重点政务微信和近 60 个政务微博账号,涉及省直已开通的 29 项网上办事项目,用户可以足不出户、随时随地查询或办理业务。

(四)出台相关文件,加强政务平台规范与监管

政务新媒体未来的发展，还需要运营部门在政务信息的整合方面发挥更强的组织动员能力，需要相关部门主导开发有关政策、公共管理方面的数据库,需要适应新媒体传播的技术和媒体人才。这些归根到底都需要创新,做长远的规划和设计。

目前,政务新媒体发展中暴露出一些问题,比如,东部与中西部地区、城市与农村发展不均衡。相关机构应提早将出台相关文件,对政务微博、微信、微视、移动客户端等SNS虚拟社区的建设、发展和管理提出指导性意见,以此来提升网民政治参与的组织化程度。

三、促进SNS虚拟社区政治参与效能提升

“一个社会的政治发展在很大程度上取决于人本身的政治发展。”[1] 如果一个公民的政治参与技能低,那么其政治参与的效能就弱,权利实现的可能性就小,如果没有政治参与主体整体素质的提高,真正的大众参与和高效的民主管理就难以实现。因此,作为SNS虚拟社区的主体——用户,其政治参与能力对政治参与行为具有内在的制约性。提高用户的文化政治素质、政治技能,强化他们依法参与的效能感,具有重要的意义。

(一)政府营造网络政治参与氛围,更新政府行政模式

政府要营造希望网民政治参与的社会氛围,拓宽网络政治参与的渠道,保障公众的知情权和参与权。更新政府行政模式,建立电子政务系统,实现政府事务在网络上与社会公众互动处理，实现政府与用户双向互动机制。积极探索,切合实际,增强电子政务的针对性和有效性。

(二)提升网民的政治参与素质

政治参与者的素质会直接影响政治参与的方式、内容、效果。SNS虚拟社

① 王沪宁. 当代中国村落家族文化[M]. 北京:人民出版社,1998:259.

区用户由一个个网民组成,为了提升他们的政治参与能力,就必须积极引导网民的网络政治生活，增强他们的政治判断力和分析力，塑造他们的政治责任感。首先,要提高网民政治参与的理性程度。将热情和理性相结合,避免情绪化的宣泄,提高政治参与的水平。其次,开展网络公民教育,培养民主意识,提升公民的政治行为能力。增强信息分辨能力,防止盲目参与。网民也要提高警惕,避免政治参与的行为偏失。

第十四章

社会互动理论视角下微博用户人际互动与社会资本关系

第一节　人际互动与社会资本关系概述

一、社会互动理论

(一)社会互动理论定义

社会互动理论着重从社会互动关系和互动过程中去理解个体的行为意义、行为选择、行为改变。社会学对于社会互动的定义(吉登斯,2009):“个体之间任何形式的社会接触,我们大部分的生活都是由某种互动构成的。社会互动指人们相互谋面的正式与非正式情境。”麦休尼斯对社会互动的定义:“社会互动指的是人们在与他人的联系中如何采取行动并做出反应的过程”(约翰.J.麦休尼斯,2009)。社会互动论在长期的发展中形成了自身丰富的理论流派。

(二)拟剧理论

美国社会学家欧文·戈夫曼(Erving Goffman)是20世纪最为出色的社会学家之一,也是符号互动论的第三代代表人物,其著作《日常生活中的自我呈现》提出拟剧理论,认为社会中的个体通过角色领会以及行动,协调自己与群体的互动。把社会比做舞台,把社会成员比做演员来解释人们的日常生活:社会成员(表演者)由于在意自己在参与互动的他人(观众)在不同的社会场景中(舞台)的形象,因而采用不同的技巧管理自己在他人眼中的印象。戈夫曼归纳这个过程为"印象管理"(impression management)。[①] 戈夫曼试图用拟剧论中表演的框架(前台、后台、印象管理)来解释人们之间互动的一些基本过程和原理。

拟剧论认为,生活中的每个人或是个体表演者,或是剧班中的一员,总是在某种特定的场景,按照一定的要求,在观众的注视下进行角色呈现。在表演过程中,表演者往往想要给予某种印象或尽量避免与给予的印象相抵触,对于他们而言,正在扮演的角色是其最重要的角色,他们声称具有或被赋予的品性是他们最为本质和特有的品性。[②] 舞台表演概念是拟剧论解释的展开,戈夫曼将舞台表演分为"前台"和"后台",其中,前台是一种制度化的社会存在,人们所扮演的通常是具有一定程度的理想化和社会化的自我。[③]

(三)网络人际互动

对于数字媒体的研究使得学者开始关注媒介与人的关系，互联网的诞生不仅开启了一场信息革命,也带来人际互动的变迁,人与人的互动突破了时间和空间的限制。与此同时,对于网络人际互动的界定也不同于网络互动。网络人际互动是以互联网和计算机为中介的人与人之间的信息传播活动，可以实现人际交往。

网络人际互动概念所必须包含的几大要素:第一,互动主体是人,可以是个人与个人,也可以是个人与多人、多人与多人之间的互动;第二,行为发生在网络环境下;第三,以数字化、符号化信息为中介系统;第四,是一种信息的交换、沟通、人际交往的行为。同时,考虑到本书所研究的网络环境主体是微博,微博作为一种社会化媒介,用户不仅在其中进行信息交换行为,也通过其社交特性在网络空间中进行一系列的交流、讨论、人际交往行为。这两种行为常常结合在一起发生,即用户可能在浏览信息的过程中对他人的微博进行评论、回

① 林莉. 微博客的拟剧现象研究[D]. 南京师范大学,硕士学位论文,2013.
② 欧文·戈夫曼著. 日常生活中的自我呈现[M]. 冯钢译. 北京:北京大学出版社,2008:114.
③王长潇，刘瑞一. 网络视频分享中的"自我呈现"——基于戈夫曼拟剧理论与行为分析的观察与思考[J]. 当代传播. 2013(03).

复评论、转发等。因此网络人际互动可以定义为网络用户通过媒介平台与其他的使用者进行的信息交换、沟通、社会交往等行为。

表 14-1 国内学者对网络人际互动的定义

学者	时间	网络空间人际互动的定义
黄少华①	2003	网络人际交往所描述的，是一种经由互联网媒体中介形成的人际关系。网络空间的人际交往，是一种经由网络媒介的沟通，互动双方并不像在现实社会中那样面对面地亲身参与沟通，而是一场陌生人间的互动游戏
汪清等②	2006	网络人际交往是以计算机、网络和数字符号为中介，在超文本和多媒体链接中人与人的交往
屈勇③	2009	网络人际互动可以定义为发生在电子网络空间中，以 ID 和化名或者匿名的形式实现的个体与个体间通过信息传播发生的相互依赖性的人际交往活动
吴满意④	2012	网络人际互动是网络空间环境中网民之间网络社会关系的表征，是在网络社会与现实社会、网民个体与现实个体高度融合互渗的背景下，交往双方借助数字化、符号化信息中介系统来进行的信息、知识、精神的共生、共享的实践活动

资料来源：张欣欣(2013)

二、何为社会资本

20 世纪 70 年代以来，经济学、社会学、行为组织理论以及政治学等多个学科都不约而同地开始关注一个概念——社会资本(Social Capital)。最早使用社会资本概念的人是经济学家格林·洛瑞(Glenn Loury, 1977)，他在《种族收入差别的动态理论》(1977) 中首次提出了与物质资本、人力资本相对应的“社会资本”这一理论概念。然而，第一个对社会资本进行系统分析的是法国社会学家皮埃尔·布迪厄(P.Bourdieu)。1980 年，布迪厄在《社会科学研究》杂志

① 黄少华. 论网络空间的人际交往[J]. 社会科学研究. 2002(4):93-97.
② 汪清，张启平. 对网络人际交往的伦理思考[J]. 吉林广播电视大学学报. 2006(5):57-59.
③ 屈勇. 电子网络空间中人际互动的本质:角色与去角色[J]. 社会心理科学. 2009(1):34-39.
④ 吴满意，廖子夏. 网络人际互动研究的理论基础与概念解析[J]. 社会科学研究. 2012(06):113-118.

上发表了题为“社会资本随笔”的短文，正式提出了“社会资本”(Social Capital)这一概念。布迪厄(Bourdieu,1986)社会资本理论的核心主张就是:“关系网络创造了一种解决社会问题的有价值的资源，并向成员提供集体所有的资本,即使成员相互信任的可信度”。

林南(Lin Nan,2001)在吸收了马克思的资本概念、舒尔茨的人力资本概念,以及布迪厄、科尔曼和普特南的社会资本概念的基础上,提出社会资本的理论。强调“社会资本是投资在社会关系中并希望在市场上得到回报的一种资源，是一种镶嵌在社会结构之中并且可以通过有目的的行动来获得或流动的资源”。包含三个方面的内容:第一,社会资本植根于社会网络或社会关系之中,不能离开社会关系谈论社会资本;第二,社会资本是一种可以带来增值的资源,这种增值功能不仅体现在货币、财产等物质资本,也可以体现在人力资本以及声望、信任、规范等社会资本上;第三,社会资本不仅是嵌入在社会关系中的资源,而且也是人们为了获得各种效益的投资活动。

林南认为,社会资本的理论模型应该包括三个过程:(1)社会资本中的投资;(2)社会资本的摄取和动员;(3)社会资本的回报。他把社会行动分为工具性行动和情感性行动。工具性行动被理解为获得不为行动者所拥有的资源,而情感性行动被理解为维持已被行动者拥有的资源。

三、人际互动与社会资本关系研究描述

其一,人际互动与社会资本维度建构研究。为了更好地展开定量研究,本书将人际互动分为互动内容、互动方式和互动强度,将社会资本按信息资本、人脉资本、信任资本、情感资本划分为四个维度。

其二,针对微博这一社交媒介主体进行传播学的分析,发现社会互动理论分析微博人际互动的相关特征。

其三,微博用户人际互动与社会资本关系的实证研究,探究微博用户人际互动程度与社会资本四个维度的关系，即验证人际互动与信息资本、人脉资本、信任资本、情感资本各自的相关关系。研究主要运用问卷进行测量,在调研的基础上运用相关研究方法进行相关分析、回归分析。

其四,微博用户人际互动与社会资本关系梳理、验证研究假设。在前面分

析的基础上对研究假设一一进行验证，分析的同时总结研究结论，提出观点与思考。

第二节 微博用户人际互动与社会资本实证研究

一、实证研究描述

（一）研究变量

1. 人际互动测量维度建构

从虚拟社区互动的维度出发建构微博人际互动的分析维度，微博作为一种社会化媒介，用户的人际互动中包含了获取信息、交流、分享和建立人际关系的行为。[①]作为一种社交媒体，微博的互动行为中包含了信息获取的行为，例如用户对公众用户、大V等其他用户的关注、转发、参与评论[②]等行为也属于人际互动的范畴，不过这种互动行为不是基于建立社交关系的行为。二维视角从互动内容划分了网络互动的维度，基于此，笔者将人际互动按内容的不同划分为信息性互动和人际交往互动，需要强调的一点是，信息性互动不同于内容互动和人机互动，它指在社交媒体中用户进行信息获取、分享、信息交换的网络人际互动行为。而人际交往互动指用户建立人际关系、交流情感与思想的人际互动交往。[③]

2. 社会资本测量维度建构

从"社会资本"理论出发建构本书社会资本的分析维度，包括信息资本、人脉资本、信任资本、情感资本。

（1）信息资本

---

① 张欣欣. SNS社区中人际互动对用户持续使用意愿的影响机理研究[D]. 北京邮电大学，硕士学位论文，2013.

② 范晓屏. 基于虚拟社区的网络互动对网络购买行为的影响研究[D]. 浙江大学，博士学位论文，2007.

③ 吴佩珊. 网络广告效果研究：图像互动和人际互动观点探讨[D]. 台湾世新大学，2005届研究生毕业论文，2005.

首先，针对林南社会资本理论四个功能的第一点，即促进了信息的流动。林南在《社会资本——关于社会结构与行动的理论》一书中认为，通常在不完善的市场条件下，处于某种战略地位或等级位置中的关系人，由于较好地了解市场需求，可以为个人提供以其他方式不易获得的关于机会和选择的有用信息。社会结构中的某人可以获得并且同时为他人提供有用的信息，这是能力的体现，能力的大小也决定了信息量的多少。另外，社会学家科尔曼也认为“存在于社会关系内部的信息网络”是社会资本的一种重要形式，“利用已存在的社会关系是获取信息的重要形式”。[①]结合本书的研究载体，微博在用户的信息获取上，是一种单向订阅模式，是在陌生人之间因为信息内容而建立起来的联系，在这种关系中，信息内容是人际关系的关键点，用户之间因为所发布的信息而产生感觉，由感觉而关注和订阅，并通过信息的转发和评论等方式形成人际互动。可见，微博作为一种社交媒介，在人与人之间建立联系的同时，也形成了用户的信息获取渠道和方式，是用户信息资本的来源之一。

(2)人脉资本

林南对于社会资本功能的第二点阐述是这样的，社会关系人可以对代理人(如组织的招募者或管理者)施加影响，这些代理人在有关行动者的决定(如雇佣或提升)中发挥着关键性作用。某些社会关系，由于其所处的战略位置(如结构)和地位(例如权限或监督能力)，在组织代理人的决策中也拥有更有价值的资源和行使更大的权力(例如，对代理人依赖的极大不平衡)。因此，在关于一个个人的决策过程中“说一句话”就会产生一定的影响。

首先，从这一功能的描述中，可以延伸出关于社会关系与个人地位的联系，个人因为掌握了某种人际资源而在社会结构中产生新的影响，这种资源能为个人带来直接或潜在的利益。[②]同时，林南作为社会关系网络研究的代表人物，他在格兰诺维特弱关系(weak ties)理论(强关系指亲密的关系，如亲戚、朋友之间的关系；弱关系指松散的关系，如工作联系或泛泛之交。判断关系强弱的四个维度包括：互动频率、感情强度、亲密程度和互惠交换)[③]的基础

---

① Coleman J S. Social Capital in the Creation of Human Capital[J]. American Journal of Sociology. 1988.
② 张倩. 论社交网络使用与社会资本获得的关系[D]. 西南大学，硕士学位论文，2013.
③ 邓建国. Web2.0 时代的互联网使用行为与网民社会资本之关系考察[D]. 复旦大学，博士学位论文，2007.

上发展了关系理论，提出异质性关系理论，异质性关系指的是处于不同社会位置上的行动者之间的联系，他认为建立在工具性行动基础上的异质性关系是促成社会流动的最关键因素。行动者社会网络的异质性越高，所获得的社会资源就会越丰富。

(3)信任资本

关于社会资本的第三个功能，林南认为，社会关系资源及其被确认的与这个人的关系，也被组织及其代理人视作这个人的社会信任的证明，某些信任反映了个人通过社会网络和关系，他 / 她的社会资本摄取资源的能力。个人背后的身份通过这些关系为组织及其代理人提供了保证——个人可以提供超出个体的个人资本的另外资源，某些资源对于组织也是有用的。

在这一点上，个体的社会信任取决于他拥有的关系资源，关系资源越丰富，反映其得到的社会信任越高。许多社会学家认为，社会信任和社会资本之间存在着内在的、密切的关联，可以认为社会资本中包含着社会信任，也可以认为信任是社会资本的一种形式，而社会资本对社会信任的积极作用就在于它能够催生信任规范、传递信任。其内在机制是，社会网络能够促进信息流动和拉长人与人之间的博弈链。人与人在互动中建立联系，在社会关系的建构中包含了他人对自己的信任，也融合了自己对他人的信任，信任是建立确定性关系不可或缺的因素之一。

(4)情感资本

林南社会资本第四个功能包含社会关系被期待着强化身份和认可。他认为，一个人被确认和识别的价值作为个人和社会群体成员共享的类似利益和资源，不仅提供情感支持，而且获得某些资源的公共认可。这些强化对维持心理健康和资源所有权是必不可少的。林南认为，生活满意是个体通过社会资本所获得的重要的情感性回报。

情感是态度这一整体中的一部分，是态度在生理上一种较为复杂和稳定的生理评价和体验，《心理学大辞典》中认为："情感是人对客观事物是否满足自己的需要而产生的态度体验"。社会资本在第四个方面的功能主要包含了对社会关系拥有者身份的强化和认可，这种强化和认可最终转化为个人提供情感支持和心理上的满足，也就是生理和心理上的满足感。

表14-2　社会资本四个维度和定义

变量	维度	定义
社会资本	信息资本	指个人在社会网络中获取有用信息及为他人提供有用信息资源的能力
	人脉资本	指为个人带来直接的或潜在利益的社会网络关系，包括网络广度、强度和关系多样性
	信任资本	指在社会网络中个人的信用以及对他人的信任程度
	情感资本	指社会关系实现了个人身份的强化和认可，以及促进个体生理与心理上的满足感

(二)问卷设计与问卷调查

问卷设计主要包含三个阶段。第一阶段，主要在文献梳理并结合研究假设的基础上整理出问卷的初步框架。第二阶段，在框架的基础上初步设计出研究问卷，反复斟酌，修改了问项的表述，提高问项设计的合理性。第三阶段，笔者在正式问卷派发之前进行了一次小范围的前测，回收32份有效问卷，将数据导入统计软件进行信度检验。检验表明，问卷的整体信度为0.803，问卷总体合理，一共回收问卷256份，其中，广东省内的IP用户占72.83%，省外的IP包括北京、湖南、上海、天津、江苏、福建等用户，占问卷比例的27.17%。在此基础上，笔者对回收的问卷进一步筛选，剔除无效问卷。依据填答时间长度和选项选择情况，主要依据两个原则，一是有效性，将填答时间少于60秒(一分钟)的视为无效问卷。二是真实性，若连续10道题以上选择同一选项的问卷，则视为无效问卷。在一轮的问卷筛选后，最终得到有效问卷252份，有效率为98.8%。

(三)研究的描述性统计

1. 人际互动的舞台：关系建构与信息传递同在

用户的社交性行为多于信息性互动，但整体相差不大。基于拟剧论的视角，微博是用户自我呈现的渠道，满足自我表达的诉求，是进行社交和信息交流的舞台。在微博这一社交媒体中，用户参与社区互动的形式区别于现实生活的人际互动，是一种非面对面的交流与沟通，依托于个人主页这一社交平台无限延伸。

从传播学的视角看，人际互动关系中有促成信息传递的行为。在微博的信息传播过程中，用户发布的信息，主要接收对象是对其微博添加关注的“粉丝”群体，可以说信息的接收对象是确定的。用户自身与其“粉丝”形成一种网络互动关系，对于用户自身而言，“粉丝”的群体结构可以说是透明的，博主通过粉丝注册的个人信息可以了解这些人的身份属性。在互动的过程中，信息的发布者可以视个人需求所定，进行一对一或者一对多的传播。

2. 主动获取信息能力较强，自我生产有价值信息的能力和意识不足

在微博中，用户主动获取自己所需信息的能力较强，大部分用户表示能够在微博中得到对自己有用的信息，这种信息资本不单单来源于自己的粉丝圈，也包含微博中形成的各种公共信息。无门槛准入的关注条件促成用户自主选择权，用户可依据自身的需求随时关注各种用户，以获取各类信息。但是，作为微博网络中的一员，用户自身主动生产具有一定价值的信息相对较少，形成一种信息输入高于输出的情形。

3. 关系网多为线下关系的复制，新开发的线上关系较少

研究统计发现，用户在粉丝圈中的朋友多数为自己线上熟悉的关系，用微博开拓新人际关系群相对较少。这个情形在其他学者的研究中也得到了验证，即用户间的互动以熟人居多，陌生人之间的互动相对较少，也就未能形成互相关注的关系。

4. 自我信任度较高，对周围普遍信任感不强

用户自身在微博中暴露的关于个人身份信息大多数为真实的，日常的微博发布信息也以真实居多，但是微博的开放性使其也是一个信息混杂的地方，广告信息、谣言等无不充斥在这个喧嚣的空间中。同时，用户群体学历相对较高，大学本科和硕士以上学历占总调研用户人数的 81.10%，其媒介素养相对较好，具有一定的信息判断能力，所以导致用户自身对微博平台的信任度较低。

5. 身份建构意识不明显，心理和生理满足感较高

用户为他人主动生产有价值信息的意识和能力尚未形成，这也导致用户在微博圈的身份和地位感不突出，没有形成自身一定的影响力。但是微博互动所带来的生理和心理满足感相对容易形成并获得。基于社会学中戈夫曼的拟剧论，生活中的每个人或是个体表演者，或是剧班中的一员，总是在某种特定的场景，按照一定的要求，在观众的注视下进行角色呈现。微博用户在线上重新经营一个身份的意识不强,即塑造具有自我影响力的身份,互动中的身份属性多以现实身份的延伸居多。

二、微博用户社会资本影响因素

梳理各个对微博用户获取社会资本的影响因素后，对各个分析结果可进一步整理汇总,见下表:

表 14-3 微博用户获取社会资本影响因素

序号	验证结果
1	性别对于用户获取社会资本没有显著影响
2	年龄对于用户获取社会资本没有显著影响
3	受教育程度对于用户获取人脉资本和情感资本有显著影响 受教育程度对于用户获取信息资本和信任资本没有显著影响
4	职业对于用户获取人脉资本和信任资本有显著影响 职业对于用户获取信息资本和情感资本没有显著影响
5	使用年限对于用户获取信任资本有显著影响 使用年限对于用户获取信息资本、人脉资本、情感资本没有显著影响

(一)学历差距大,人脉资本相差多

笔者发现受教育程度对人脉资本有显著影响。这种差异发生在受教育程度的两端,即“大学本科”组群体显著高于“高中及中专”组群体;“硕士及以上”组群体显著高于“高中及中专”组群体、显著高于“大专”组群体。可以发现,具有显著差距的组间在因变量上差异较大,即学历差别较大。“大学本科”和“硕士及以上”又或者“中专”和“高中及大专”,这样相邻的学历之间则没有显著差异。笔者认为,在用户的社会资本获取上,学历差距越大,人脉资本相差越多。

(二)学历差距大,情感资本相差多

就“情感资本”因变量而言,“大学本科”组群体显著高于“高中及中专”组群体,显著高于“大专”组群体;“硕士及以上”组群体显著高于“高中及中专”组群体,显著高于“大专”组群体。在这样的对比分析中,学历较高的用户相对较

容易获得情感上的满足,学历低的用户在微博中获取情感资本的频率较小。

(三)从事服务业的用户人脉资本显著低于专业人士

“专业人士”组的人脉资本显著高于“服务业从业人员”组。一般而言,服务业从业人员在学历上相对较低,专业人士学历相对较高,正如上文所述,学历差距大,其人脉资本的差距相对较大。那么,这也正好解释了在人脉资本上,服务业的用户其人脉资本显著低于专业人士。

第三节 人际互动行为与社会资本获取的关系

一、微博用户人际互动行为与资本获取意识

(一)用户的自我角色建构意识不明显

微博作为一个社交媒体和信息获取的平台,普通用户注册后,以实名或化名的形式取得互动身份。在这个平台中,用户线上互动的身份多以线下身份的延伸为主,对于在半虚拟化的空间中重新塑造一个身份的意识不明显,这种身份的塑造包含其个人在粉丝圈子中树立的新形象和影响力。基于社会学中戈夫曼的拟剧论,生活中的每个人或是个体表演者,或是剧班中的一员,总是在某种特定的场景,按照一定的要求,在观众的注视下进行角色呈现。微博用户在线上重新经营一个身份的意识不强,如何有效进行自我呈现,形象塑造的意识尚不明显。

(二)微博用户的普遍信任感相对较低

首先,用户的媒介素养较高,其普遍信任感较低。在媒介平民化的今天,社交媒体的低准入门槛使得传播个体中的草根也具有发声的渠道和机会,但是在这些用户群体对比中,相对而言媒体从业人员对微博的普遍信任感较低,这主要是因为媒介工作者由于自身的职业素养和较好的专业能力,其对微博信

息和用户具有较好的判断眼光,对这个空间的观察较为深刻,这导致其对微博的信任度保持一定界限。

另外,使用年限长的用户,其普遍信任感也相对较低。使用年限长的用户,在自我信任度不变的情况下,其对微博的普遍信任感相对较低。这当中也是因为伴随着用户对微博的逐渐熟悉和了解, 微博自身暴露出来的弊端如信息不真实、谣言、广告等导致用户对其环境相对不信任。

(三)线上关系网的结构相对简单

用户对微博的使用主要可以分为人际关系互动和信息性互动, 其中人际关系互动较为明显,在微博这一社交媒体中,用户参与社区互动的形式区别于现实生活的人际互动,是一种非面对面的交流与沟通,依托于个人主页这一社交平台无限延伸,而主页可以被视为用户进行角色呈现的舞台。

从传播学的视角看,人际互动关系中有促成信息传递的行为。在微博的信息传播过程中,用户发布的信息,主要接收对象是对其微博添加关注的"粉丝"群体,可以说信息的接收对象是确定的。用户自身与其"粉丝"形成一种网络互动关系,对于用户自身而言,"粉丝"的群体结构可以说是透明的,博主通过粉丝注册的个人信息可以了解这些人的身份属性。在互动的过程中,信息的发布者可以视个人需求来确定进行一对一还是一对多的传播。

同时,用户的线上关系主要是线下关系的延伸和复制,大部分用户在线上的粉丝圈主要是自己生活中熟悉的人,这对于用户拓展线上关系网来说,较为局限。

(四)学历差距大,人脉资本和情感资本相差多

从上文的分析中, 笔者发现受教育程度对人脉资本和情感资本有显著影响。就"人脉资本"而言,大学本科和硕士以上的用户,其人脉资本显著高于高中及中专的用户,硕士及以上学历的用户显著高于大专用户。在用户的社会资本获取上,学历差距越大,人脉资本相差越多。就"情感资本"而言,统计分析发现大学本科和硕士及以上的用户显著高于大专及以下学历的用户。学历较高的用户相对获得较好的情感满足。

(五)资源投入高,社会资本回报多

在研究假设的验证中, 笔者发现信息性互动和社会关系互动对用户的信

息资本、人脉资本、信任资本、情感资本都有正向显著影响。”两段。

二、人际互动行为对社会资本获取的影响

(一)人际互动行为影响社会资本的获取,资源投入高,社会资本回报多

在微博中,用户的人际互动对其自身社会资本的获取具有一定的影响,并且是一定积极的影响。这让我们意识到,如果要提升自己在微博能够获取到的社会资本量,则应该积极主动参与人际互动,尤其是产生信息性互动和人际关系互动,以互动来构建自身的社会关系网,伴随着向网中资源投入的逐渐增多,即互动行为的增多,则获取到的回报也会相应增加。这样的结论与社会学家林南关于社会资本理论的概述基本相符合。

(二)互动越单向,情感资本越少

就互动方式中,单人互动对情感资本有显著负向影响,说明一对一互动方式越多,用户获得的情感资本越少。在微博这样一个开放性的社交媒体中,用户选择一对一的互动方式主要是通过私信功能来实现,这是一种相对封闭和独立的互动,一般在熟人之间的互动较为常见,以偶尔需要进行单独的信息发送为原因使用。因而,这种互动不涉及微博他人转发而带来心理上的满足感,更不会有信息公布后被粉丝圈多人评论和关注的满足,所以,越是频繁使用一对一,相对而言,自身的情感满足则减少。

(三)人际互动程度对用户获取社会资本无显著影响

多人互动和互动程度对信息资本、人脉资本、信任资本和情感资本没有显著影响。在这里多人互动并不显著增加用户的社会资本,同样的,互动行为涉入程度和频繁度并没有对社会资本产生显著的影响,但是这并不意味着他们对社会资本没有影响,只是这种影响还没有达到显著的程度。在前文的分析中,笔者发现对于一般的用户,其人际互动程度相对不高,介于中等,这也可能会导致两者之间的相对影响关系不显著。

参考文献

[1] 上海社会科学院信息研究所. 信息安全辞典[M]. 上海:上海辞书出版社,2013.

[2] 卢新德. 构建信息安全保障新体系[M]. 北京:中国经济出版社,2007.

[3] 李涛. 网络安全概论[M]. 北京:电子工业出版社,2004:3-250.

[4] 逢玉台. 网络信息安全综述[J]. 现代通信,2003(10):16-19.

[5] Harole F. Tipton,Mici Krause. *Information Security Management Handbook* [M]. FourthEdition. US:CRC Press LLC,2004:15-350.

[6] 孙延衡. 网络信息安全隐患及其防御[J]. 情报杂志,2002(7):58-59.

[7] 李国杰,程学旗. 大数据研究:未来科技及经济社会发展的重大战略领域——大数据的研究现状与科学思考[J]. 中国科学院院刊,2012,27(6):647-657.

[8] 金吾伦. 信息高速公路与文化发展[J]. 中国社会科学,1997(1).

[9] Reason J. *Human Error.* UK[M]. Cambridge:Cambridge University Press,1990:156.

[10] 孟小峰,慈祥. 大数据管理:概念、技术与挑战[J]. 计算机研究与发展,2013(1).

[11] 中国网信网. 我国网络生态系统建设思考[DB/OL]. http://www.cac.gov.cn/2015-06/04/c_1115506086.htm

[12] 钱朱建. 社交媒体小实验:头像"男换女" 半月百个男性搭讪. 资料来源于东方网:http://sh.eastday.com/m/20131014/u1a7712088.html,访问时间:2014 年 4 月 4 日。

[13] 姚雪青,吕绍刚,张洋. 微信"三点定位"不可能. 资料来源于人民网:http://legal.people.com.cn/n/2013/1208/c42510-23777034.html,访问时间:2014 年 2 月 11 日。

[11] 招俏春. 基于 XMPP 协议的即时通讯系统的研究[D]. 华南师范大学,硕士学位论文,2008.

[14] 南婷, 林苗苗. 腾讯 QQ 群数据库泄露事件追踪. 新华网:http://news.xinhuanet.com/legal/2013-11/21/c_125741520.htm,访问时间:2014 年 2 月 11 日。

[15] 李继宏. 强弱之外——关系概念的再思考[J]. 社会学研究,2003,03:42-50.

[16] 胡莹，张明唯，张婧红．“同侪压力”．对中学生影响的研究报告[BD/OL]．(2011-6-29)．http://www.tryz.net/bbs/viewthread.php.

[17] 张学波．国际媒体素养教育的课程发展[M]．广州：暨南大学出版社，2009.

[18] 刁塑．新兴电子商务消费者隐私关注与采纳行为研究[D]．北京邮电大学，博士学位论文，2010.

[19] 陆冬华，齐小力．我国网络安全立法问题研究[J]．中国人民公安大学学报(社会科学版)，58-64.

[20] 刘金瑞．美国网络安全立法近期进展及对我国的启示[J]．暨南学报(哲学社会科学版)，74-84.

[21] 彭阳慈航．大学生网络安全教育研究[D]．武汉纺织大学，硕士学位论文，2013.

[22] 洪浩．防火墙技术在网络安全中的实际应用[D]．重庆大学，硕士学位论文，2004.

[23] 陈豪．基于网络安全的政府监管研究[D]．河南大学，硕士学位论文，2013.

[24] 程群．美国网络安全战略分析[J]．太平洋学报，2010(07)：72-82.

[25] 李华清．网络安全威胁和网络监管的现状、问题及对策研究 [D]．上海交通大学，硕士学位论文，2007.

[26] 朱鸣．网络安全现状和发展趋势[J]．网络安全技术与应用，156-157.

[27] 王彦琦．网络媒体的信息把关研究[D]．东北师范大学，硕士学位论文，2009.

[28] 牟丽琴．网络群体心理视角下的群体性事件防治研究[D]．浙江财经大学，硕士学位论文，2013.

[29] 杨皓．微传播时代媒体把关人效果研究[D]．西南政法大学，硕士学位论文，2013.

[30] 周曦民．我国网络安全现状的分析及建议[J]．电信快报，1-4.

[31] 谷志远，梁俊娟，杨文阳．信息素养教育的网络文化安全视角[J]．现代远程教育研究，2007(05).

[32]南都报系网络问政团队．网络问政[C]．广州：南方日报出版社，2010.

[33] 刘杰．网络问政研究[D]．暨南大学，硕士学位论文，2011.

[34] 曲婧．全媒体时代网络问政的价值及实现路径研究[D]．吉林大学，博士学位论文，2012.

[35] 张利，王欢．全媒体时代网络问政发展的现状与趋势研究——以广东为例[J]．电子政务，2014(1).

[36] 徐丽娟．我国网络问政发展的现实困境与完善路径[J]．江汉大学学报(社会科学版)，2015(3).

[37] 付婧一．现阶段我国网络问政存在的问题及其对策思考[D]．东北师范大学，硕士学位论文，2013.

[38] 尧雪莲. 网络问政对政府形象塑造的影响与策略[J]. 新闻传播,2014(9).
[39] 崔汝源. 网络问政与政府形象传播[J]. 新闻传播,2014(4).
[40] 王薇. 网络问政对民主政治的影响与对策研究[D]. 湖南师范大学,硕士学位论文,2012.
[41] 王文科. 网络问政:民意的舆论诉求与政府的规制供给[J]. 福建行政学院学报,2011(2).
[42] 南都报系网络问政团队. 网络问政[M]. 广州:南方日报出版社,2010.
[43] 上海交通大学舆情研究实验室. 2011 年中国政务微博报告[J]. 新闻界,2012,5.
[44] 国家行政学院电子政务研究中心. 2012 年中国政务微博客评估报告[R]. 北京:国家行政学院出版社,2013,3.
[45] 人民网舆情检测室. 2012 年新浪政务微博报告[R]. 北京:人民网舆情监测室,2012,12.
[46] 蔡婷. 县域政府政务微博影响力评价研究[D]. 湘潭大学,,2014.
[47] 钟涵一. 政务微博影响力研究[D]. 苏州大学,硕士学位论文,2014.
[48] 罗昕,李兮言. 媒体网络问政平台的传播效果探析[J]. 网络传播,2012(5):93.
[49] 廖为建,杨涵. 网络问政平台的现实困境和发展路径[J]. 国际公关,2012(5).
[50] 梁润冰. 网络时代下政治沟通机制的构建[J]. 当代经济(上),2010(4).
[51] 人民网舆情监测室. 2013 年第一季度新浪政务微博发展报告[R]. 2013.
[52] 谢金林. 论网络空间的政治沟通[J]. 社会科学,2009.
[53] 谢岳. 当代中国政治沟通[M]. 上海:上海人民出版社,2006.
[54] 中国电子商务研究中心. 政务微博给网络舆论带来的影响分 [J]. 新闻爱好者,2013(1).
[55] 孔德元,张岩松,吕少平. 政府与公关[M]. 青岛:青岛出版社,1996:86.
[56] 陈中润. 互联网与政治沟通[D]. 上海交通大学,硕士学位论文,2007.
[57] 王硕. 互联网与政治沟通[J]. 现代商业,2010,(36):24-26.
[58] 余红. 网络论坛舆论领袖筛选模型初探[J]. 新闻与传播研究,2008(2):53-55.
[59] 南都报系网络问政团队. 网络问政[M]. 广州:南方日报出版社,2010.
[60] 陈力丹. 舆论学——舆论导向研究[M]. 北京:中国广播电视出版社,2005:11.
[61] 王馨慧. 网络舆情演变过程与规律研究[D]. 渤海大学,硕士学位论文,2011.
[62] 王来华. 舆情研究概论(理论、方法和现实热点)[M]. 天津:天津社会科学院出版社,2003.
[63] 网络舆情将走向何处. http://opinion.e23.cn/a/2015-05-29/63274.html
[64] 高青苗. 网络舆情的生成演变与应对的现实困境研究[D]. 重庆大学,硕士学位

论文,2013.
[65] 林萍,黄卫东,洪小娟. 全媒体时代我国食品安全网络舆情构成要素研究[J]. 现代情报,2013.
[66] 罗昕. 网络舆论暴力的形成机制研究[J]. 当代传播,2008.
[67] 李召颖. 网络传播中的暴力研究[D]. 南京理工大学,硕士学位论文,2009.
[68] 程诗敏. 风险社会视域下大学生安全素质提升研究[D]. 首都师范大学,博士学位论文,2014.
[69] 陈妍妍. 风险社会视野下城市网络舆情管理及应对研究[D]. 华中科技大学,硕士学位论文,2013.
[70] 赵亚辉. 风险社会视角下的中国科技传播研究[D]. 武汉大学,博士学位论文,2013.
[71] 汤琴. 我国网络舆情引导研究[D]. 中南大学,硕士学位论文,2012.
[72] 纪红. 互联网舆情的形成发展与引导管理研究[D]. 华中科技大学,博士学位论文,2009.
[73] 李宪玲. 网络语言暴力的成因分析及对策研究[D]. 华中师范大学,硕士学位论文,2010.
[74] 白毅. 科学发展观视野下的网络民意[J]. 电子政务,2012(04):10-12.
[75] 马俪娜. 大学生社交网站使用中的印象管理和自我和谐[D]. 上海师范大学,硕士学位论文,2011.

[76] 罗昕. 公共治理视阈中的手机媒体舆论[J]. 新闻知识,2008(01).
[77] 黄永林,张武桥. 对我国网络舆论研究的回顾及展望[J]. 新闻界,2015(07)
[78] 郭跃军,闫海芳. 论大数据时代网络舆情监管机制的构建[J]. 山西农业大学学报,2015(06).
[79] 方爽,耿宁宁. 新媒体环境下如何引导网络舆论[J]. 科技传播,2013(08).
[80] 傅雪琴. 自媒体环境下传统媒体如何做好舆论引导[J]. 中国广播,2012(04).
[81] 刘娟娟. 大学生的印象管理及其影响因素研究[D]. 华中师范大学,硕士学位论文,2005.
[82] Rosenfeld P. Impression Management, Fairness, and the employment interview[J]. *Journal of Business Ethics*, 1997, 16(8): 801-808.
[83] (美)保罗·罗森菲尔德,罗伯特·贾卡罗龙,凯瑟. 组织的印象管理[M]. 北京:清华大学出版社,2002.
[84] 马潇潇. 印象管理对组织公民行为和绩效评估的影响[D]. 浙江大学,硕士学位论文,2007.
[85] 崔蕴芳. 网络舆论形成机制研究[M]. 北京:中国传媒大学出版社,2012.

[86] 王小波. 沉默的大多数[M]. 北京:中国青年出版社,1997.
[87] 孟野. 印象管理的研究综述[J]. 辽宁行政学院学报,2008(4):57-58.
[88] 吴宗宅,胡若静. 大学生对网络群体性事件的态度及引导沉默的大多数[J]. 群文天地,2012,07.
[89] 梅文慧. 信息发布与危机公关[M]. 北京:清华大学出版社,2013:76.
[90] 中国媒介受众心理分析. http://www.psychcn.com/news/201010/849245632.shtml
[91] 宁波镇海PX项目引发群体事件官方回应[EB/OL]. (2012-10-26)[2012-12-9] http://news.cnfol.com/img/20121026/4494.html?p=35354.
[92] 沈泽玮. 宁波民众反PX成警民冲突[EB/OL]. (2012-10-28)[2012-12-9]http://www.zaobao.com/zg/zg121028_001.shtml.
[93] 竺乾威. 地方政府决策与公众参与[J]. 江苏行政学院学报,2007(4).
[94] 翁士洪,叶笑云. 网络参与下地方政府决策回应的逻辑分析——以宁波PX事件为例[J]. 公共管理学报,2013:26-36.
[95] (美)戈夫曼. 日常生活中的自我呈现[M]. 冯钢译. 北京:北京大学出版社,2008.
[96] 严宏伟. 微媒体舆论引导策略、方法、案例[M]. 北京:国家行政学院出版社,2013.
[97] 邹建华. 政务微博的最大价值是与小道消息赛跑. http://news.sina.com.cn/o/2012-11-05/063925507760.shtml
[98] 亢海玲. 印象管理视角下政府网络舆论危机治理[J]. 青年记者,2013-9.
[99] 区文伟. 浅谈文化[M]. 广州:花城出版社,2015.
[100] 万峰. 网络文化的内涵和特征分析[J]. 教育学术月刊,2010(4)
[101] 文化-词义. 在线新华字典[引用日期2015-09-9]
[102] 质疑《现代汉语词典》对文化、文明的定义. 光明网[引用日期2015-08-19]
[103] 罗钢. 文化研究读本[M]. 北京:中国社会科学出版社,2000.
[104] 塞缪尔·亨廷顿. 文明的冲突与世界秩序的重建[M]. 北京:新华出版社,2010.
[105] 高雁. 中国博客文化传播研究[D]. 南京师范大学,博士学位论文,2007.
[106] 潘舒. 网络"客文化"对大学生思想政治教育的影响及对策研究[D]. 湖南科技大学,硕士学位论文,2012.
[107] 赵辉. 维客价值观研究[D]. 中国传媒大学,硕士学位论文,2008.
[108] 张燕,刘一赐. "受众参与"的充分实现——掘客(Digg)模式的特性与价值[J]. 国际新闻界,2008(08).
[109] 朱剑秋. 互联网治理中的不良信息治理 [D]. 北京邮电大学,硕士学位论文,2008.
[110] 亨利·詹金斯及其融合文化理论分析[J]. 东南传播,2012(09).

[111] 埃里克·麦克卢汉,弗兰克·秦格龙. 麦克卢汉精粹[M]. 南京:南京大学出版社,2000:61-62.
[112] 赵允芳. 解剖媒体暴力现象[J]. 传媒观察,2004(6).
[113] 陈宪奎. 美国市民社会研究[M]. 北京:中国社科院出版社,2004:15.
[114] 贾碧峰,雷黎萍,贾媛等. 媒介暴力的表现形式及其类型[J]. 今传媒,2007(9).
[115] 李哲. 透视网络语言暴力[J]. 青年记者,2009(5).
[116] 戴玉磊. 浅析网络语言暴力的心理机制[J]. 开封大学学报,2009(1).
[117] 李宪玲. 网络语言暴力的成因分析及对策研究[D]. 华中师范大学,硕士学位论文,2010.
[118] 金君俐. 网络语言暴力的成因和对策初探[J]. 新闻实践,2009(4).
[119] 肖洋,谢红焰. 网络语言的传播效果及语言暴力探究[J]. 今传媒,2012(1).
[110] 网络舆论暴力来势凶猛如何向它说不[N]. 人民日报,2007(8).
[120] 王曦想. 网络追杀令背后的网络暴力. 钱江晚报. http://it.zjol.com.on/05itlsvstem/2006/05/25/006639009__01.shtml.
[121] 杜海清. 澳大利亚、欧美国家应对网络欺凌的策略及启示 [J]. 外国中小学教育,2013(3).
[122] 董金秋,邓希泉. 发达国家应对青少年网络欺凌的对策及其借鉴[J]. 中国青年研究,2010(12).
[123] 樊友国,丁鸿鸣. 虚拟社区管理初探[J]. 电脑知识与技术(学术交流),2007.
[124] 范剑文. 虚拟社区社会分层研究[D]. 上海大学,博士学位论文,2010.
[125] 程秀芳. 虚拟社区网络口碑对消费者决策行为影响研究 [D]. 中国矿业大学,博士学位论文,2011.
[126] 雷静. 基于社会网络的虚拟社区知识共享研究[D]. 东华大学,博士学位论文,2012.
[127] 高功敬. BBS 虚拟社区的人际互动[D]. 山东大学,硕士学位论文,2005.
[128] 常亚平, 刘兴菊, 阎俊等. 虚拟社区知识共享之于消费者购买意向的研究[J]. 管理科学学报,2011,04:86-96.
[129] 王方芳. SNS 虚拟社区的交往结构与信息传播研究[D]. 大连理工大学,硕士学位论文,2010.
[130] 周军杰,左美云. 线上线下互动、群体分化与知识共享的关系研究——基于虚拟社区的实证分析[J]. 中国管理科学,2012,06:185-192.
[131] 孔德超. 虚拟社区的知识共享模式研究[J]. 图书馆学研究,2009,10.
[132] 石艳霞. SNS 虚拟社区知识共享及其影响因素研究[D]. 山西大学,博士学位

论文,2010.
[133] 朱艳霞. 网络时政论坛中舆论领袖的印象管理研究[D]. 华中科技大学,硕士学位论文,2009.
[134] 马克·斯劳卡. 大冲击——赛博空间和高科技对现实的威胁[M]. 黄错坚(译). 江西:江西教育出版社,1999:71.
[135] 林乐心. Web2. 0 背景下我国公民新闻传播形态研究[D]. 复旦大学,硕士学位论文,2010.
[136] 童春花. 微博环境下我国公民政治参与研究[D]. 上海交通大学,硕士学位论文,2012.
[137] 党永杰. 新浪微博用户关系研究[D]. 华中师范大学,硕士学位论文,2013.
[138] Pittman. Toward a general theory of strategic self-presentation. *Lawrence Erlbaum Assoc Inc*,1972:231-262.
[139] 王沪宁. 当代中国村落家族文化[M]. 北京:人民出版社,1998:259.
[140] 姚会亭,马敬民,赵更英等. 九三学社社员贡献度及活跃度指标体系的研究[J]. 河北省社会主义学院学报. 2014,1(1).
[141] 谭玉婷. 基于 SNS 的用户参与行为对用户忠诚度的影响研究[D]. 华南理工大学工商管理学院,硕士学位论文,2012.
[142] 李斌. 网络政治学导论[M]. 北京:中国社会科学出版社,2006:149.
[143] 赵莉. 中国网络社群政治参与——政治传播学的视角[M]. 北京:中国广播电视出版社,2011.
[144] 林莉. 微博客的拟剧现象研究[D]. 南京师范大学,硕士学位论文,2013.
[145] 王长潇,刘瑞一. 网络视频分享中的"自我呈现"——基于戈夫曼拟剧理论与行为分析的观察与思考[J]. 当代传播,2013(03).
[146] 刘中起,风笑天. "虚拟镜像中的真实"——网路人际互动者的自我呈现[J]. 安徽科技,2002(07).
[147] 张欣欣. SNS 社区中人际互动对用户持续使用意愿的影响机理研究[D]. 北京邮电大学,硕士学位论文,2013.
[148] 吴佩珊. 网络广告效果研究:图像互动和人际互动观点探讨[D]. 台湾世新大学,2005 届研究生毕业论文,2005.
[149] 范晓屏. 基于虚拟社区的网络互动对网络购买行为的影响研究 [D]. 浙江大学,博士学位论文,2007.
[150] Coleman J S. Social Capital in the Creation of Human Capital [J]. *American Journal of Sociology*. 1988.

[151] 张倩. 论社交网络使用与社会资本获得的关系[D]. 西南大学,硕士学位论文,2013.
[152] 邓建国. Web2. 0时代的互联网使用行为与网民社会资本之关系考察[D]. 复旦大学,博士学位论文,2007.
[153] CNCERT. 2014年中国互联网网络安全态势报告[DB/OL].http://www.cert.org.cn/publish/main/12/2015/20150430151528629942561/20150430151528629942561_.html
[154] 娄天峰. 网络舆情突发事件预警机制研究[C]. 第四届国际应急管理论坛暨中国(双法)应急管理专业委员会第五届年会,2011.
[155] 穆黎. 网络发言人的现状及未来发展[D]. 郑州大学,硕士学位论文,2011.
[156] 董敏. 网络舆论监督的负效应和伪监督现象研究[D]. 河北大学,硕士学位论文,2010.
[157] 刘娟娟. 印象管理及其相关研究述评[J]. 心理科学进展,2006(2):309-314.
[158] 董洪杰. 网络及时通讯中的印象管理和印象形成——基于腾讯QQ用户的研究[D]. 曲阜师范大学,硕士学位论文,2012.
[159] 谭福强. 论网络文化对我国大学生思想品德的影响及教育对策 [D]. 武汉大学,硕士学位论文,2005.
[160] 孟庆楠. 如何理解矛盾的同一性和斗争性[J]. 北方经贸. 2012(12): p19-19.23.
[161] 王文宏,许萍丽. 网络文化与文化霸权主义[J]. 北京邮电大学学报(社会科学版). 2004(1). P22-23.
[162] 郝其宏. 文化冲突视角下的网络群体性事件分析 [J]. 中国人民大学学报. 2015(01):126-132.
[163] 沈冯娟. 虚拟社群中的社会网络[D]. 兰州大学,硕士学位论文,2008.
[164] 金毅. 当代中国公民网络政治参与研究——网络政治参与的困境与出路[D]. 吉林大学,博士学位论文,2011.

后　记

本书的出版得益于广东省普通高校人文社会科学研究基地重大项目“网上虚拟社会管理机制创新及媒介素养引导策略研究”的支持,本书是该课题的成果之一。

本书的编写与出版得到了学校、学院的支持,在此对有关领导、同事表示感谢!本书在内容编写过程中,除了结合作者自身前期积累的教学和科研实践成果以及作者的主要工作外,还有一些同学参与其中章节的部分工作:成钰莹参与了第一章“虚拟社会面临的网络安全问题”的有关研究工作,李文君参与了第二章“个人信息安全与隐私关注”的有关研究工作,李远参与了第三章“网络社会安全的维护和调控策略”的有关研究工作,钱魏参与了第四章“网络问政与虚拟社会管理”的有关研究工作,付凌霄参与了第五章“媒体网络问政平台”的有关研究工作,侯晓慧参与了第六章“地方政务微博的传播效果与优化策略个案研究”的有关研究工作,马相彬参与了第七章“风险社会下的网络舆情管理”的有关研究及全书统稿工作,刘睿迪、尹玲参与了第八章“网络舆情传播研究与应对策略”的有关研究工作,罗敏参与了第九章“突发事件中地方政府在线印象管理”的有关研究工作,幸韵儿参与了第十章“网络文化生态”的有关研究工作,汤斐斐参与了第十一章“网络语言暴力”的有关研究工作,许倩婷、张勋参与了第十二章“虚拟社区、虚拟社群管理研究”的有关研究工作,阚婷婷参与了第十三章“SNS 虚拟社区中用户的自我呈现与政治参与行为”

的有关研究工作，郑珊妹参与了第十四章“社会互动理论视角下微博用户人际互动与社会资本关系”的有关研究工作，以上同学付出了辛勤的汗水。本书在出版过程中，得到了中国出版集团·世界图书出版公司领导和编辑的帮助，在此表示诚挚的感谢！

张学波 罗昕 刘兢

2015年10月于华南师范大学